八股文話

六

龔篤清　龔昊　烏媛　编著

国家出版基金项目
NATIONAL PUBLICATION FOUNDATION
2011—2020年国家古籍整理出版规划项目

CNS
岳麓書社·长沙

总　目

上编　著述

第一册

第二册

第三册

第四册

下编　杂著

第五册

第六册

目　录

第二部分　八股文选本及有关著述的序、跋、凡例

第三部分　小说、日记、回忆录、笔记、报刊文章、杂钞中的八股文话

第二部分　八股文选本及有关著述的序、跋、凡例

导读

明、清两代有着汗牛充栋的各种八股文选本和为数不少的稿本。选本是按照操选政者之设计，收录符合其意愿的各家各体八股文，志在推广行远，类似总集。稿本只有一人之文，由作者自行编订，类于别集。一般说来，在这些选本和稿本刊行时，都会由作者或选编者自写序、跋，有的则请名家、学者、官员等权威人士撰写。

选本可分为五类。

一曰程墨。为乡、会试主考或者房考拟作，或选中式士子的优秀至少是符合规范的试卷为之。有的书贾针对士子喜欢揣摩墨卷的心理，便请善识文者操选政，选某科乡、会试或近几科乡、会试墨卷评点刊行，也可归入此类。

二曰房稿。会试阅卷分十八房，此为某科各房所取中进士的墨卷。

三曰行卷。此为某科乡试各房所取中举人的墨卷。

四曰社稿。此为诸生所结文社会课之作。

五曰坊选本。此为坊间书贾约请一些名家或选评高手就某种文体，如小题文，或针对某种时兴的文风去选编刊行八股文集。也有一些选家摸准市场需要及士子心理而选编有关的八股文集卖给书贾刊刻发行。

所有的八股文选本，其意无不在于精选、慎采、确评，为的是应试者程式，以便他们能够揣摩效仿，有所取法。所以在这些选本的序、跋中，一般会有以下内容：指出所选的八股文好处在哪里，有些什么东西是值得效仿的。对某种文体或某类时兴文风则总结其作法，让读者能够仿效。有些高手还真的能作经验谈，讲出些有用的门道来。所以这些八股文选本的序、跋受到了八股文研究者和写作者的重视。虽然当时不乏认为八股文是科举取士之文，时过则迁，违时之旧文已去，合时之新文代兴，不足以传世，而不将八股文序、跋收入自己文集者，但大学者黄宗羲在选编《明文海》时却收入七卷时文序，开创了在古文总集中收时文序的先河，为今人保存了大量宝贵的八股文研究资料。

到了清代，八股文的序、跋就没有这份好运了。尽管随着印刷术水平的提高，石印等技术的输入，清代刊印的八股文选本数量比明代更多，但由于观念的变化，到晚清时，随着国门的开放，人们不再把科举致仕视为人生唯一的出路。于是，八股文的命运开始衰微，在废八股、停科举后，藏书家不藏，目录学不讲，图书馆不收。其选本序、跋的命运就更形衰败，除收入个人文集者外，到清末民初，再无人像黄宗羲那样，在明末清初将有明一代的八股文序、跋选编成册，为民族文化保留一份遗产。民国以后，八股文选本零落散失，覆瓿烧薪，加上战火水灾，八股文选本已一页难求了。皮之不存，毛将焉附？附于其上的序、跋就更是珍如拱璧、一面难睹了。

为了保存这笔文化遗产，还在编撰此书之前，我们即全国奔走，访古籍书店，搜文物市场，探古镇名村，托亲朋戚友，方才收集到一批八股文稿、选本和与八股文有关的古籍，并从中选取百余篇序、跋、凡例，校点后收入《八股文话》。

这些序、跋、凡例等可分为五类：

第一类为各种墨卷序。通过它们，可了解当时八股文坛的风气、写作要求、写作方法及取录标准。如周玉章的《近科房行书菁华序》，夏秉衡的《十科乡会墨卷秀发集序》，安定梅公的《四科乡会墨卷灵珠叙》，胡海南的《顺治元墨正宗叙》，同文堂人的《合录三科乡会墨引》，任泰的《直省墨经序》，徐树铭的《新刻墨选清腴序》，廖寿恒的《湖南试牍叙》等。

第二类为名家名作选本序。这类序文大多会揭示这些名家或名作的特点，以供人仿效。有的还会指出某个时代八股文的发展变化情况，如高塘的《明文钞三编（化治文）序》，沈拱辰的《目耕斋读本序》，孙伯龙的《天崇国朝辑要叙》，谢墉的《天崇百篇序》等。

第三类则是专为某类题型文选本所作的序。为了防止猜题剿袭，从明代中期开始创制出所谓的小题，即或截头或截尾的截上题、截下题，或者在截去头或尾后又与下句甚至隔句隔章之句相搭在一起作为题目的截搭题等。这些题目割裂了原来的经文，也就改变了其内蕴的意义，原有的程朱传注对它的规范也不起作用，作这样的题文，就会丧失用八股文传输正统儒家思想的功用。既要防止猜题剿袭，又要使割裂经文所出之题保持其正统的儒家思想内蕴，统治者们便想出种种做法来保证被割裂的原经文内蕴不变质。而为达此目的，凭的是东凑西补的手段与做法，其内容极为繁复。故要有做这种题的范文来启发、引导，于是就有了这种文章的选本，其序言自然也会与做这种题型的方法、述其源起等内容有关，如郑之琮的《听松楼家课小题正风叙》，张崧的《小题能与集合选读本序》，王步青的《分课小题续编发凡》，费振烈的《本朝小题文庐峰集序》，陈衡斋的《注释分法小题拆字序》，张桐孙的《明文小题传薪序》，张芦香的《小题锐锋初集序》，蔡仙航的《巧搭十则文钞叙》，李元度的《小题正鹄初集序（二）》，史鉴的《巧搭启蒙序》，冯誉骥的《两章题文集成序》，刘青燃的《因难见巧序》，鲍世卿的《十四层启蒙捷诀叙（一）》等。

第四类则是名家八股文稿序。因为是八股名家之作品集，序言中必然会对该人的作品进行评价，指出其特色何在，有的还会提示其风格与作法形成的原因，给八股文史研究提供了第一手的资料。收入本书的名家时文稿序有王夫之的《王薑斋四书文序》，文灿汉的《胡稚威四书文序》，董思驷的《韫山堂时文序》，酉腴馆主人的《八家文钞序》，刘昆、徐庭槐的《陈勾山文稿序》，月华山人的《管周合稿序》等。

第五类则是为初学者启蒙而编的八股文选本序。这类序文当然会讲一些如何使初学者快捷掌握八股文作法诀窍之类的话，有的也真能切合童蒙的接受心理。通过这些序文和眉批尾评，我们这些不懂八股文作法的人真的可从所选或他们自作供子弟们学习用的八股文中学到不少知识。这类序文有储叔之写的《经畲堂课孙草稿序》，郝正嵩写的《初学指掌序》，赵银槎写的《初学引机序》，李名世写的《初学采芹捷诀序》，李元度写的《养正草序》和《续养正草序》等。

此外，吴启昆的《新订诗经附考备旨序》和黄仁黼的《重刊古文笔法百篇自序》则为讲述与八股文有密切关系的《诗经》之八股文解析方法和古文作法，故也收入。愿学庐主人的《经艺宏括序》则因其讲述了经艺即五经文的重要性及将明、清两代一万多篇优秀五经文收入的意义，能使人对清代中期后逐渐不受重视，但在此前却地位很高的五经文的缘由有所认识而收入。至于其他的序文，则可分别归入以上几类，不再赘述。

要指出的是，这些序文都很短，只有区区三五百字，故它讲述的每个问题都很具有概括性，只点到为止，更多的内蕴有待读者去阐发。有的序文谀词过多，实质性内容很少，这是这类序文的一种通病。

每篇序文的出处都于文后予以注明。

（龚　昊）

湖广乡试录序

郭日休

嘉靖七年，当大比士。湖广藩司遵著令，驰使请主试官于礼部。礼部疏郎中臣日休、主事臣龙请于朝，制曰可，乃启行于五月壬辰，八月壬寅戾止。湖湘御史臣符司监临来，会同考试官学正臣大奇，教谕臣屺、臣凤鸣、臣缙、臣士载、臣贤，训导臣恺、臣本纯亦先后至。臣等曰：今日之事，君事也。帘以内考试者主之，帘以外监临者主之。明试事，贞宪度，求无负我皇上求贤待士之意，乃各慎攸司试。有提调，以左布政使臣仪、左参政臣锐为之。有监试，以按察使臣期雍、佥事臣釴为之。乃若镇守太监臣潘真、巡抚右副都御史臣朱廷声、总兵官清平伯臣吴杰，皆祗承明德，无敢少懈。右布政使臣胡训、右参政臣徐金陵，副使臣侯纶、臣胡岳、臣张鲲，左参议臣许路，右参议臣蒋同仁、臣崔桐，佥事臣汪溱、臣何鳌、臣柴经、臣蒋珙，咸综理防范于外。其副使臣屠应埙、右参议臣杨易，先期入贺。戊申，乃合提学副使臣许宗鲁所取士二千四百有奇，棘院试之；辛亥又试之；甲寅又试之。拔其尤者八十五人，录其姓氏、若文以献。臣当序之首。乃言曰：

我太祖高皇帝设科，最得古人取士之意。而得人之盛，真可与古相方。其所以致雍、熙悠久者，夫岂无自哉？然或者谓以文取士非古也，而得人则或犹夫古焉。夫得人犹古，而曰取士以文非古，非也。盖古者敷奏以言。言，心之声也，文乃言之华者耳。其为心之声，均也。然今之文，失古之声也。今之制，失古之意也。官以试为名，所以试士也，人品或混于堂下，而考校反属之他官。文以明道也，习故者失之陈腐，好异者流之纤新。程式有文，所以录士之文以式也，乃皆出于主司之代笔，客乘主也。世变日趋，非我高皇立法之初意。故近者大臣建议：一曰正文体，崇雅黜浮也。二曰明实录，文必于其人也。三曰慎考官，主之者必以贤也。皆所以复高祖之法之旧，以赞我嘉靖之治。

上可其奏，乃下之礼部，行自国都，外及藩省。而圣子神孙可世守而勿失者也。是举也，孝庙之世亦尝行之。然祗承仅止于两省，故事仍踵于他科。文体虽号为纯正，代笔犹属之主司，未若今日制之备，行之广，垂之远也。於乎，休哉！

臣樗材，被命职司考校，与诸士子相知以文者，知其文者，冀知其心也。诸士之文，其以心与？其不以心与？皆未可知也。其以心也，则亦已矣，或不以心，而徒夫言已也，其将何以称明诏而当帝心与？於乎！诸士其毋徒夫言焉尔矣。

户部山西清吏司郎中郭日休谨序。

——录自《湖广乡试录》，郭日休、吴龙选，明嘉靖七年刊本

湖广乡试录后序

吴 龙

皇上嗣大历服稽古图治，凡礼乐刑政、典章名物，悉协厥中，矧取贤敛才之法，尤国家首务哉！

今年为嘉靖戊子，秋八月实维天下贡士之期。上命郎中臣日休、主事臣龙主湖广试事。臣等闻命兢惕，惟弗克祗承明德，识拔真才，以弼盛治是惧，乃兼程而南就事。事竣，当疏名梓文，汇为录以献。臣龙以职事谨拜手稽首，序其后。

臣惟文运之昌，实与气运相为流通。所以敦笃培养，斡旋转移之机，则在上之人耳。惟我圣祖高皇帝继天立极，用夏变夷，以经术造天下之士。虽诸子史无不学，而经为重。设科取士，虽论策诸文无不校，而经义为主。凡非圣之书，不经之学，如近代词章诵记之格悉摈焉。列圣相承，益隆绍述。行之百六十余年于兹，士争自濯磨，非六经不以言，非本诸身心、该诸物理不以学。渐磨涵煦，充足有余。故凡形之启沃，纪之国史，布之祠祝，著之章疏，虽繁简华实不能尽同，而国初浑厚之气，淳朴之习，皆于是乎征之。恬熙既久，文日益盛，而体裁之异，不无渐失其初者。变而通之，兹非其时乎！

皇上顷缘大臣之议，特赐明诏，以风励天下：文体务在平实尔雅，根诸理、核诸事者进之。盖将驱浮华诡异之习，以复我祖宗浑厚淳古之风。士际斯时，亦何其幸哉！宜必有光明俊伟奇特之才颖脱其间者矣。矧兹荆湘之士，涵濡圣化尤深，又安敢谓无若人裒然为天下先者出邪？孔子曰："有德者必有言。"颜渊曰："舜何人也，予何人也。"有为者亦若是。

夫文，言之精者也。兹多士见录有司，驯且再升论定。服有官政，尚举所学与今日先资之言，力行以求其信。本之于身，施之于民，极之于辅理成化。舟楫霖雨，若傅说之于高宗；笃棐迓衡，若周公之于成王。世道亦或有攸赖以复古者，而何国初人才之不相及哉？则斯文者虽谓之经纬天地固可也。祖宗之所深培厚植，皇上之所鼓舞作新，均无负矣。一或工于词，而德之不孚，言于始而终之或违，则艺焉而已。多士尚其思之，毋使今日之文，后之人以艺观之，则至幸焉。

臣兹滥竽校文之责，极知谫陋，不足以仰副皇上旁求之志。然而惓惓以人事君之诚，亦自有不能已者。故于录之终，以是告之。

礼部祠祭清吏司主事吴龙谨序。

——录自《湖广乡试录》，郭日休、吴龙选，明嘉靖七年刊本

皇明四书文选序

李尧民

国家崇圣佑文，以经术槱薪天下，三百年来，鸿儒巨卿于是乎出。神奇臭腐，还至递迁，过屠门不胜大嚼，奈之何其耳食之也。譬之相马，寒风是相啮，麻朝相颊，子女厉相目，卫忌相髭，许鄙相尻，投伐褐相离胁，管青相膹肠，陈悲相股脚，秦相前，赞君相后，乃九方皋牝牡骊黄弗问也，曰吾所观天机，则彼十人者犹之皮相耶？难舍之矣。

余雅不善相人，主臣校文之役，思所以广历都人士者空言弗帅，庶几取节驺虞而直尸祝之。自往哲以迨名家捃摭浃崴，得文若干首。尝合而读之，賁鼓韶濩，濮上房中，鞮鞻嘈然。宫弦而并奏，则又尝参而读之。粢醍以上为大羹，为玄酒，渐而简。殽蒸以下为六斋，为八珍，渐而繁。至味无味，其何属厌之有？则又尝厘而读之，弥简者弥厚，弥繁者弥薄。五音之变不胜穷，稚谣夷夏可偻指而数也，于是以文核之人，以人核之世，由隆、万而前什之七，由隆、万之后什之三，虽言人人殊，大都成、宣、英以至宪、孝、穆，以渊康陵传，以凶肃皇考作，人彬彬质有其文。末年滥觞众咻灭裂，靡然若草木之绝根，不得不求之以简实。简实弗竟，沿为萎苶，不得不振之以古。至于今，非周、秦之书弗陈，非河上、漆园，盲、腐二史之言弗绎，甚者厌薄一切，渔猎玄禅以佐之。才者驾古，不才者企于古。驾古故宁伸才而绌法，企于古故宁不受法而稀才。牛鬼蛇神僻也，棘端槲叶凿也。华山之张潘，吾之迹诡也。剿袭饾饤，学步宾里陋也。是恶知夫举业也。

举业者疏圣贤之意，传圣贤之神，达此之谓才，范此之谓法。太上适圣贤，其次适己。适圣贤者其情万变，其文亦万变，情文互生，意象传合，若不尽言而若有余。适己者文变而情不变，不强境以从我，则舍我以附境，睢睢盱盱，四座辟易，旷之而意兴，言索然俱尽。举肥者犹且竭蹶趋之，祧先民，礽时彦，安在舍青问蓝而嘐嘐奉结绳之政？

嗟夫！先鸣具在，吾不能左右其袒，孰合孰离，孰得孰失，世岂无九方皋其人乎？虽然，有传法而无传人，有传人而无传心。心至则精至，精至则神至。出乎机，入乎机，拾级而进，舍筏而登，忘筌而化，奚性而不得？余乃窃窃然，闻道百而求多焉。非其质矣，又恶用斫轮之言！

万历丙申季秋九日，钦差提督学校巡按直隶监察御史鲁人李尧民撰。

——录自《皇明四书文选》，李尧民评选，明万历二十四年刊本

汤若士先生点阅汤许二会元制义题辞

汤显祖

人之爱子甚于爱其身，度其身常智，度其子常愚。此其故何也？予弱冠举于乡，颇引先正钱、王之法，自异其伍。已辄流宕词赋间，所知多谓予何不用法更一，幸为南宫首士最而好自溃败为？予心感其言，不能用也。

庚、壬二午间，制义不能盈十比，杭守贰监利张么奇方通予明圣湖头，令作艺。已近腊而逾春卒，卒成一第去。久而悔之，予力与机为可王、钱而远之者之非命也。生长子蘧年孟舒早慧，因以所常悔者生之，取国朝省会诸元作《岂为正清侧清之视》示儿。蘧曰："何一以清耶?"予曰："万物惟清者贵，元骨皆清，十之三不能天侧者耳。"此目随蘧亡去，欲更目之仲大耆，曰："元多时，贵人或以侧为讳已之时。"季子开远方执艺求为可法者，教之曰："文字起应、开合、断接而已，极其变自熟而自知之。"

父不能爱其子也，虽然，尽于法与机耳。法若止而机若行，钱、王远矣。因取汤、许二公父字数百篇为指，书以"汤公以中有行行而常心，许公行中有心心而常行"，皆所为正清者也。不污横气来不泛袭见，得天高而人深，故法圣而机神，此予之所迁延流离而不能得者也。而以爱吾子，此岂不谓之大愚也哉？

——录自《汤若士先生点阅汤许二会元制义》卷首，汤显祖点阅，汤宾尹、许獬撰，明万历年刊本

叙麟经指月

西陵友人梅之焕撰并书

敝邑麻，万山中手掌地耳，而明兴独为《麟经》薮。未暇遐溯，即数十年内，如周，如刘，如耿，如田，如李，如吾宗，科第相望，途皆由此。故四方治《春秋》者，往往问渡于敝邑，而敝邑亦居然以老马智自任。

乃吾友陈无异令吴，独津津推毂冯生犹龙也。王大可自吴归，亦为余言"吴下三冯，仲其最著"云。余拊髀者久之。无何，而冯生赴田公子约，惠来敝邑。敝邑之治《春秋》者，往往反问渡于冯生。《指月》一编发传得未曾有，余于是益重冯生，而信二君子为知言知人也。

夫经日也，传月也，月非日指非月也。虽然，尼父不载生，而小儒学问不加康侯。二百余年功令在是，将欲何为？故嗤信传遗经，今并传遗之，虽吾麻亦季世耳。本根不足而蔓衍其指乱，揣摩不足而剽窃其指游，睹记不足而影响其指正，非月之指繁而指月者即月。因经信传，借传尊经，不亦可乎！

不宁惟是。凡治《春秋》者，强半天下聪明才智人也。方今新天子励精更化，思得经术鸿儒之用，而尤谆谆焉不愆忘于祖训。是编也，冯生行且率天下聪明才知士，兢兢一禀于功令，为圣天子不倍之臣。中兴太平之业，端有助焉。夫岂惟科第，夫岂惟敝邑？

耿生克励，深于《春秋》，亦喜是编，相与从臾付梓，余为叙而行之。

岁在庚申泰昌元年九月日。

——录自《麟经指月》，冯梦龙著，明泰昌元年书林叶昆池刻本

麟经指月序

门下弟梦熊非熊撰

杜征南好为后世名，乃其丰碑一沉岘山之下，一立岘山之上者，止为平吴勋绩，虑而不及《春秋左氏经传集解》，又不及《释例》《会盟图》诸书，则惟其绩竖平吴也。令征南一杜陵布衣，无当阳尺寸功，并无都督荆州节钺，则所悲高岸为谷、深谷为陵者，又在其平生之《左传》癖矣。

余兄犹龙，幼治《春秋》，胸中武库不减征南。居恒研精覃思，曰："吾志在《春秋》，墙壁户牖，皆置刀笔者，积二十余年而始惬。"其解粘释缚，则老吏破案，老僧破律。其劈肌分理，则析骨还父，析肉还母。其宛折肖传字句间，传神写照，则如以灯取影，旁见侧出，横斜平直，各得自然。盖不止绍兴讲席，羽翼解颐，即康成之梦，孔子发墨守针膏，废书带草，悉教锄矣。烨烨乎古之经神也哉！而荏苒至今，犹未得一以《春秋》举也。于是抚书叹曰："吾惧吾之苦心土蚀而蠹残也，吾其以《春秋》传乎哉！"

余受《春秋》于兄而同困者也，闻其言而共闵默焉，曰："嗟乎！《春秋》非拨乱之书乎？孔子以东迁作，胡氏以南渡传，经传皆有忧患愤发之意焉。高皇帝尊用儒说，独取胡氏列学官者，非但以其为严冬大雪独秀之松柏也，取其忧患愤发之意合焉，而可以为异日拨乱之书也。今天下镐京磐石，邈禾黍之离，辫琛叩关，绝金缯之耻，似无所用其忧患愤发。然而纪纲之隳窳也，形势之单靡也，夷狄之侵陵也，则亦儒臣专以《春秋》入侍时也。”诸葛武侯劝其君曰：“申韩之书益人意智。”岂时可以申韩则申韩，时可以《春秋》而反不可以《春秋》欤？

迩者夷氛东肆，庙算张皇，即行伍中冀有狄武襄、岳少保深沉好《春秋》者。而研精覃思，积二十余年者，独令其以《春秋》抱牍，老诸生间，痛土蚀而悲蠹残也。岂时可以《春秋》，而学《春秋》者亦自有其时而后可欤？

唐大历中，施士匄撰《春秋传》，穿凿异同之见耳。幸遇文宗好经术，得供乙夜之览。泰山孙明复著《春秋尊王发微》十二篇，范仲淹、富弼皆言复有经术，除官秘书省。令非其时，则士匄之穿凿，先见恶于宰相李石，而才如明复，且以老母无养，汲汲索游，乞米终也。绯衣银鱼，安在以经术赐乎？虽然，特患无经术耳。公孙弘之对策，天子怒以为不能菑川国固，推以为能。太常奏弘第居下，天子又独擢弘第居首。迟至元光中，犹得展其丞相封侯之业。平津阁快其废为车马厩者，布被阿世耳。若海上一片牧豕地，则固其《春秋杂说》所由兴。石渠、白虎，尽汉儒横经诸席，孰与足千古哉？而安见丞相封侯，必胜经术耶？

不然，襄阳之沉碑，寒潭斜照。故在谁复有没起之，而扪其南征功次者，而至其《左传》癖。后世又有曰臣有杜预癖，赏之者不特秘监虞一人已也，则元凯所为惓惓于陵谷变迁，而不及经术，已知夫勋名之劫短于经术者无涯矣。而兄又何抚书太息之，有悠悠菑水，抚之而叹，其昔能容丞相之晚可矣。天乎！

——录自《麟经指月》，冯梦龙著，明泰昌元年书林叶昆池刻本

春秋衡库序

李长庚

余邑《春秋》其世业也，习是经者十人而九。余离诸生业三十余年，见谭者恍隔世事，独于《春秋》有见猎心，常梦中读《春秋》呫呫在口。席上有谭《春秋》新题影响者，好与相角，庶几杜氏癖也。每思国家明经初指，非以隐癖傲士。欲辑一书，备载近代各家之题采加评定，而冯犹龙氏《指月》一刻，先余同然。又《大全》中诸儒所说，有与胡相发明者，有愈于胡氏者，其他芜杂可少删芟。而诸书有与《春秋》相关者，合增刻为一书。犹龙氏近复以《衡库》出矣。犹龙氏才十倍于余，是二书出，为习《春秋》者百世之利也。

余尝谓习《春秋》有三难，亦有三快。《易》《诗》《书》《礼》同出圣经，义理显著，有《尔雅》及汉诂诸书，宋儒循而注之，虽微义不存，而词旨晓然。惟《春秋》褒贬刑赏在一字中，或在言外，而变例杂出，异同不嫌，令学者以臆相推测。其难一。国初功令，《春秋》《左氏》《公羊》《穀梁》，程氏、胡氏并用，而后专用胡氏。有明知其过刻者，有意于宋南渡后事。故相形断者未必一一尽合，而功令所在，不得不抑心意以从之。其难二。国初经题，仍宋经义，或出数题之大意中相近者，或相反者，听各为条答。而后乃以某传、某句搭题，或传意影搭，或脱母搭，或取《左氏》搭，或取各注疏搭，若射覆臆钩。他经入闱，止虑文之不佳，《春秋》入闱，先虑题之不习。其难三。

然他经制词造格与《书》艺同，多用宋儒注疏中语，无论子史，即六经语稍僻、字稍粗、音稍聱者，不得轻入。士之好古文辞者谓时艺，薄之。而《春秋》奉左氏为祖祢，门风特异。语在他经艺号壮者，置之《春秋》艺中尚觉萎苶，所称引与古文词无异。其快一。他经时艺多俳体，比辞相对，限之以八，跅弛之材不得少骋。而《春秋》体裁可为短长，如论如策，不为三尺文格所拘。其快二。士各执一经，势难兼习，博者不过借字句以供笔端耳。《春秋》则引用各经，相为表里，中与《诗》义相发者，比之传序更明。《易》筮之法，赖左氏以存。《乐记》一书，止存其理，而聆音辨器，不如《左》《国》之晰。斯以一经全五经之用也。其快三。

《衡库》一出而通《春秋》之三难，益《春秋》之三快。犹龙氏自言有此书可无观他书，诚确论也。《春秋》称孤经，得此翼之，可无患孤，《麟经》大明之会再增一大快哉！

抑余有未尽之说。盖《春秋》单题自有难也，以传者逆经者心，以学者逆传者心，或隐在一字之难，或絯绪杂出之难，或轻重不侔之难，或书法三、四、五、六之难，或出于会盟征伐之外，而涉性命理学之谭者之难。近世主司非本经而反以搭题难士，溺其旨矣。余意于传上直标某为关捩，某为旁岐，某犹形影，某为尺凫，某为血脉，某属骈枝，某为型模，某相河汉，某为牖中之日，某为或张之弧。难易既明，正岐有辨，则主司不至谬误。又经题中如于洮乞盟践土、棐林伐郑之类，咸以例对，案：虚实不同，可以见士笔力，而近艺改为二段。夫经文严谨，有单则倒，轻重殊也；有分则对，轻重等也。岂有轻重等而故为不对，以从所自便之体哉？至于无传单题，非文定之疏也，必寄见某传或与某传相同。所以前密后疏者，正以义例见前，得从同以比断，即犹律家之以准某例、医案之借用某方也。兹宜于无传单题，定引某传而不必旁采各注，尤与胡氏原不立传之本一心相合也。具此数说，以听犹龙氏之裁定，无非欲为《春秋》成一全书耳。

时天启五年九月，楚黄友人李长庚撰。

——录自《春秋衡库》，冯梦龙辑，明天启刻本

附：发凡

古吴后学冯梦龙述

一、经录全文，虽空月不敢擅削，示尊经也。

一、是经孔氏权书，游、夏不能赞一词，况其下乎？国初颁《大全》于学宫，使士子以意逆志，随所取裁，犹不失穷经之遗意。其后胡氏孤行，而文定之《春秋》，未必尼山之《春秋》矣。予不揣，窃欲仿朱子《四书集注》之例，广搜百家之说，采其切中情理、不涉穿凿附会者，定为正注。其说可相参者，附之圈外，名曰权书揣摩。庶几汇群儒之精神，备一经之羽翼。奔走多难，尚未脱稿。兹编一以功令为主，故胡氏全录，即偶节一二，亦多崩弑等传，或复词赘语，举业所必不用者。不然，宁详毋略，不敢启后学苟且之端也。

一、《大全》中诸儒议论，尽有胜胡氏者，然业已宗胡，自难并收以乱耳目。惟与胡相发明者间录，至如无传单文，举业家相沿以为不成题，夫题出经文，因传废经，是经文亦可删而读矣。习而不察，莫此为甚。与其苛拟传题，以供射覆，孰若明出经文，以试聪明。兹编于单文，有胡氏发于他传者，则注曰见某传。不然，即采《大全》诸儒之说以备观览。如语止一家，则标曰全某氏，如集众语，则止标全字。

一、《左》《国》《公》《穀》，原系圣经之按。先按后断，

故载于胡氏之前。四传不同者分载之，标目各空一字，先后则以事实为序。大同小异者合载之，或合标《左》《国》，或合标《公》《榖》，间有标三传者。文虽不同而事实可相贯者连载之，仍各分标，但不空字。见于一传者偏载之，各标本书。一二语不可偏废者补载之。或事实稍别，或文采双妙，嵌入既难，全录又赘，姑用双行注补，仍标明之。或先经而起，或后经而结，不便翻检者联属载之。或用大书备载原文，或小字注明一二语。不隶经而可备事实之考者附载之。标目加附字。即无关事实，而辞采璀璨，可助笔花者，亦备录其文。或诵或览，惟资性是视，不令嗜古者有遗珠之叹。

一、有事出三传而胡氏援引之者，互存则赘，今存胡以便拟题。而原文未备，则补注之。若无题脚者，仍用本传。

一、《春秋》与《诗》相通，故采取独富。姑举《卫风》，如击鼓乘舟之类。切于经文者用大书，如《硕人》《载驰》等，止注明左、胡本文之下。《书》如《秦誓》，《礼记》如《檀弓》《月令》等，总属典要，亟加摭录。他如《周礼》《家语》《穆天子传》《晋乘》《楚梼杌》《吴越春秋》《管子》《晏子》《韩非子》《吕览》《韩诗外传》《史记》《文献通考》《杜氏通典》《朱子纂要》《陈氏括例》《事义考》《季氏私考》《春秋属辞》等书，或事详于一时，或语详于一事，或连篇而夸富，或片语以佐遗，或典故于焉取征，或事实借之旁印，并收萃盘，不遗玉屑。惟他经之外，吾不敢知，若语专门，无惭夔一矣。

一、采用诸书，各标出处，或两事出一书者，但用圈隔。止离经文一字，省纸也。较《胡传》低一字，遵时也。字俱大书，便览也。

一、坊本十二公，首俱有列国。又每年注天王各国年号，殊觉猥冗。今将一经始末，自周而下，总载首帙，使人一览可尽。其每年止录某君元年、崩卒之类，以备查阅。若经中无事者，则并省之。

一、文章如祭公谏征犬戎，事实如宣王南征北伐之类，虽在春秋以前，有裨经学。获麟虽绝笔，而《左》《国》所载，如楚、卫、齐、晋之乱，皆春秋结局，不可不录。今前后各附一卷，俾首尾毕具，览是编者，一切书可尽置高阁矣。

一、字非甚难识者不音，义非甚难通者不解。其音、解悉列上方，不使与补注相混。

一、凡双行注语，或解传中本句，或补所未足，及文法不同处，则即注本文之下。如系全传事实，或断语，则总注于后。

一、无传经文，其事明见他传者，则曰见某传。若事不具见，而义实有指者，则曰主某传。若影响相传者，则曰借某传。

——录自《春秋衡库》，冯梦龙辑，明天启刻本

王薑斋四书文序

王夫之

忽念身本经生，十岁授之父，弱冠有司录以呈之君。自不敢曰此聊以入时，壮夫不为。尝于九经有所撰述，而此艺缺然，亦缘早岁雕虫之陋，深自惭忸。

先儒言科举业非不可学，况经义本以引伸圣言，非诗赋比者。昔于岭南见杨贞复先生晚年稿，皆论道之旨，特其说出于陆、王为诧异，要亦异于雕虫以售技者。近唯陈大行际泰略能脱去经生蹊径，而多原本苏氏父子纵横之习以害道，其于圣人之言侮之也多矣。

此制自王介甫至天顺以前，皆自以意传圣贤之意。钱鹤滩、王守溪者起，始为开合、起结、排比之桎梏。嘉靖中叶，周莱峰、王荆石以来，又剿袭古人文字，其变不一，乃不知人间何用此物。法虽屡变，要皆皎然《诗式》之类耳。今略作数十首以补早年雕虫之悔，稍有发明及劝戒，不必圣贤之言如此，期不叛而已。

癸亥孟春甲辰朔，王夫之记。

——录自《王薑斋四书文》，王夫之著，清光绪年刊本

听松楼家课小题正风叙

郑之琮

童子入门之始，亦甚难言矣哉！以平浅入者，久之或流于腐。以奇肆入者，久之或流于放。腐不可也，放亦不可也。故教者与学者均不可不慎也。

予于乙丑幸附骥尾，虽暂毕时文孽债，亦不敢虚縻岁月。念童子甫入门，而异日成人之业悉基乎此，故于风雨之暇，取旧时课童子艺读之，浅显之中时露清新之致，稍为删订，汇成一册，敢自谓幼学定式哉！然而规矩准绳，井井有条。孔子曰："唯上智与下愚不移。"窃思上智下愚不常有，唯中材最多。予之为斯集也，亦欲使中材者沐浴其中，皆得以开发其神智焉耳。虽然，此特其入门之始也。古人云：神而明之，存乎其人。异日者神智既开，进之以《左》《国》《史记》，秦汉诸书，是又在教童子者加之意矣。

时康熙岁在癸未孟春中旬吉旦，澧水郑之琮静山氏题。

——录自《家课小题初阶正风》，郑之琮著，清康熙四十二年友于堂刊本

附：凡例初蒙

一、童子初入门，以清白为文。是集也，不敢杂以深刻之语，欲其浅而易学。亦不敢杂以老炼之句，恐其少而习之，久而不忘也。

一、《大学》《中庸》理最深细，童子时未暇讲究，故集中上论最多，下论次之。《孟子》文亦间登数首，以开扩其心胸。《学》《庸》概未之及云。

一、课艺虽多，不敢尽载。特取其短而显、简而切者录二十余首。

一、入门以规矩准绳为本，故长题、巧搭题一概不录，即变格亦俱不入选。

一、八股文字，原一股一义，今人不讲久矣。集中每篇，务立柱脚，使童子知二比之不可合掌，则并日行文，自超卓不群矣。

一、集中有一套而数见者，盖童子初入门时胸中一无所有，欲其知化用之法，故不啻一而再，再而三也。识者勿迂而笑也。

一、童子天性敏捷者，明白自不费力。若愚鲁之流，有终身而不通者。予所以务取其浅显又示以化用之法，且于行间细细批明，若馆师再提其耳以谕之，则不特敏捷者易成，即愚鲁亦可化也。

一、入股虽有定规，然不过自其入门论之耳。昌黎云：其皆（纯）［醇］也，然后肆焉。若其神而明之，相题立格或用散行法，或用整散相间法。准绳又不足以拘之，故变化无穷，予于童子尤有厚望云。

——录自《家课小题初阶正风》，郑之琮著，清康熙四十二年友于堂刊本

小题能与集合选读本序

张 崧

凡一切选本欲其盛行于世，家为之弦，户为之诵，不翼胫而飞走天下者，必有其能超越寻常，不屑随人步趋之处。要非忽忽焉漫无所挟持，徒欺而盗名也。余于曾子振先所选《小题能与集》深有取焉。曾子知初学之为文也，必以利场屋为第一。因于试牍房以书名稿，以暨同人会艺中择其文之机畅神流，洋洋洒洒之为场屋利器者，汇为一编，刊刻问世。世之学者翕然从之，一时为之纸贵。

今日小题选本盛行于世者，必以《能与集》为最。其与集之盛行犹是也，三集至八集之盛行亦犹是也。世之学者孰不知有《能与集》乎？夫人之以耳代目也甚矣哉！而以资书为业者为尤甚。故每一集出，此刻之彼复刻之，书虽盛行而镌板之秽污，字画之讹舛，已（合）［令］人一展卷而厌心生矣。而其书犹盛行于世者，岂是集之堪为后学模楷耶？抑一时之好尚在，是故购求者不约而同也。此坊友所以持八部《能与集》丐余选百二十篇，登之梨枣，以慰四方诸同志饥渴之（暮）［慕］也。余就中拔其文之尤者百二十首，复为之纫加斟酌，鳞评总批，务令作者之精神血脉一一昭著纸上。学者读之，心摩手追，则临颖时有不得之心而应之手者乎！吾不知是集之盛行于世，其家为之弦，户为之诵，不翼胫而飞走天下又当何如也。然余虽不得而知，窃有可以自信者。集既成，因为之序以行之。

雍正元年岁次癸卯孟冬十月上元，张崧书于皋园书屋。

——录自《小题能与集合选读本》，鲁习孔原评，黎旭增评，清雍正元年刊本

经畬堂课孙草稿序

储叔之

中子比岁键户，以经训授诸孙稍长者，赐书买书，年皆十一二，聪颖知读书。中子尝自作小题文课之，辄属余点定。自春涉秋，得三十余首。又检箧中所存少作十数首，旧稿中便于初学者十数首，删润酌定为一卷，以备小题之格。从游之士请并锓之。

小题之道，巧法尽之。至巧法莫备于万历之季，能事毕而衰生焉。佻纤非巧也，纠琐非法也。夫巧与法之至者，无不生于自然而成于不可易。集中诸作，巧法备矣。抑其根柢之厚，卷轴之华，讲解之密微，气候之成熟，有行乎巧与法之中，出乎巧与法之外者。所谓自然而然，一成而不可易。规矩准绳，神明变化，精凝而采溢，美具而难并，览者皆得之，勿徒以小品目之也。杜少陵有云："庾信文章老更成。"又云："晚节渐于诗律细。"作者甘苦自道，殊未易言，余于中子《课孙草》见之矣。

雍正丁未八月三日，叔之又题。

——录自《经畬堂课孙草》，储中子著，清雍正丁未刊本

向太史小题文稿注释叙

左笔臣

文章之难，莫难于时艺。时艺之难，莫难于小品。有明三百年间，小品极盛，然求其历久弥新、卓然可名于世者，自若士、季重、萍槎、季侯诸君子而外，未易多得，小品之难盖可知矣。

余友向子一存天姿英敏，内蕴宏博，凡六经子史以及汉、魏、唐、宋之文，罔不沉酣而融液之。年甫弱冠补弟子员，屡试辄冠军。往者庐江宋嵩南先生视学西蜀，阅其试卷，即以第一人相期许。及戊子榜发，而向子果领解一乡。都人士咸服先生有冰鉴之明，而且谓向子之文足以抡元而无愧。

越五年，成进士，年逾三十矣。气益壮，才益雄，其于文也日益富。诗古文词而外，于小品最为究心。每兴酣落笔，辄必出人意表。尝取其文于窗月溶溶、花阴寂寂之下，息心而雒诵之，见夫识透天心，思穿月胁。澄寒江之色而穷九曲之源者，其理邃也。经营变化，中规合矩，能以建章宫之千门万户而兼凌云台之铢两悉称，在其法密也。奇峰幻景，海市蜃楼，烟云驰于笔底，波涛溢于行间者，其思异也。丰姿妙美，金膏冰碧，扬明月之辉而灿江葩之色者，其采鲜也。独出新裁，阐奇发藻，为庖丁之解牛，为宜僚之弄丸，为长史之草书，为公孙大娘之剑器，在其机灵也。隽永苍健，木落山高，降怒虎而斗狞龙者，其笔古也。清华秀丽，玉宇琼楼，珑笛冰弦，骖鸾而翳凤，动清商而舞鱼龙者，其致逸也。纵横超忽，叱咤风云，时而钱塘之涛怒立，时而匡庐之瀑下垂者，其气雄也。巧无不备，美无不兼，即以其与若士、季重、萍槎、季侯诸君子较胜于百年之上，吾知绮思丽藻，应称同调，安谓今人不及古人也。向子乡会闱墨已推重天下，不必以小品传，而小品之工遂已如此。

今兹校书天禄，珥笔承明，将出其文以为黼黻盛明之具，则此稿之出，非即才猷之表见、华国之先声也乎！余故乐得而为之序。

时雍正丁未岁仲夏月，婺川左史笔臣氏题。

——录自《向太史小题文稿注释》，向兰皋著，清雍正丁未三让堂刊本

胡稚威四书文序

文灿汉

文非奇不传，传亦不贵，无古今异也。苏子由称太史公疏宕有奇气，唐韩退之尤怪变极逞凌绝百代。若为时文，讵独宜不然？往居京师，与同年何尚书坦园、惠学士仲孺论前明及本朝三百余载制举业名家，不乏清音粹词。求其雄深雅健，宏放拔出，足上争古人，传久而愈光者，不过十数人而已。且夫金膏水碧，山车银瓮，希代之华宝。昆吾火毳，烽树鞣韐，罕觏之殊珍。当世幸复值此，诚将异而贵之。然且按剑遭盼，往往为旷莩者所笑弃，独其精气光彩，轮囷郁郁不可磨灭。至久而论定，向所共笑弃者赫焉常尊于人间。由是益叹非奇之不足以传且贵，其信如此也。

族侄孙稚威负逸才，纵猎群籍。所为诗歌、古文、骚赋，皆瑰玮腾放，礌硠摆踔，有倚天拔地心魄。其于时文，非意所甚屑，特怪巧宕奡，时时截去笔墨畦町之外。当夫披臆纵横，其议论仿佛晁、贾之对策，陈永康、辛弃疾之谈功名。及其回波掣澜，趋入醇古，鑱刻伟丽，或如诸子，如《别集》，如扬、马赋颂，不惜尽变先人态格，为陋儒鄙生呵骂。要取自成一家，奇可传、传可贵而止。乡里士始惊谯之，久之，稍稍闻一二识者称稚威文，则又窃相传说，然固于稚威无得丧也。

稚威自少下笔甚捷速，积录数大帙辄厌去，后经年或未尝构一篇。及间试为之，又衮衮若记夙读者。乙卯夏，沈生纶言者将谋为刻行卷。稚威傲然笑曰："道尧舜于戴晋人前，犹一吷。欲使人以是知我，又吷之余也，复何足道！"稚威生平性懒，所作多散弃不自收拾。沈生私自抄索，思举百余篇授梨氏。会亦俭于资，姑置其尤奥深不易解（悦）［说］者，先五十首俾梓人功，遂以《余吷》名其录，而予为之序如此。

雍正十三年七月七日，湖西老人文灿汉倬书。

——录自《胡稚威四书文》，胡天游著，清光绪年间刊本

乾隆帝颁钦定四书文圣谕

爱新觉罗·弘历

谕总理事务王大臣：

国家以经义取士，将使士子沉潜于四子、五经之书，阐明义理，发其精蕴，因以觇学力之浅深与器识之淳薄。而风会所趋，即有关于气运。诚以人心士习之端倪，呈露者甚微，而征应者甚巨也。顾时文之风尚屡变不一，苟非明示以准的，使海内学者于从违去取之介，晓然知所别择，而不惑于岐趋，则大比之期，主司何所操以为绳尺，士子何所守以为矩矱？

有明制义，诸体皆备，如王、唐、归、胡、金、陈、章、黄诸大家卓然可传。本朝文运昌明，英才辈出，刘子壮、熊伯龙以后，作者接踵，莫不根柢经史，各抒杼柚，此皆足为后学之津梁、制科之标准。自坊选冒滥，士子率多因陋就简，剽窃陈言，雷同肤廓，间或以此幸获科名，又展转流布，私相仿效，驯至先正名家之法置而不讲，经史子集之书束而不观，所系非浅鲜也。

今朕欲裒集有明及本朝诸大家制义，精选数百篇汇为一集，颁布天下。学士方苞于四书文义法夙尝究心，着司选文之事。务将入选之文发挥题义清切之处逐一批抉，俾学者了然心目间，用为模楷。又会试、乡试墨卷，若必俟礼部刊发，势必旷日持久，士子一时不得观览，可弛坊间刻文之禁，果有学问淹博、识见明通者，不拘乡、会墨卷，房行试牍，准其照前选刻，但不得徇情冒滥，或狂言横议，以酿浇风。

朕实嘉惠士子，其各精勤修业，以底大成，敬体朕意，共相黾勉。特谕。

乾隆元年六月十六日。

——录自《钦定四书文》，方苞选，清乾隆五年刊本

分法小题浚灵秘书序

楼季美

小子胸中，原自有一种天机文字，乃人家子弟，往往穷年累月，教之不通者。此非文理之难通，亦非小子之难教，良由为父师者不能迎其机而导之也。

夫小子，人欲未入，天性未漓，其机之发也，不特如火之始然，抑亦如泉之始达，灵莫灵于此矣。《易》曰："山下出泉，蒙。君子以果行育德。"是小子勃勃欲发之灵机，正父师之所当及时而浚者也。浚之之法奈何？一曰正容体，次曰一心思。日用之间，讲明义理，内以淑其性情，外以变其气质，此容体之所由正也。服劳有暇，即教以读书。读书有暇，即教以学字。尘嚣日远，风雅日亲，此心思之所由一也。容体正，心思一，则为人之本已立，而学文不难矣。于是勿忘勿助，从容调养。心若外逸，不得过宽。心若内用，不必过严。四子之书，且就其心之所易明者教之，使知圣贤所言，皆是切身要务。一身所行，皆当效法圣贤。俟其心中会得，口中讲得，方就《四书》白文，《四书集注》，讲明实字义理，虚字口吻，使知圣贤说话，即是我的文字，我的说话，亦即是圣贤文字。至于白文、集注中上下呼应、反正曲折之法，亦只就其口气之自然者畅快言之，不可诵说讲章，不得叮咛繁琐。如此积久，即破、承、起讲未读，而文气已先通矣。此即迎机而导之之谓也。

虽然，小子胸中有灵机，文字亦有灵机。文字之灵机得小子之灵机而易入，小子之灵机得文字之灵机而易出。此其中又有浚灵之诀焉。

夫大匠诲人必以规矩，学者亦必以规矩，巧固不出于规矩之外者也。是故单题、长题、截上、截下、两扇、三扇题，体明而文字出焉。反正开合，宾主顺逆，文体明而心思出焉。选读本必简其节奏，非略也，恐其以文字中繁多之曲折，乱题目中清真之机绪也。必省其文采，非朴也，恐其以文字中富丽之辞华，掩题目中真切之义理也。如此循序渐进，似乎难以速成。不知题绪题义，一旦豁然得之于心，即能应之于手。正如顺风扬帆，顷刻千里。以之学明文可也，以之学古文可也。即推而广之，学诗，学词，学歌赋亦无不可也。岂徒记时下堆砌臃肿之文，以邀求青紫于可必不可必之间哉！

世之教子弟者，果能细思其弊，改途易辙，迎机而导，则向之穷年累月而不通者，亦将一旦豁然矣。是为序。

时乾隆三年岁次戊午孟春人日，浦江楼沨季美氏题。

——录自《分法小题浚灵秘书》，楼季美评选，清乾隆三年聚贤堂刊本

附：幼仪箴序

浦江楼沨采

道之于事，无乎不在。古之人自少至长，于其所在，皆致谨焉，而不敢忽。故行跪揖拜、饮食言动有其则，喜怒好恶、忧乐取与有其度。或铭于盘盂，或书于绅笏，所以养其心志、约其形体者，至详密矣。其进于道也，岂不易哉？

后世教无其法，学失其本。学者汩于名势之慕、利禄之诱，内无所诱，外无所约，而人之成德者难矣。

予之疾乎此也盖久，欲自其道而易行者，为学而未能。因列所当勉之目为箴，揭于左右以攻缺。由乎近而至于远，其功盖始诸此，非谓足以尽乎自修之事也。

森森斋谨序。

——录自《分法小题浚灵秘书》，楼季美评选，清乾隆三年聚贤堂刊本

四书题镜叙

汪灵川

国家以经学取士，三载宾兴，岁科两试，首崇四夫子书。明经士各以文章报国，然惟学术端则经术正，亦惟书理明则学术端。而明书理在尊注以研圣贤宗旨，详说以别指趣异同。盖四夫子书汇涵诸经精蕴，经诸先儒之阐发，《或问》《语类》《大全》之辨论，而荟萃折衷于朱子《传注》。后之阐发《传注》以阐发大文者，凡讲章、讲解无虑数什百家。大约宋儒之书专讲义理，其时不为帖括。明儒之书兼求口气，自讲学一二语录外，率皆为帖括取用。然于经传义蕴，未免有详略、偏全、同异之差。

我朝文运日隆，圣天子重道崇儒而正学昌明。御制经书讲解而经学醇备。兼得理学名家主持风会，诸君子阐发不留余蕴。即讲章、讲解所未到，而散见于先辈名篇、时贤巨制，法家宗匠选评之识议者，或发明朱子之解则直指迷津，或引伸朱子之意则一空陈解，均足为制义准绳，举业正宗。第厌故喜新者恒不屑袭前人唾余，其视讲章文字，若可一概抹却。昔朱子答汪尚书书所谓姿禀高者，以不历阶梯为快者也。抑或祖一陈诠旧解，锢于先入之见闻，纵有标新阐奥至论，未遑遍观而尽识。此又朱子所云执着陈见，不更求新见者也。

窃恒论之，从来传述圣贤之学者，致知在格物。所以穷理博学而详说，所以反约，原非徒以供博士家言。然科举之学必本于圣贤之学，圣贤之学即验于科举之学。故作文不发挥书理，圣贤之义理终未透。讲书不贴合作文，圣贤之口气终未肖。前人谓作文为讲书表章，讲书为作文根本，源流原自一贯。惟体认各题理行文，即以行文各旨法说书，则书之曲折清微，与题之神脉口吻，无乎不出，而道理口气，两无遗憾。是行文之妙即寓讲书之中，讲书之时即熟行文之法。所谓格物穷理，详说反约工夫不即在是乎！

余笔耨年久，日惟此与诸从游相参究。因汇集前辈讲义，博采名家笃论，闻而择，见而识。慎思（名）［明］辨，摘章章、节节、句句题之正义正则，而录之咿吾。走笔罔厌罔倦，积有年所而成卷如干，为家塾课本。谬承吾乡诸先达，我师南部、济源、牟平、涪陵诸大人先生许可，谓是辑足以释讲家聚讼之烦，导作家审题之路，应公诸世，毋自秘焉。余自维浅陋，愧乏独照心得，以阐发经传蕴奥。不过按籍汇录，去其操戈传注，晦蚀经义之论，辨其浮泛浅率、拘牵胶固之疵，以取正于先辈、时贤而已，曷敢贻灾木讥。

年来友教越东，会我墨城。桐坡寿年长先生主讲坛，课士以明书理，端学术为第一义，因出旧所辑相印可。而见是辑者各请抄录，但案头一卷，难以给众览。适请梓者力，同人率踊跃以晨夕参订。阅年而剞劂告竣。幸赖丽泽之益焉，乃如杨子我嘉、金子一清、方子梧冈、杨子西望、郭子昇集等出其精于理、工于文之识力校正再四，厥功尤不浅云。

噫！浩浩者天，而窥以管。洋洋者海，而测以蠡。圣贤之道妙无穷，识解之灵通何极，名山之秘著良多，翰苑之遗珍不少。宁端委源流之靡不悉，抑鲁鱼亥豕之尚有讹，惟冀心同理同，共订其是非得失，庶于说书行文者不无小补云。

时乾隆九年岁在甲子春王正月，苕上汪鲤翔灵川叙。

——录自《四书题镜》，汪灵川纂述，清乾隆九年宝翰楼刊本

附：例言

一、《学》《庸》系圣贤相传道统，本《礼记》之篇，其书首尾一意，脉络贯通。朱子于《论》《孟》曰集注，于《学》《庸》则曰章句。然章句虽分，而各章联络之意，总注复申明之。兹集于《学》《庸》连章看法，处处不敢遗略。

一、先辈行文，全从体认书理而出。一题有一题之理，即有一题之法。先后不容越界，上下不可粘连。偏全、反正、虚实、轻重、缓急俱有一定。是集于讲总旨后必逐节、逐段、逐句挨讲分解，庶随题解题，不致混淆。

一、讲章随文衍义，多用序讲。然书不难于一气顺讲，而难于分析细讲。顺讲则如题直叙，而精微难悉。细讲则就题深入，而曲折皆明。未有精于细讲而难于顺讲者。兹集既于每题讲明承接转折，提掇照应口气，故不赘叙讲。

一、逐章、逐节、逐段中有单句难题，或难在理致，或难在口气，或难在考据，或难在葛藤，或难在疑似，或难在斡旋。兹集必标此一句，单提一行，比易解单题尤从详讲辨。至有题之相类者解此可以通彼，则以某句亦然法，可类推概之。

一、《四书》中长题自有天然章法、句法、笔法。讲头或不当提，而提不当过，（面）［而］过不当挽，而挽不当煞而煞。兹集所纂驳正之论，在《孟子》七篇尤多。又有平仄字音、分合姓氏相沿错解者，亦俱订正。

一、集中所纂，有各讲解所同者。或意同辞异者，或从旧本录出，无从分注其由来者，俱不注姓氏。其有订讹正误，独有阐明出时沿耳目外者，必注姓氏。其数说连引合较分别者，亦注姓氏，或注某号、某讳、某书、某选、某文、某评，总不没其说之所自出云。

一、讲书原只发明书理，或参一解，或抒一得。其说可传，不拘其人之先后穷达也。集中登载姓氏，多者公巨卿尊，其说直书某某，以宋儒但称某氏，故不敢于后儒套称先生。

一、是集随看随纂，其逐段中可句读者，旁用小圈以断之。有另起者则用大圈于中以别之。其紧要意义及剖晰详明处，俱旁用小密圈以联之，以便醒目。

一、是集为家塾课本，向未付刻，但久已誊钞于外，恐转辗传写必多参错脱遗之处，反失其本来。今复细加校正，又增删其什之一，并逐句圈断，庶一见了然。因颜以《题镜》，非敢比先辈之《题式题炬彀率》《心鹄指南》《签蹄》等集，第较前之誊钞于外者，此为定本。

一、书刻最重参校。若一句有讹谬，则意义难通。一字有讹谬，则鲁鱼滋混。此非一人一手可猝办也，兹集幸会讲诸子并受业门人分第分卷、逐章逐句参校，庶免讹谬。

——录自《四书题镜》，汪灵川撰，清乾隆九年刊本

分课小题续编发凡

王步青

一、初学读小题，必托始于故明先正。此不独鼓箧祭菜之义，亦以先正之文体正源清、简严易直，无后来冗蔓支离。习学者先此入门，然后可历阶深造，讫用有成。夫三王祭川，必先河而后海，或源或委，教学之相长亦犹是矣。吾《塾课》前编自《启蒙》溯源明初先正式法，下率以隆、万为宗，取其机圆情畅，多塾师口讲指画、相沿以熟者。然分集选额易盈，不无割爱。其稍稍不数见者，辄慭置之矣。后数集每取材天、崇，然必量少后所能领会方为采入。至深心大力之文，不敢概登，以其与初学阶梯不甚迩也。至此编，不独隆、万佳文前所未备者酌为增入，即凡前后诸先辈洋洋大篇，塾师向若而惊者，苟与吾分集之指相为印合，亦必详论其所以然，俾吾学侣见闻日广，神智日开，毋以小成自足。《易》曰："变而通之以尽利，鼓之舞之以尽神。"其于此事，或庶几矣。

一、集分上下，故明之后继以本朝，先后文人，心源若接，义法同揆。考古监今，未之或爽。国初巨手，熊、刘为最，王言远、戚价人、马章民、钱绍闻诸公小题脍炙人口，安溪相国不少名篇，长洲宗伯则更著矣。以至储在陆、焦广期、何义门、储六雅、储中子、方百川、方望溪、曹谔廷、程得莘、蔡应山，吾家渊翔、遵一、若林，前已胪列多篇。此集非关挂一漏百，其有前编美不胜收，若任翼圣、方文辀、张晓楼、徐笠山、周萼君，吾家墙东翁，可为后学楷则者，集中仍复不少。又有专稿尚未盛行及新篇未经问世者，则如蒋东委、陈见复、李芷林、储于宾、吴仰朱、李德涵基墒、柏蕴皋，其文幸先睹为快。借光兹选，老夫曷敢私焉。或以阿好相疑，是将谓文无定价，可不可也。凡此或繁或简，当合前编及拙选。汇览读之，则共谅余心矣。

一、考卷例与房、行分载，从前拙选概已如是。客岁所见佳篇，可为此编增重者颇多。然即目随有《考卷》三集同时问世，故今载仍前，不欲自乱其例。其或前此已经刻入考卷，以重爱其文，载光此集，然亦不多有。即如吴江沈屺望庠姓李，嘉兴籍，现今刻入考卷多篇，其以已刻之文入此集者止一二耳。

一、所辑本朝文，惟已入前编者概不复载。自余若《所见集》及《汇览》诸编，一切房、行考卷，已经评选者或以名篇为学者所宜熟复，或以题难可备分编各体，仍择其尤要采入兹编，非敢有心滥列也。或又有已登诸选后续，课诸孙口讲指画，稍觉句字不无繁冗，略为删润，节拍较老，光焰愈长，因复付之梓人，俾后学知简练揣摩，可即从此隅反。故凡一再登选，并非无故陈陈相因。

一、先辈之文，采择出自家藏，时艺则必取材坊选。而家居僻壤，书贾罕至。前此闱墨、房、行考卷概以“所见”名集，其未见者正多也。年来友朋惠寄，无间远所。又或鱼雁浮沈，不可致诘。故兹编虽极意搜罗，以续前编之胜，而篇额不无稍减。然以资后学竿头进步，其义指已引伸切至，不敢量世俗买菜之见也。

一、讲制义未有不禀程先正者。吾前编所采格言，于文家指趣、纲领殆已略备。后学无事他求，顾其要者，不可不时时观省也。兹节录茅鹿门《论文四则》、董华亭《九字诀》，并附管见以备参览焉。

——录自《分课小题续编》，王步青撰，清乾隆十五年刻本

附：论文四则

茅　坤

一曰认题。题中精神血脉处，学者须先认得明白，了了悉之心中，方可下笔。然后句句字字，洞中骨理。予尝论举子业，浅视之，则世所剿袭帖括亦可掇一第。苟于中得其深处，谓之传圣贤之神可也。孔孟学问，宗旨虽同，其间浅深大小亦自迥别。学者苟以孟子论学之言搀入孔子，便隔一层矣。予故论为文须首认题，今之学者于题类多鹘突，焉能入解？他如问答题、议论题、序事题，其间千条万窍，难以备述，其总要专以摹写虚字眼处。譬如掉百尺之帆特在篷眼上转脚，悬千钧之弩特在弩机上觑的。按：此条为吾八集总纲，而于式法尤要。盖法自理生，理从题出。所云其要在摹写虚字眼处，是题之情也。题情不得，则题理不真，所讲求之法亦死法耳。故认题为文家第一丹头，此不磨之论。

二曰布势。势者，一篇呼吸之概也。大将提百万之兵以合战，其要只在得势。得势者百战百胜，学者为文亦然。予尝读《史记》至项羽之救巨鹿，引军渡河，破灶沉舟，持三日粮，示士卒无生还意。已而人皆死战，无不一当百，呼声动天地。诸侯旁观者十余壁，人人惴恐。卒之覆秦而霸诸侯者，羽能呼吸三军之气以驰骤之，其势也。他如光武昆阳之战、周瑜赤壁之战、谢康乐淝水之战皆然。大略善将兵者，操百万之兵如左右手。善为文者，累数千百言如探喉而出。举业亦然，得其势，则相题言情，如风之掣云、泉之出峡。苏文忠所谓“行乎其所不得不行，止乎其所不得不止”是也。不得其势，则语意窘涩，扣之不成声矣。按：此与吾行机之说相近。此则魄力较大，必成材乃可与幾。

三曰炼格。格者，犹言品局也。后世论古文首先秦、西京者，以其去古未远，神理浑融也。薄晋、宋以下者，以其世既衰薄，而神理不振也。唐三百年仅得韩昌黎、柳柳州一二人，宋三百年仅得欧、苏、曾、王五六人。何者？诸君子能窥测理道，约六经之旨而成文，是以其格独高耳。余则否。即如举子业亦然。世之名家，往往能深于六经，故其胸中所见既超卓，铿之为声响，布之为风藻，与人敻别。不然，终不免为卑品下局矣。予尝过世家，往往阅其图书重器，便欣然神往。间过富人，纵纨绮满堂，不觉羞涩。嗟乎！观此可以论文矣。按：此则统精诣大观老境三集而言，书卷磨炼之功，端在平日，虽至溢而为别情，亦不可无此意也。

四曰中彀。彀者，式也，世所称中式也。以上三条，予所自喜独得其解者。然世之有司，往往操其耳目所向、绳墨所习以求士，而吾不能赴之，韩昌黎之所以三试礼部而不中者也。予故不得已，特别为“中彀”二字以悬之于心。其规模大较，虽不出于前三者，而于三者之中。故令典则浅近，令人览吾认题处，不必渊深而大旨了然；览吾布势处，不必宏远而脉络分明；览吾炼格处，不必高古而风韵可掬。斯则世之宗工大匠当属赏心，即如肉眼亦不我遗矣。按：此即后来揣摩之说所自昉也。震川云：从来场中只是撞着法，并无贯虱穿杨之技。此为达人知命立定脚跟语。然有能几此者鲜矣。吾尝语学似却不能为必中之文，然断不可为必不中之文。所云必不中者，污漫与孤高皆是。读先生《中彀》一则，亦可知所折衷矣。

——录自《分课小题续编》，王步青撰，清乾隆十五年刻本

附：华亭九字诀

董其昌

一曰宾。昔洞山禅立四宾主：主中主、宾中宾、宾中主、主中宾。故曰我向主位中来，尔向宾位中接。又曰忌十成死语。文章亦然。一部《庄子》莫非寓言，并无一句犯正位，然未尝一句离正位。若一犯正位，则如《逍遥》《齐物》《秋水》诸篇，正意不过数句可竟，何得曼衍恢奇乃尔。何谓正位？正位者，主也。正位如君王，拱默威严，外人莫睹。而三公九卿，六部五府，皆承天子威光，建立功业。若必要天子口倡手提，济得甚事？《诗》则赋为主，比、兴皆宾也。《易》则羲画为主，六爻皆宾也。以时文论，题目为主。或进前一步，或退后一步，皆谓之宾。或斤斤讲而题意反不透露，是高品、俗品之分。苏子瞻《表忠观碑》，惟叙蜀汉抗衡不服，而钱氏顺命自见。此以宾形主也。此窍毋论，前辈大家、名家但执管者即已游于其中，自不明了耳。往往有单门浅学而蚤取科第者，彼虽不知所以，要未尝不暗合。今夫农人之歌，岂知声律？然一唱众和，前轻后重，若经惯习，虽善歌者不能易之。于此见人心有自然之节奏，以此机相感，洒然善矣，但不可作。宾中宾谓于题目旁意中又入旁意，则是臣子不奉天子威光，擅自称制，乃野狐禅也。惟宾中有主，主中有宾，明暗相参，生杀互用，步步恋着正意，而略不伤触，乃为宾字法门。按：中有冗沓处，僭为删节，便学者观览。后从同。

二曰转。文章之妙，全在转处。转则不穷，转则不板，如游名山，至山穷水尽处，以为观止矣。俄而悬崖穿径，忽又别出境界，则应接不暇。武夷九曲，遇绝则生，若千里江陵，直下奔迅，便无转势矣。文章随题敷衍，开口便竭，须于言尽语竭之时，别行一路。太史公《荆轲传》方叙荆轲刺秦王，至始皇环柱而走，所谓言尽语竭，忽用三个字转云“而秦法”。自此三字以下，又生出多少烟波。制义如化、治间，大家元气浑灏，势取直捷，转处无形。至文恪公《齐景公》二段文，则珠走盘而不出于盘，圣于此法矣。但拙者为之，则头脑多而不遒劲，病在不审宾中之主。

三曰反。文字从反语，曰文者言之变也，又曰拟议以成其变化，作文谓以变合正。古文耸动人精神者，莫如《国策》。策士游说，不曰不如此不利，而曰不如此必有害。其所以敲骨打髓，令人主陡然变色者，专用此法也。韩昌黎说周公好士，正言已尽，却又一反云：“向使周公辅理承化之功未尽，章章如是而无圣人之才，而非叔父之亲，则将不暇食与沐矣。宁止吐哺握发之勤而已哉！”得此一反，并吐哺握发精神奇警。时文有全篇用反者，如“君子三戒，戒之在色，戒斗，戒得”。只应痛说色、斗之为害，而戒字意自明。若随题讲云若何以戒之，则俗格矣。癸酉南京江文明《修身则道立》墨卷，讲完修身则道立云：“不然，天下虽有观刑之心，而君极未立，其何以近天子之光哉！”得此一反，则则字精神遂露，便有责望哀公意，不止说效矣。又如癸未孟子程文讲孔子有见行可之仕句云：“不然，东周之志，三代之思，将托之空言矣。”皆是淡中设色。

四曰斡。李长吉云：“笔补造化天无功。”此斡之所自始也。以时文论，虽圣贤语，岂无待作者斡旋处？如“禹稷当平世，三过其门而不入”。既平世矣，何为却须三过其门不入？程文则云：“盖洪水艰食，天下虽若犹未平也。而君明臣良，则天下有所赖以平也。”出人意表，故凡题中有缺漏处，须用意斡旋。

五曰代。代者，谓以我讲题，只是自说。故又代当时作者之口，代写他意中事，乃为注于不涸之源。且如《庄子·逍遥》

篇说鸴鸠笑大鹏，须代他说曰：“我决起而飞，抢榆枋［而止］，时则不至，而控于地而已矣，奚以之九万里而南为？”此非代乎？若不代，只说鸴鸠笑亦足矣。又如太史称燕将得鲁连书云：“欲归燕，已有隙，恐诛。欲降齐，所杀虏齐人甚众，恐已降而后见辱。喟然叹曰：‘与人刃我，宁自刃。’”此非代乎？时文如邵北虞《桃应问曰》文云：“居舜之地，谅舜之心，必将曰在朝廷则情为重，法为尤重，而时穷于不可夺。在海滨则天下为轻，亲为重，而法泯于无所加。”是代也。凡作文原是虚架子，如棚中傀儡，抽牵由人。非执定死煞者也。

六曰翻。刘勰曰：“词征实而难巧，意翻空而易奇。”夫翻者，翻公案之意也。老吏舞文，出入人罪，虽一成之案，能翻驳之。文章家得之，则光景日新。且如马嵬驿诗，凡万首皆刺明皇宠贵妃，只词有工拙耳。最后一人乃云：“尚是圣明天子事，景阳宫井又何人？”翻尽从前窠臼。曹操有疑冢七十二，古人有诗云：“直须尽发疑冢七十二。”已自翻矣。后人又云：“以操之奸，安知不虑及于是？七十二冢必无真骨。”此又翻也。昔齐鬼说善解结，邻国以必不可解之结致齐王，齐王令鬼说解之。鬼说曰：“此结不可解，臣乃以不解解之也。”此非翻乎？又如法眼和尚曾问徒弟曰：“猛虎项下金铃是谁解得？”人多不能对。其后有一僧出曰：“系者解得。”此非翻乎？时文有：“虽孝子慈孙，百世不能改也。”束曰：“有尧舜为之祖父，则虽有朱均之不肖，而无改于唐虞之令名。有幽、厉为之祖父，则虽以宣平之中兴而无补于二君之逆德。”又云：“不然，则暴其民者得一贤子孙足矣，何足惧哉？”此善翻案者也。唐荆川《匹夫而有天下》文云：“舜不遇尧，一耕稼之夫而已矣。禹不遇舜，一崇伯之子而已矣。”俱是翻格。

七曰脱。脱者，脱卸之意。凡山水融结，必于脱卸之后谓分支劈脉，一起一伏，于散乱节脉中直脱至平夷藏聚处，乃是绝佳风水。故青鸟家专重脱卸，所谓急脉缓受，缓脉急受。文章亦然，势缓处须急做，不令扯长冷淡。势急处须缓做，务令纡徐曲折，勿得埋头，勿得直脚。

八曰擒。杜子美曰："擒贼先擒王。"凡文章必有真种子，擒得真种子，则所谓口口咬着。又所谓点点滴滴雨都落在学士眼里。且如王文恪、邵北虞皆有"五就汤、五就桀"文字。若以纵横逸宕论，邵作似胜。但文恪小讲云："择君而事者，智士之所以定其交也。委心不变者，忠臣之所以介其守也。而伊尹则有不必然者。"便高出邵公几等。何则？此题真种子要在"何必同"，而邵却单做伊尹五就，虽词章挥霍已离于宗，故不得为大家。己卯石昆玉《舜亦以命禹》墨卷，承即云："道至于中，则不宜有所异也。"以后云："中之上本无所加，而圣人又何所加于此中之上乎？"此是题中真种，擒得此，不必照顾"亦"字，而未尝非"亦"字矣。萧会元《如有王者》破云："无近功者也。"一篇主张，不出此三字。魏昆溟破云："志其盛也。"便自走作。此全在有识。

九曰离。文字最忌排行，贵在错综。其势散能合之，合能散之。离者散也。左氏《晋语》云："太子之善，在于早谕教与选左右。"早谕教、选左右是两事也。贾谊《政事疏》却云："心未滥而先谕教，则化易成也。开于道术智谊之指，则教之力也。"此是早谕教。下云："若其服习积贯，则左右而已。"此是选左右。以此二事离作两段，全不排比。自六朝以后，皆画段为文，少此气味矣。时文如《出门如见大宾　四句》，主敬行恕，后来印板也。陶石篑作此题，先将"出门使民"二句相对，却用一过文另做"己所不欲"二句，破板为活，深得离之趣。按：华亭所论诸字诀，皆足为后学津梁，惟"离"字颇不甚允。张侗初有云："题本如此，文却如彼，离而不出乎宗，所谓意与题相生，不与题相迫。解此方知“离”字妙用。

——录自《分课小题续编》，王步青撰，清乾隆十五年刻本

附：论文三字诀

王步青

一、先辈论文三字诀，曰典、显、浅。典、显，人人解道，浅则人或疑之。夫浅非浅易、浅肤之浅也。圣贤语言，原自有深不得者。口边话，眼前景，惟适如题分，越浅越真越有味。以必深处，即已在言下也。又有题指自深，往往以求深反晦。前人评此，观堂稿有云：“刻苦之至，乃得明快。”明快不几于浅乎？可见不到得明快，未可云刻苦。不到得浅出，何由验其为深入？此虽非初学所能遽领，然亦可见文字不在苦苦求深。不然，文固有字字考核，句句发皇，而读者仍然不得其理趣，方知“典、显”二字未足尽行文之诀，而“浅”字之妙，又不独初学所宜领会矣。

一、汪钝翁论文三字诀，曰紧、警、醒，平生尝宝此三字。窃谓紧之一言为尤要。夫为文不警，则易失之庸。不醒，则每入于晦。吾非谓此二字可等闲视之，然或名言隽旨，间见层出，非不警也，非不醒也，而筋弛脉懈，文之结构与题之腠理了无团结处，安能使阅者聚精会神，击节叹赏？善夫缑山先生之言曰：“文章一字诀曰紧。紧非缩文为尺、蹙尺为寸之谓也，谓文之接缝斗笋处也。古人布局宽、结构紧，今人布局紧、结构宽。巧者如骏马蓦涧，拙者如驽牛登山，知此可以识得“紧”字之尤为至诀矣。”

一、何义门论文三字诀，曰轻、新、灵。乍闻似亦可喜，然

此特对尔时痴肥混浊之习而言，终非至论，不十数年渠亦悔之。其选《历科程墨行远集》，尝自言：走昔童骏，妄倡轻、新、灵之论。程子谓心定者其言重以舒，不定者其言轻以疾。文既轻儇度乖而生心之害作，他何言哉！请首更以《曲礼》之训，曰安定辞，观此可见朱子云轻最害事，惟文亦然。

一、余所撰《论文大指》，已于前编各集之首分载数则。闻当世知言者颇谬以为然，今复各撰《小引》镎于申之，而于原论择其要者节钞一二附于引言之末，自是老夫婆心太急，欲学者之可以参观而有省焉。如仍欲览其《大全》，则自有前编在。

——录自《分课小题续编》，王步青撰，清乾隆十五年刻本

附：节钞原论三则

王步青

作文必先相题，在初学尤所宜讲。实字观义理，虚字审精神，此前人不刊语也。实义不明，则措语定多浮词。虚神不审，则出笔必成呆相。而初学每于虚处易忽，塾师尤宜切讲。盖实义尚俟研寻，虚神不可抹杀，必于文之折皱与题之窾郤指点分明，如两镜相引，回环顾盼，则后生自解生机，一呼一顿都有神会。

次则宜讲篇法。其细微曲折，开合变化，非幼学所能知。而前后呼应，层次分明，则不可不讲。故此集皆简易（员）［圆］活之文，着语不多，而开合变化一气相生。其中一挑半剔，皆井井有条。解此自无叠床架屋及前后背驰等弊。前编论文，每集三四则至七八则不等。兹集止节钞一二，便于学者即日参览，非故欲市美因而重之。况前编具在，好学自已饱观，谅勿以此编介介也。

青螺论文，历论每题之式，概不言法而自深于法。可见法必从乎式，式必因乎题。或曰：然则法不将为死法乎？余曰：是在

塾师熟精书理，与学徒详审题分，即式亦有不必尽拘者。其中奇偶因心，错综中节，法之神明可知。吾故曰：所以法究不离乎法者，此也。

——录自《分课小题续编》，王步青撰，清乾隆十五年刻本

初学指掌序

郝正嵩

余读《鲁论》“指其掌”一语，而不禁恍然矣。盖天下之理最苦于晦而难通，莫贵于明而易晓。此指掌以示圣人所以举似也。而吾谓为文之法亦然。先儒云，明白简易方称至文。其在初学则尤重，童子胸中具有一种天机文字，乃为父师者不能迎机利导，而举文之不明不易者淆［其］耳目，耗其聪明，无惑乎性灵日蔽，卒怅怅而莫知适从也。余尝忧之，兹于授徒之暇，择其文之利初学者若干首，都为一集，意则取其显也，辞则取其亮也，义理取其疏通，篇股取其清晰也。一切晦涩艰深、雷同合掌之弊，概为斥黜，务使初学之士一见了然，庶于先儒所谓明白简易者有合焉，而指掌之说亦可作如是观矣。至若部分四册，注必加详，岂好为琐屑哉？盖为初学计，总以归于明且易也云尔。

时乾隆十六年辛未岁夏月，古皖省斋郝正嵩象周氏叙。

——录自《初学指掌》，郝正嵩评选，清乾隆十六年经纶堂刊本

近科房行书菁华序

周玉章

今天子右文稽古，风气烝烝日上。士之发闻于两闱者，多禀经酌雅，作为光英朗炼之文。余久欲汇为一编而未有暇，适门下士殷生会詹暨纪子晓岚，精研博览，搜辑有年。别裁矜慎，科不数人，人不数作，而艺苑菁华会萃于是。大抵皆原本经术，守先正之矩矱，而又不袭其近似，以类于叠床架屋者之所为，于以鼓吹休明，嘉惠来学，俾知古者文章之派衍。取精多而用物宏，貌虽殊而神不隔也。此则菁华一编之所为厚望也夫！

乾隆十九年岁次甲戌花朝后二日，仁和周玉章书。

——录自《近科房行书菁华》，纪晓岚、殷会詹评选，清乾隆甲戌浣花书屋刊本

附：例言

一、名人辈起，佳制日夥，从前选本，近科文仅居什之一二，兹编所载，实以补其不及。其托始乙卯者则我皇上御极之岁，是科尤为风气转关也。

一、文章一道，与日俱新，其不变者理、脉、法而已。法犹无一定，至“理、脉”二字，则差之毫厘，谬以千里。集中所登，悉以此为准。

一、题非一例，文亦无定体。集中平奇浓淡，各种兼收。唯

以枯槁为先正、庞杂为国初者概不敢录。盖此为文章真伪关头，不容不谨。

一、是编为后学起见，取全璧不取碎金，可名世亦可荣世。其文虽佳已入别调者，不过略登数首，备一格耳。

一、提要钩元，全在旁批。其有经他手注出，确不可移者，务为采入，但不复冠以“某云”二字。实欲俾阅者即目直寻，非敢掠美。

一、前人谓诗不厌改，维文亦然。每见名人稿本，经后来订定者必胜于原刻。兹惟择其善者选之。

一、鄙意雅不欲以佳文嫁名他氏，偶一知之，必代为收归其身。未列甲乙科，而文已借刻行世，则仍其旧。

一、集中文自问惬意者十之八，余或因书脱，或因题难，亦不无降格。要总无乖体制，阅者自悉。

一、是编始于壬申仲冬，成于癸酉仲春，时日无多，征索未遍。其蒙诸公惠示稿底，或先梓行一二，或已经批阅未及发刊，统俟四方邮筒寄齐，汇登二集。

——录自《近科房行书菁华》，纪晓岚、殷会詹评选，清乾隆甲戌浣花书屋刊本

十科乡会墨卷秀发集序

夏秉衡

余向有五科墨卷之选，盖取其醇正宏深，可为举业家模楷者公诸同好，而谬为四方君子所推许。丁丑春，恭逢圣驾两幸江南，春闱中一时士子以感奋而毕献其能，主司以仰遵皇上作人之至意，赋诗言性，别裁伪体。榜发后，亟购各省闱牍，不两月而陆续辐辏，予因得备观焉。

洋洋乎美哉！或典丽高华，涵经孕史而不失其清真。或才气奔放，风号雨溢而不离乎雅正。理遵传注，法本先民，一切熟腔时调、剿袭雷同者洗而空之。盖是科之文，视前益粹矣。因亟录其尤佳者加之评点，增入七科墨卷中。虽集隘不能多载，然酿花作蜜，集腋成裘，即一斑片羽，未始不足以耀人目而启后学也。放翁有句云："闭门学古人共笑，低头就俗我却疑。"盖叹近文之卑鄙，而古初之难复也。读是墨，其亦可无低头之慨也夫！

乾隆二十二年丁丑立秋前一日，华亭夏秉衡书。

——录自《十科乡会墨卷秀发集》，夏秉衡评选，清乾隆庚辰清绮轩刊本

新订诗经附考备旨序

吴启昆

自紫阳传注兴，而诗之旨已昭明于今古。嗣是而阐其义者，若王守溪之《口义》，薛方山、唐荆川之《讲意》，瞿昆湖之《质言》，以及钱秀峰之《疏意》，何确斋之《说意》，《引跃》作于吴省庵，《折衷》成于邹峄山。其外之卓然成家者，又无虑数十百家，要皆发挥传注之旨，以羽翼乎《诗》也。后有作者亦莫出其范围矣，但篇帙浩繁，虽皓首穷经而有不能遍及者，又奚暇择其旨之所归哉？矧今肄《诗》者皆举业场屋之学，不得其旨，何以析义之尽致，遇物而能赋乎？

余虽以《易》获隽，《诗》实本业。曩为诸生时，尝借评论山左潘君、浙中陆君诗艺阐其义蕴，发其旨趣。更欲为《全诗讲义》，约而该，简而当，以便于业是经者。嗣以备员史职，鹿鹿未暇。比请假南旋，吾姻汪子方湖以增订陈氏《诗经备旨》相质。余按：陈氏所辑句释序讲明晰，章旨节旨条畅，而且标题详核，诚可为大小试之助。而汪子重探秘书，出遗箧益所不逮，犹复征搜备考，斟酌图说，特加该博，虽谓之诗学大成可也。汪子家世治《诗》，自其先太傅登原公著《读诗学略》，其说叠见今《钦定传说汇纂》中。高大父浚源公相继以《诗经》成名进士。尊人沐沧先生口授《礼记庭训》，汪子兄弟者亦多见诗人意思。方湖兹虽踵事增华，为功举业。其上承家学，羽翼经传，而蹑足儒先之后尘者，亦已见一斑矣。善读者循此而进，研心悦虑，当更有会悟于语言之外者，岂犹失于固且愚哉？余以夙愿未慰，是编适惬鄙趣，爰乐而为之序。

时雍正十有一年癸丑冬十月己酉，姻弟新亭吴启昆题于谢墩别墅。

——录自《新订诗经附考备旨》，陈百先辑解，清乾隆二十七年南山堂刊本

附：例言

是书正解以朱子《集传》为宗，有《集传》未经疏解详悉者乃参用他说，或寻其绪而为之补释，要使明白了当，庶免另搜解说之烦。其字训即注本字下，其句义分系本句下，以从简便。间有字适当句，未先顶字为注，而后及于句义，须善观之。

每章赋、比、兴也之下，即载诗柄。有统说紧要者，悉载于后，俱与经文连属平书。有讲章详《集传》略，而义无甚异者，例不赘载，以免重复。

讲章例下经传一格以示别，但开首须从大指领起，不能不复引诗柄叙讲，有总冒，有分衍，有过文，有收缴，顺文成章，多依黄氏《衍义》而加以修饰之功。

一诗全旨载于上，闲文不敢烦，亦不敢略，要于该括本义而止。逐章并各疏其意指，于义无所分及不必分者，则直说下。可分截者，必先分上数句云何，下数句云何，而后详其全义。至于比兴，体固不同，例亦不一，罔弗加意辨别，无令含糊。

上闲疏解或就顺文中蕴蓄之意抽出言之，或字句中解未透彻者更补释之，或某字某句与某字某句相应，一一申说明白，才见诗中妙义，使人讽咏不倦。但辑说过多，逾越篇幅，不使观者又必斟酌列于逐章之上，有稍过者，钩勒志别，分析章句，领以员

点。汉、唐注诗者有传，有诂，有笺，有疏。朱子《集传》而外，宋、明诸儒羽翼经传之言尤不可胜纪。《钦定传说汇纂》一书特广搜无遗，且决择各当。所憾奉读之晚，上简素地无几，挂漏良多。二格列以标题，便举业家寻讨题解，更旁参古今讲义及先辈文评，务求不失杓指，悉其旨趣。或有可分句命题者，限于寸幅，未能尽标其义，仍于每章上拟者用重圈，下拟者单圈，以便读者知所留意焉。

——录自《新订诗经附考备旨》，陈百先辑解，清乾隆二十七年南山堂刊本

本朝小题文庐峰集序

费振烈

昔东坡《题西林壁》云："不识庐山真面目，只缘身在此山中。"庐山旧名西林，为江右一巨镇，秀甲天下，叠峰崇岩，登临者应接不暇，一不得要则真面难寻。所谓金芙蓉者，何日青天削出耶？甚矣，身在山中者之未尝一面也。

噫！余于前人观山得相题法，盖一题有一题之面目，作者置身题巅，相其理何在，其神何属，自然毕现毫尖，任我运经驱史，操纵得心尔。如山之横峰侧岭，是处皆真矣。

自操觚家非矜言象外游神，致有文无题，即过泥绳尺，致有题无文而不起。但有文究非真文，但有题亦非真题，拘与放均失。

午夏客秦淮，坊友固请小题选本，余因不辞谫陋，随检阅名稿中择其理真法老，格韵古雅，堪为师法者，得文一百九十余首，汇成一集，颜曰《庐峰》。

恭遇我国家以清真雅正为训，风气蒸蒸日上，故是集于癸卯以前之文，坊本屡载，亦概从略焉。即晓楼、巳山诸先生文久炙人口，毋烦备列，仅登三四首以著法嗣大概。近今名作居多，间附联系、割截，亦以机法归真者，备小题中一格，并考内本房行书，各有专选，每以科目注明。然有未登科目而文可入选者，心甚不忍听其泯灭，兹于篇内俱不以科目区别，俾亦得罗列焉而并传不朽。

呜呼！余之所以斤斤于此者，总愿与同学诸子于操笔时共识题之面目耳。况相题一事，于小题为尤切，在逼仄中能指点虚无，不误歧路。自是而全章大题及奇零长节，何难掉臂游行，一一寻其真际，始信如今不是梦，真个在庐山，而翘首氤氲出岫，即香炉峰亦不远也夫。

乾隆二十八年岁次癸未仲春，吴江费振烈书于香吟书屋。

——录自《本朝小题文庐峰集》，费扬武编次，清乾隆二十八年同文堂刊本

张百川先生塾课序

周芬佩

江右张百川先生淹通经史，曾受知朱高安相国，所著《名臣》《循吏》《儒林》诸传，多出其手，而于制艺尤遵先民轨范。前稿以空灵矫变为宗，后稿以精醇简实为要。经王巳山先生鉴定，已版而行之矣。后复有《塾课》之刻，予怀兄虚中序以弁其首，其文皆涉显清新，夫岂与先生传稿有异同乎哉？

今夫塾课者，课之于家塾。所谓操觚之始，发轫之初，使遽以考牍之才华、闱墨之整炼语之，是犹未能拾级，而欲其骤登绝顶也，虽聪颖之士，能不伥伥乎莫知适从也哉！是故前明李九我先生有《举业筌蹄》，国朝陆稼书先生有《一隅集》，于题则无体不备，于文则无法不全，皆为初学之津梁，行文之门径。颖慧者莫能逾其范围，迟钝者亦可导其思路。先生之《塾课》，其亦继李、陆遗范，嘉惠来学者欤？由是而会通之，神明之。惊鸿游龙，则如前稿之灵矫可也。探根蹑窟，则如后集之精醇可也。以之应小试则为脱颖新锋，以之赴两闱亦为元魁羔雁，又焉往而不宜也耶！

非然者以为此八法过于浅显，舍其昭昭，求之冥冥，吾恐童而习之，白首茫然矣。是集具在，曷不家置一书，问津而庄诵之。

乾隆乙酉年仲冬月上浣，桐城后学周芬佩汝和氏题于金陵之玉田斋。

——录自《张百川先生塾课》，周芬佩编释，清乾隆三十年泰来堂刊本

袁太史时文序（一）

秦大士

居尝读明袁中郎《瓶花》《锦帆》诸集，疑中郎以诗文擅绝一代，而其出为吴令，独传有名公书院，至今过虎阜，犹想见其风流不置。然惜未亲其作吏时也。

吾师简斋先生以文名天下，春秋两闱墨，操觚家私为王充《论衡》。十年来得其鳞爪者，率芬拾大科先甲以去。乃拂袖清华，翩然作宰，海内咸惜之，而先生乃心民瘼，雅不以夺我凤池为憾。今年三月奉命令吾邑，车未下，邑人士拱手作色相告曰："袁先生来矣。"甫莅任，案牍蜂屯，讼狱蚁杂，先生悉力治之，戴星出入，食饮几废。而天资惊敏，剖决事理如太阿纯钩，刬陆截水，劈瓜削玉，巨细无择。粤数月，穷客称神，讼庭花落。公余之暇，时与诸文士相接见，把酒赋诗，鸣琴饲鹤，仙令乎！吾侪何幸得此也。督学崔公，岁试白门，剧称得士，然大半皆先生铁网中物。盖其旬有镕，季有炼，一时然文之士，鲜不出大贤之门者。

顷，坊人以海内延颈先生全稿久，丐士转请镂板广其传，先生慨然扰士。是编玉简思覃，金书抽秘，霄霏欲仙，形骸遂往，固有目所共见。而要其观览先王，称说诗书，泛滥百家，洞烛今古，搜讨时变，固所以酝酿发挥，为政绩之原本也。夫游夏鲜循环之誉，龚黄乏摛藻之才，而先生犹然兼之。则先生之文章政事度越千古者，独君家中郎而已乎？世谓文人不善吏事，必其于文艺疏也。

时乾隆乙丑长至日，白下门人秦大士拜书。

——录自《袁太史时文》，袁枚著，秦大士编校，清乾隆五十一年刊本

袁太史时文序（二）

袁 鉴

家兄简斋先生之制艺风行海内也久矣。唐人读杜铨之文以释褐者不下千计，非虚语也。然先生性不喜时文，虽髫年入学，旋即食饩，秋闱受荐，终觉于此事不工。直至弱冠召试博学鸿词报罢后，不得已仍为干禄之文，乃受前辈赵横山副宪之教，劝观国初诸名家。

其时馆于今相国嵇公第，得以闭户覃思。场前作四十余篇，略有进境，随即速□，非今所传于世者是也。门下士秦涧泉状元最先开雕，吾乡周新之孝廉继之，苏州徐明经又继之。板屡翻后颇多讹舛。今年，余来白下作承宣司，有教士之责，为梓而新之，俾诸生有所矜式。且告之曰："学先生之文者，第一谓明书理，次博览载籍，再次则开拓心胸，三者备而于先生之文思过半矣。不然，徒求之于声调词华之末，岂不闻王朗学华子鱼，即之愈近而离之愈远乎？"

乾隆五十一年秋七月，弟鉴书于江宁藩署。

——录自《袁太史时文》，袁枚著，秦大士编校，清乾隆五十一年刊本

袁太史时文序（三）

黄世垲

世垲年十二出应童子试，见有卖随园先生时文者，以钱六十购得之。读其文，诚快心娱目，而不知其所以工也。稍学其运意用笔，间见录于有司，则愈窃窃然喜。顾卷头署曰《袁太史稿》，而刻先生名处烟楮漫灭。问塾师则曰："此当代伟人随园先生也。"于是心中时时有先生之为人。

年二十始得拜先生于金陵。先生时年六十七，命见于草堂，双瞳炯然。苏子由于欧阳文忠公云："听其议论之宏辨，观其容貌之秀伟，与其门人贤士大夫游，然后知天下之文章聚乎此也。"世垲之于先生亦云。

虽然，世垲周旋先生者五年矣。先生时时言古文，言诗而不甚谈时文。丙午秋，先生族弟春圃先生在江宁，方伯因旧本漫漶，重为翻刻，世垲闻之欣然，因附数行于后。嗟乎！后之人以时文求先生者，所谓管中豹见一斑耳。欲知先生之吏治者，请听于江宁士大夫、庶人之口，欲知先生之诗古文词者，请读《小仓山房全集》六十卷。

受业休宁黄世垲谨序。

——录自《袁太史时文》，袁枚著，秦大士编校，清乾隆五十一年刊本

初学引机序

赵银槎

《易》曰："阖户谓之坤，辟户谓之乾，一阖一辟谓之变。"由此而推天下万事万物变化无穷之理莫能外，是文其显焉者也。昔叶若水游荆川之门，语同游者曰："先生之文一开一合而已。"荆川闻之曰："吾生平苦心为文，被斯人一语道破。悟文之机者，其殆斯人乎！"然则文无他奇，于开合尽之。此人人知之，而人人未必行之，人人行之而人人未必即是以为教。无惑乎机之不悟也，而于是务乎声调，炫乎才华，沾沾以庸腐时墨奉为金丹。及按之而开合之机茫然莫解，童而习之白首不知其故，庸有豸乎！

长洲汪武曹先生有《初学读本》之选，凡宾主虚实，无不评载，亦已尽开合之变，是为入门要诀。续有《庆历文》《启祯读本》，皆选家正宗。春陵地僻山隅，有乐氏桂村、桂川先生实为文章宗匠。二先生从事砚田，善教初学，著文甚夥。及门不忍私诸己也，而以《初学》二卷合成一编，名曰《引机》，寿之枣梨，其何异武曹之选，而为荆川之知己也哉！

夫机寓于至变之中，法立于不变之地。以不变之法运至变之机，将天地之大文不外此间。尝旷然思焉，春葩之烂漫，机之艳发也。秋月之婵娟，机之清华也。群鸟娇啼，其声睍睆，机之婉以和也。乱蛩悲咽，其致缠绵，机之凄以切也。凡触于目而会于心者，无不可以文机目之，即无不可以开合尽之。此一定之法，即一定之理也。由是而穷神达化，其与天地间万事万物之理何以异哉？

乾隆乙巳孟夏，钱唐赵杭银槎氏题于春陵之西书斋。

——录自《初学引机》，赵银槎鉴定，清乾隆乙巳经纶堂刊本

明文钞三编（化治文）序

高　塘

制义起于宋而兴于明。自洪武迄天顺百年间，如于忠肃、薛文清、商文毅、岳文正、丘文庄以及王宗贯、李西涯诸公，其文浑浑噩噩，无意求工而古质庄严，不尊之为夏鼎商彝不可得也。

逮于成化，文恪公出，法义渐精，隐创时局，后人推为制义开山。嗣是鹤滩继之，王钱并称，信非诬矣。夫物有开，其必先事相踵而渐增。自正、嘉以后，视化、治为已简且朴矣。

自化、治以溯洪、永，则天顺以前尤较简且朴焉。此亦质文递运，自然之势也。钱吉士谓明文以天顺前为极盛，至化、治而衰。朱太复、陈素庵谓制义之坏始于守溪，此亦有激之言，岂笃论与?

兹钞化、治文，天顺以前附之，俾知当有明始基，便已前后区分若是。而自是以来，相推相激，愈趋愈变，亦自然之势也，又曷怪焉?

虽然，学人牵于所见，以枯寂为诟病，束之高阁者众矣，而有志复古又复形求惟肖优孟衣冠而已，二者均失。试观钞中，其笔力超踔，精光腾越，已为正、嘉、隆、万、天、崇人导夫先路，托始于兹，洵足冠冕一代，不徒先河后海之义也。而读者既挹其精华并化其面目，是又两得之矣。

梅亭高塘识。

——录自《明文钞》三编，高塘选，清乾隆五十一年双桐书屋刊本

四科乡会墨卷灵珠叙

安定梅公

万马趋风，骅骝独出。众鸟刷翅，鹰隼摩空。其品异也。文章之道，妙由心生，苟非大有乎过人者，安能落落霞外，亭亭云表，令司衡一顾而声价十倍哉？

方今圣天子在上，雅化作人，天下士子无不濯磨，文运蒸蒸日上。仆业在鸡林，喜观奇字，聚天下乡墨而读之，灵珠粹玉，辉我琴樽。永夏孤窗，一再吟咏，觉清风徐徐然来，不必轻摇白团，而肌骨宛濯于冰壶中也。古人所谓倾群言之滴液，漱六艺之芳润，其在斯乎！因就鄙心所尤乐玩者集而梓之。

甲寅春月之下浣题于大亨书舍。

——录自《四科乡会墨卷灵珠》，安定梅公评选，清乾隆五十九年三星楼刊本

发蒙易知妥本叙

唐逵翥

童子初学作文，必自读文始。而文或浓厚，彼必难知，则浅显尚矣。然坊间小大浅显者亦多，奈选家每以童子为不足介意，故文多潦草。如出对合掌，前后重复，层次倒乱，平仄不谐，种种弊端，未易殚述。先入为主，所以后来作文，难于清顺也。

予先年取坊间众小本中之浅显而较有意理者，将一切弊端俱为改正。并自己课幼之作，及名家传文，于每比立柱字眼，用圆围标明。于照柱愿柱字眼，用方围标明。于字义之稍晦者，在正文左旁注明。于原本之所以当改者，在正文尾后批明。集得若干首，名曰《易知妥本》。质之亡师仁和汪乏可，同里吴慎斋两夫子皆深韪之，而各为予叙。梓行有年，被坊贾翻刻，举圆围、方围、旁注、行批，概行削去，且字多错讹，使予引诱初学苦心不能毕达，诚堪痛也。频年有他刻难抛，未遑复订兹集。

迩来坐毡罗洲，稍暇，复将兹集手订，又增十余篇，较前更加斟酌，而名仍其旧焉。夫易知则童子之入门自速，而文妥则童子之流弊不滋。此予区区期望之意也，若欲从此而再进焉，则予又新著有《采芹捷诀》在。

乾隆六十年孟夏月下浣，都梁唐永飞逵翥氏题。

——录自《发蒙易知妥本》，唐逵翥订，清乾隆六十年澹雅堂刊本

初学采芹捷诀序

李名世

吾邑唐师尊自昔至今，从游受业者不上数十人，而采芹几尽，何其易也，岂有他诀哉？亦教为易于采芹之文耳。盖院试阅卷与县、州、府及乡会试不同。彼诸试者期限较宽，虽有深厚难解之文，尚可徐为细绎。若院试则为期甚迫，所谓走马看花者也。若文涉沈晦，则徒令人皱眉。故童有习为墨体者，于县、州、府试亦或常列前茅，至院试则往往见遗，坐此弊也。师尊诲人，学童试文必使之意义中含，固以骨力为主，而不失之浮佻矣，却必以轻灵清爽之笔达之，又可一览而见其佳焉。其篇幅不过长，俾场中不难誊正，则字易工好而文可增妍，卷亦早呈而先入为主。有不采芹如拾芥者乎！

夫学者欣生圣世，志切成名，必自采芹始，如久试不售，则邪径既不可行，捐途又或难辨势，不得不废业以终，使父兄之培植徒虚，自己之辛勤枉费，良可惜也。则何如急取采芹极易之文看之，读之，涵泳之，摹仿之，以开其圣灵而变其笔致乎！昔师尊著有《易妥》，本专为发蒙而设。以其文应院试，间疑于浅者。有利试新文及石村近草，兼为诸生而设，以其文律童子间疑于深。世请于不浅不深之间，另续一编，以为童子院试诀。师尊遂允予所请，将己作合明人作及时贤作，得若干首，编成出以示世。世捧而（而）遍玩焉，见其文靡不中含意义，而外则清爽轻灵。乍接目而即知，旋频咀而弥旨真，皆易于采芹者矣。且凡欲游桂殿、跃桃浪、插花香苑者，皆于是乎基，又岂但采芹而已哉？以其于采芹尤捷也，姑名之曰《采芹捷诀》。

时乾隆六十年孟夏上浣，罗州门生李名世谨叙。

——录自《采芹捷诀》，唐永飞编，清乾隆六十年经国堂刊本

注释分法小题拆字序

陈衡斋

时文小题理法为要，而初学之不可以不急讲者，尤莫如拆字一法。

予家居课徒，见门弟子辈每遇一题，辄茫然不知从何处落笔，皆由于审题不真而囫囵吞去故耳。盖一题必有一题之轻重虚实，一题必有一题之反正先后，须闭目宁神，咀嚼义味，审度何字为重轻虚实，何字宜反正先后，一一拆开，如此审定，将题中之层次了然于心，豁然于目，夫然后得心应手，意到笔随。而平日所硎之义理，所读之文章，触处皆通，自然意境清真，而浮从不得入词，气新颖而陈腐不能至。甚矣，拆字之有裨于初学也，岂浅鲜哉？

时见坊间有《拆字小题》一集，出自山左名家之手订，适与予鄙意相合。而所分之法则摹唇吻也，记述事实也，比喻物情也，纪载姓氏也。初学之士，苟由此法而熟之行见，以之为采芹秘诀也可，以之为攀柱阶梯也亦无不可。

上元陈方平衡斋氏书。

——录自《注释分法小题拆字》，张声有评定，清乾隆芸生堂刊本

顺治元墨正宗叙

胡海南

国朝圣相承，重熙累洽，右文广学，久道化成，以故士奋觐光，咸思报国。文治光华，远轶千古。猗欤盛矣！书曰："敷奏以言。"今之制义，固代圣贤立言，畅发六经之旨，要即虞廷敷奏之具也。

夫乡会两闱，正士子奋兴之路，故言制义者必衷墨裁。而墨裁中之牢笼万有，冠冕群英者，首推元墨。世之论元者，动曰元灯，曰元钵，曰元派，曰元音。细论之，则曰元识、元局、元度、元气、元神。虽然，虽言之矣。先辈云：同是识也，而元之识高超。同是局也，而元之局正大。同是度也，而元之度整暇。同是气也，而元之气浑融。同是神也，而元之神静穆。古人半日读书，半日静坐。一言一步，不敢率意轻动。由是一矢成功。又曰十年读书，十年养气，而后得有针芥之报。斯岂一朝夕之故与？且司衡者于千万人中拔取其尤，复于尤之尤者拔取一人以为冠。其慎择宜何如耶？夫孰为陶邓，孰为阳韩，自明以来议论滋起。

我朝皇仁广被，三载宾兴大典外，屡开恩科，有加无已。自顺治乙酉以迄于今，抡元者后先相望，春秋闱墨出，莫不欢欣鼓舞，庆为得人。良由秉鉴者率皆巨卿名宿，争去取于毫厘之间，匠心独苦。抑以国家加意作人，尊儒重道，士林涵濡之深也。

琅幸躬逢其盛，仰慕不已。爰汇国朝历科元墨，订为一编。一以咏歌文教，俾有志摩元者奉为正宗。一以导扬盛美，俾海内龙骧虎步之士。皆知所以和其声以鸣者，固圣天子寿考作人有以致之也。至于风气递转，质文殊尚，所为元识、元局、元度、元气、元神、以及如何为灯，如何为钵，如何为派，如何为音，则一开卷森然具列，必有解辨云者。猗欤盛哉！

泾上胡先琅海南氏书于金陵选局。

——录自《国朝历科元墨正宗》，胡海南论次，清乾隆年三多斋刊本

附：例言

岱云李氏有《历科程墨质疑集》之选，分元墨为一编，自前明洪武至康熙壬午科。壬午以后莫得窥其籓篱，未免略焉。方郕王氏重订其先硕园公《历科元墨》之选，亦自前明至康熙辛未科。后王氏是穮复增补至康熙辛丑科，亦元墨之大观也。雍正以来罕有汇辑者，即间有之，亦缺而不全，杂而不精，不足为楷模。兹编［自］顺治乙酉以至近科，无科不备，我朝文治光华，昭然在目，亦文家之渊薮云。国朝自正科外屡举恩科，虞廷辟门之典，无以逾焉。是编导扬盛美，务期每科必备，以观其会通。然能备科不能备省，故一科元墨或录至十余首，或仅五六首，要视文以为去取。

是编为元文簿录，要取文堪法程，每科必择其理法精醇，局度整饬，以及古味盎然者录之。间有横趋别骛者，所不敢采入。

墨卷与房稿不同，而元墨又与诸墨有异。聚精会神，肃肃穆穆，如大和元气酝酿深醇。举诸墨之龙骧虎步、错采镂金者，此皆有以函盖无遗。集中所录，要不失抡元之本意，不敢效坊本漫

加改窜，第求别裁精当，一归于有典有则。

先辈摩元之法，既折衷于古，又必裁酌于时。或空疏者多则以卷轴胜，搬演者多则以高古胜，发泄者多则以含蓄胜，奔放者多则以大雅胜。十年养到，自然视虱如轮。编内有一题而前后科互见者，其文又迥然各别，良非无因。

风气日新，文亦随之，盖时有不同也。司衡者振救起靡，亦视风会为转移。于是恶秾艳者矫以醒快，恶卑庸者矫以沉雄，恶廓落者矫以空灵，恶芜秽者矫以苍劲。又久之，而醒快之极流为薄弱，沉雄之极流为粗豪，空灵之极流为纤佻，苍劲之极流为枯寂。又必司衡者正其道以矫之，而归于醇正。集中颇见大意，揣摩家分别观之。

一线元灯，相传不替，然清奇浓淡、长短大小各具本来面目。挟先人之私以衡文，不惟有乖文无难易，惟其是之。有即当日主司抡元深意转成隐晦，故每科各省兼收并采，不拘一格。

志士好古，文士趋时。然喜新者人情乎！文运日新，愈进愈上，乾隆丙辰科以后所录较多。

文章删订颇费苦心，诸家选本各执一见以定弃取，往往元墨出或视为不合时宜不入选者，或视为风格太高不入选者，或视为蹊径甚平不入选者。外间之弃取与闱中之弃取，两不相谋。故尝有魁墨可搜寻，而元墨反不可搜寻者。近从各处访求，逐一增补，始得汇为全帙，以比对而慎择焉。识者鉴诸。

卷帙繁混，稽查实难。若依四子书编次，则历科风气原委不能一览了然。兹照科目，遵依历科分为数帙，注明某科至某科，观者如列眉，如数珍，应是快事。

顺天、江、浙等省，文章甲于天下，而坊间刻本日积月累，便于搜讨，故所采独富。外有远者如川、陕、云、贵，道里辽远，无从搜索其奇，故所采从略。但吉光片羽，已是彪炳寰区矣。

次三艺类皆成于烛炧灯烬之候，闱中针芥之合，卓然入彀者，总在首艺。集中独备于首艺，而略于次艺者，非遗珠也。盖精神局度冠冕群英，首艺已经入彀矣。至有次三艺并佳到底一律者，此尤学养兼到，必并录之以存其概。

诸家评语各有见地，书脉、理法、气局、格律未免绪论互见。但于文之曲折苦心处，实能达出，则载一二以备参稽。前辈如仇公沧柱、韩公慕庐、汪公武曹以及望溪、在陆、聘侯、罕皆诸先生评语必谨登之，并旁评时亦采取。

数年前有志斯役，苦于搜罗维艰，迟之又久。且以各种选本次第付梓，未遑及此，兹因坊间促之开雕，卒卒告竣，不免有遗玉之诮，挂漏之讥。嗣当广为续集，海内君子有以教我。

泾县胡先琅海南识。

——录自《国朝历科元墨正宗》，胡海南论次，清乾隆年三多斋刊本

明文小题传薪序

张桐孙

余于时文，酷嗜荆川、震川、正希、大士、陶庵诸家，以其得《史》《汉》八家之气味也，而世则偏爱庆历。

今年夏，闭关独居，余亦欲取庆历之近古者汇成一编，以投时好，顾抱疾未果。而吾友臧子括斋先正小题之选已竣，余裒而读之，其文章则精华之荟萃也，其评语圈识则批郤而导窾也。而其最足宝玩者，则尤在文尾之笺注。

夫古文有注，时文无注，其来尚矣。古文自先秦两汉以下，奥衍宏博，非训诂不能解说。以故李善五臣有《文选》之注。嗣后凡选古文者无不加注，而时文则蔑之有闻。盖以时文之体，不过敷衍书理而已。且以前人读书课程考之，岂有不读遍经史，而即读时文者乎？又岂有读时文而不谙其典故原委者乎？是固不烦解说而自明者也。

若今之读时文者则不然，今之人心存速化，腹笥未充，辄尔捉笔为文。或幸弋科名，则以此作衣钵，无论经史、古文，概等弁髦。即前辈大家，亦一切扫却，惟取骫骳浮滑者奉为科律。倘遇奥衍宏博之文，子弟以为怪，父兄、蒙师目之曰僻。缘是持空拳，冒白刃，蛊毒人心，如油入面，终身摆脱不去，尚可言哉！

臧子有见于是，特创兹选以牖聋瞽。句栉字比，元元本本，而又附考辨。一则正改窜之误，如“邦无道则愚”题之置对，“曲肱”题之申旦，“行人子羽”题之简毕是也。正沿习之失，如“密勿”“匪颁居诸”等义是也。抑义有不妨两存，如“短褐”“裋褐”之字是也。义有折衷画者，如“委贽”“仲父”“尚父”“纵横”之解是也。有引用经传涉于扭捏者，则核论之，“陈其宗器”之篇是也。有解说典故妄穿凿者，则详考之，如“或告寡人”题之“谀此”，“非距心”题之“釜鬵”是也。亦有误后代事实，乱为点窜者，则驳正之，如“玺剖竹印累累绶若若”是也。而且字声音有注如“荩蕞食告”之类，“点画必如堂廉”“輾然羡羡”之类。圈发必详，如“焉使乘”之类，无不搜罗笺释，了若指文。虽时而比于古体，虽近而附于经，特后学津梁，抑亦六艺鼓吹。是岂非林之木难火齐，而举业之慈航宝筏哉？余曩者庆历之志可以无庸矣。

古同学张桐孙撰。

——录自《明文小题传薪》，岳括斋评释，清嘉庆十年厚载堂重刊本

合录三科乡会墨引

同文堂人

自以制义取士，其谋篇之纪律，与立体之津梁，历来前辈名论既详且备矣。盖士子束发后，塾师莫不相引传授，择名家、大家之合作与之讽诵而玩味。其有才识超越者，知自琢磨，希臻上乘，萃经传子史、秦汉诸书及唐宋诸大家古文，沉潜而浸灌之，苟能饫其膏液，挹其神髓，理明而辞达，俾见者动魄惊心，亦未有不能掇巍科、夺高第者，奚必拘之以程墨为矩矱也哉！

虽然，经史古文，士子经济之实学也。程墨，士子拜（下）献之先资也。大抵胸中有书与否，自足觇其学力器识之深厚浅薄，而程墨乃风会所趋。故文运之隆替，一时气运为之也。此唐宋以来韩、柳、欧、苏、曾、王诸大家所称振弊起衰之业，然则士子似不能不各置一册于案头，以观风会何如耳。而不但此也，且以识司衡鉴者好尚弃取之由。

欣逢寿考，作人云汉为章。有志获隽者，孰不争厉逢时之具，以应道一风同之昌期也。夫爰将原评近三科程墨录锓，不揣固陋而漫赘数语于首。

嘉庆昭阳作噩皋月上浣，同文堂人谨书。

——录自《三科乡会墨录》，同文堂人选，清嘉庆癸酉经纶堂刊本

木卜堂课幼草叙

蒋祥墀

《木卜堂课幼草》，吾友马子昂子塾课之非也。马君苦志研经，所为大题文，沉酣博大，理法丝丝入扣。兹编多小题，乃为应童试者导之先。论理与法，较大题更细。审脉必真，划界必严，布局必宽，分意必晰，用笔必活，措辞必确，可与王罕皆先生《塾课小品》相颉颃，学者从此入手先使胸有成竹而进于沉酣博大，则充之裕如矣。否则遽求所为沉酣博大，未见其有成者。书此以复昂子，即请正之。其考辨典故之非，容细读后再为报命。

道光壬午十二月初五日呵冻，竟陵蒋祥墀。

——录自《木卜堂课幼草》，马名驹著，清道光壬午三余堂刊本

木卜堂课幼草自叙

马名驹

课幼之难也，日诵粹精之文，不啻以水投石。一见腐滥之艺，则如以漆入胶。是以弄笔者徒事油腔，涂泽者益增丑态。将何术以药之欤?

余舌耕之暇，遇诸生课艺不佳者，辄草以示之法，欲其清言择其雅。虽未能粹以精，差免于腐且滥，于幼学入门之计，或不无小补焉。若既入门以后，则有黄际飞、何义门、王巳山、浦二田、吴兰陔诸家选本在。是集也以之覆瓿可也。

道光壬午春正，新野马名驹鹤汀氏自叙。

——录自《木卜堂课幼草》，马名驹著，清道光壬午三余堂刊本

韫山堂时文序

董思駉

吾友管韫山农部，于甲午、乙巳前后两梓其文。同里周子宿航、钱子竹初为之序，世既争先快睹矣。近日门下士又裒其自丙午至癸丑所作，掇其尤，编为第三集。韫山雅不欲乞言于巨公贵人，而以属思駉。追维获与韫山论文，稍在宿航、竹初后，而切劘沾丐二十余年，能言其用意得力之所在，则亦有不得而辞者矣。

韫山尝言：传注解经，终是离而二之，制义代言，直与圣贤为一，不得不逼入深细。且《章句》《集传》，本以讲学，其时今文之体未兴，大注极有至理名言而不可入语气，最宜分别观之。设朱子之前已有时文，其精审更当不止于是。

又尝言：文章境地可到，常若有域焉以限之，惟苦心强力之至者，岁引月伸，晨摩夕荡，迟之又久，而此域豁然以开，身之遭值，目之俯仰，耳之听受，莫非吾文之所取资。而字里行间，醇古茂密之气，仍各视其所养之浅深以为厚薄。

韪哉言乎！非穷理绩学，实有心得，其能发前人未发之覆至于此极乎！

近日时文，稍觉不竞。由于豪杰之士，薄时文而不为，问其所以薄而不为，非曰抗心于经，即曰肆力于古。盖尝得其所著而读之矣，搜秦汉之僻书，订金石之奇字，异同疑似，累千百言而不休。实皆稗贩他人以为己有，孰能如韫山之洞见本原，直摅胸臆，如亲承风旨于孔、曾、思、孟，言人之所不能言，而又适如人人意中之所欲出者乎？苍莽以为西京，隽永以为六朝，上下驰骋以为唐宋，而偏霸者不足于理，修饰者不充于气，孰能如韫山持论，则浅深大小皆宜，前后左右不相悖。摇笔则清深温醇，雄刚简切，投之所向，无不如志者乎？

韫山于群经，并有撰述。古体文字及古近体歌诗，亦各成编数寸。顾皆韫而不出，独出其时文以问世，盖特以是为乘韦之先、嚆矢之寓也。后之读韫山时文者，知韫山固不止于时文，则韫山之全将见，而亦即韫山时文之所以能传也欤！

乾隆五十有八年岁在癸丑六月，同里砚弟董思驷顿首拜序。

——录自《韫山堂时文》，管韫山著，清道光三年刊本

目耕斋读本序

沈拱辰

目耕斋何？辰宗少潭同门名姝眉家塾也。少潭幼甚敏悟，读书能破万卷。曾负笈辰师徐字荆闻夫子门下，师见其夙根深固，知为慧业中人，每遇来请业，辄选授前明及国初诸大老鸿篇，为之讲能引掖，少潭靡不心领神会而去。去即端坐是斋，晨夕朗诵，风雨寒暑不辍，必使烂熟乃已。如是一匝年，胸中积蓄有八十篇。此八十篇横竖贯串于肺腑，并无一字或遗。故其下笔为文，熟极巧生，变化莫测，有不知彼之为彼而此之为此者。

洵乎前明及我朝诸大老文章秘奥，少潭已尽镕其精液也。兹也得其秘而不敢秘为己有，复将所诵八十篇录出汇订成集，出资镂板梓行，思公同好。春间接奉师言，邮示及此。辰钦其用功笃挚如此，立心广大又如此，谨述巅末寄回，俾附是刻简端云。

道光十年岁在上章摄提格春王正月，钱唐同门宗弟沈拱辰拜撰。

——录自《目耕斋读本》，徐荆闻、沈少潭选评，清光绪十四年湖南文昌书局重刊本

目耕斋二刻序

郑学湖

辛卯春夏之交，拥几于古香书屋之南窗。宿雨初霁，梧林竹院间新翠欲滴。顾而乐之，谓大块文章莫盛于是矣。已而沈生少潭袖所订《目耕斋》二刻文见示，予展读于绿阴之下，古藻纷披，墨香焕发，陆离光怪之气与庭柯相辉映。因思文之应运而弥隆，犹物之象时而争秀也。少潭向订初刻，其文皆国初名宿间及前明天、崇诸老之作，大都骨重神寒，宏源肃括，制义中称巨观焉。兹则采辑时贤名墨及房稿之戛戛独造者，矩矱仍禀先民，而花样一新，耳目顿觉改观。予不敢谓二刻较胜于初，要其力扫陈言，标领新义，佩秋实而含春华，畅茂条达之致，愈郁发而不容自已。盖我国家文运之隆蒸蒸日上，于此可想见矣。

少潭英年力学，勇于为文，初、二刻皆平日师门所讲授，晨夕萤窗雪案中咿唔而寻绎者，有得于心，辄出而公诸同好，亦嘉惠之一端也。是为序。

辛卯四月，姚江友生郑学湖书于钱唐学舍。

——录自《目耕斋》二刻，沈少潭、徐荆闻编次，清光绪十四年湖南书局重刊本

小题拾芥初编序

朱方增

江左为人文渊薮，承学之士，类能工制义以博取科第，而刻苦淬厉以植其基，则自小试时始。余视学此邦，按试诸郡，每邑应童子试多至千余人，少亦五六百人。佳文林立，以格于学额，不能遍录，辄为惋惜不置。古人谓取功名如拾芥，若江左诸童之应试，又未尝不叹其难也。

年家子吴生崧甫，前肄业正谊书院。时余适主讲席，屡置高等，未几贡成均，登贤书。吴人士重其能文，质疑问业者日众。于是择近代诸名家文有利于小试者，编为初、二集，名曰《拾芥》，乞余序之。

余尝序肄业诸生之文曰："士子读圣贤书，当为有用之学，以言教天下，文章其端一也。徒知考古物而不化，与剽窃字句以逞靡丽，皆非文体之正。今崧甫所裒录理明而词醇、气清而法备，与余平昔讲论深相契合，可谓能行其所知矣。操觚之士家置一编以为圭臬，优游浸渍与之俱化，虽掇巍科不难矣。小试云乎哉！"

道光戊子秋，海盐朱方增序。

——录自《小题拾芥》初编，吴钟骏、宋清寿编，清道光壬辰经国堂刊本

小题拾芥初编跋

吴钟骏

是编多采近日各省试牍及诸名家文稿，初学操觚，首讲理法，故初集多机绪清灵、生发不穷之作，所以浚其思也。灵机既导，宜充以议论，纬以经史，故二集多思笔英伟、才气充拓之文，所以扩其识也。章节大题概未登选，以是编为小试设也。凡《约选》《脱颖》《浚灵》《文粹》等已选入者，文虽佳不录，省重出也。风檐中作完善颇难，文中语句间有未安处□□□□□□东李氏法也。选既竣，因取汉夏侯长公语名是编。

道光八年戊子嘉平月，平江吴钟骏识。

——录自《小题拾芥》初编，吴钟骏、宋清寿编，清道光壬辰经国堂刊本

文选制艺总序

周作楫

文水毛君桐川，余旧好也。英年善诗文，自飞泮食廪，屡为宗工器许。犹忆曩时岁科、乡举，尝与树帜场屋。见其虎气上腾，龙彩下射，方以为取科名犹拾芥。后余膺宾兴，捷南宫，列词垣，桐川以丙子、辛卯两科，因额溢获隽副车，深为（腕）［惋］惜。然能义命自安，力学不倦，其真穷且益坚者矣。

道光丁酉，余石阳亲家萧君藻甫观察延桐川主西席。时余服阕北上，濒行匆匆，弗获把晤，未尝不心契之。先，桐川已刊《山海经》《尔雅》文二册，复集有《文选》制艺，将付剞劂，令门献可茂才，藻甫嗣君也，执其册以序请。余合观之，珠玑璀璨，金玉联翩，不啻披古锦囊焉。而且经纬错综，机杼卷舒，有若天孙织锦，巧不可阶。组纂之工，化裁之妙，又如绣出鸳鸯，金针暗度。

昔谢廷皓以词赋著名，号“锦绣堆”。李太白以文章驰誉，人称为“锦心绣口”。余于斯集亦云。衡州进士谭公培斋时主讲吾吉鹭院，与桐川有文字交，题曰“集锦制艺”，良非溢美。又经诸名人评点、音注，寿之枣梨，公诸海寓。行看为藻火，为黼黻，相与润色太平而辉耀乎艺林者，正无殊衣美锦、被文绣，灿烂迷目也。爰书此赠之，并为汲古穷经者劝。

赐进士出身，诰授奉政大夫，掌广东道监察御史，前翰林院编修、文渊阁校理、国史馆武英殿纂修、乙酉广西乡试正考官、提督广西学政、河南学政，加三级，纪录四次，愚弟周作楫拜撰。

——录自《文选制艺》，毛桐川著，清道光十四年南塘星聚堂刊本

文选制艺序

张锦珩

《文选》者，梁昭明太子汇辑秦汉以来诸名人骚雅、赋颂、诗文、杂著所撰而成者也。其义蕴闳深，词旨奥衍，自李善五臣后，虽经孙月峰、俞犀月、何义门、于晴川诸先生评论、注释、参订、点勘，然非研究有素，终苦泛滥无归。

庚寅、辛卯两载，余卸仕南安，主讲吉郡鹭院。有吉水毛生桐川，品学兼优士也，雅好博古，自《山海经》《尔雅》外，复集有《文选制艺》数十卷。余取而阅之，知其能熟精《文选》理者矣。夫士子书读数卷，言守一家。苟未能兼综赅洽，尚难望融会贯通。矧游艺苑，乏渊薮，探典籍之奥府，非总本末、要始终，采择甚精，折衷至当，漫欲独出匠心，陶镕众论，能乎？桐川寄情《文选》，掞藻摛华。本锦心为组织，凭妙手以剪裁。中有所触，辄拈四书题以抒写其胸臆。凡运用成语，巧凑天然，不啻自其口出。披览之下，了如指掌。几令人读《选》而不觉其为《选》焉。洵文章圭臬、后学津梁也。诸君子劝登枣梨，共襄剞劂也固宜。

赐进士出身，诰授朝议大夫，知南安府事，调署广信府，前掌云南道监察御史，加三级，纪录十次，楚黄张锦珩序。

——录自《文选制艺》，毛桐川著，清道光十四年南塘星聚堂刊本

文选制艺叙

李祖陶

制艺创自半山，明以来沿以取士。其初不过讲明书旨，其后纬以义法，文体渐成。其后荆川、震川之徒，以古文大家气魄运之时文，遂臻极盛。又其后，或讲机局，或尚才情，或喜词藻，日新月异，五百年无一定之规。或征引及于子书，或摹仿涉于集部。至我朝变态已极，莫可端倪。通而观之，则《文选》尤其所尚。四子讲道之论，《两都》赋物之篇，司马相如《谕蜀》之文，班孟坚《典引》之作，以及东方朔《客难》，扬雄《剧秦》，王褒《圣主得贤臣颂》，皆挦扯剥割，若玉溪生之身无完肤。然皆不过征引其词，摹仿其调，要未有通篇用《文选》字句联络成文，若诗家集句之有《香屑》，词家集句之名《蕃锦》者。有之，自吉水毛君桐川始。

桐川少赋异才，未冠游泮，试辄高等，屡为宗工器许。应秋闱，呈堂屡次，中副车两次。龙头属老行，看腾踏风云，扶摇直上。予以癸巳、甲午连假馆于吉之鹭渚，每阅其文辄击节。或思深力厚如天、崇名家，或崇论宏议如国初老辈，以为是时文正派，可取科名如拾芥者。及阅所集《昭明文选》文数十卷，或一气卷舒，或两比排宕，俱行所无事，妙合自然，东坡所谓指呼市人如使儿者。又集《尔雅》《山海经》文若干卷，奇恣纵横，参差变化，亦与此类。付之梨枣，以公同好，当有目共赏，爰书此以赠之。

时道光十四年岁在甲午孟冬之吉，礼部进士、例授文林郎、候选县正堂、上高迈堂李祖陶稿。

——录自《文选制艺》，毛桐川著，清道光十四年南塘星聚堂刊本

桐茂堂稿序

杨 庚

国家以制艺取士，非清真雅正不录。楚北如熊、刘诸名家皆工制艺，海内操觚之士，莫不奉为楷模。其命意遣辞，讵有外于清真雅正哉？予幼习举业，荐未售。嗣以辛酉选拔廷试第一，官水曹，中癸酉京兆榜。洎补主事，不能应春官试，遂辍制艺不为，心窃未尝忘也。

甲午春，奉简命来守黄州，黄州之文风甲于他郡。公余课书院肄业诸生，置高等者悉准清真雅正。时监院曹静轩为予癸酉同年，与诸生讲行文法，一本此意。故其论文与予有针芥之投，然未见其所自作也。今年冬，裒其文稿与予商订，云及门欲为付梓。予细读一过，喜其法正理醇，不越乡先辈熊、刘诸人遗范。且年逾古稀，气不少衰，自兹以往，非特文能日益，即寿亦日增也，岂仅以清真雅正誉其文哉？

道光丙申嘉平月，年愚弟杨庚拜撰。

——录自《桐茂堂稿》，曹静轩著，清道光十七年刊本

桐茂堂稿自叙

曹静轩

余家世业诗书，至先祖西伯公殚心濂洛，以理学名。著《四书讲义》，多前人所未发。于制举义，尝谓有明自归熙甫而外，惟金子骏得古文真气，雅不好作，作几非貌似。年三十余中康熙乙酉乡榜，一上公车，旋即舍去。讲学授徒，著录多名下士。先严智若公颖异磊落，学承庭训，文不俯趋时好，屡试相左，遂援例入成均，辍进取。以余堂兄乾隆乙酉副车，汇川公利于试，爰命先长兄桂圃从之游。兄妙龄游泮，科岁试每冠军。嗣得先祖学业，并力专攻，乾隆丙午举于乡。后值大挑，补南漳教谕，五载告归。终以教读为事，与先祖志意略同，一时受业成名者率以百计。不独仲兄敬斋、季弟青溪先后举明经，与余幸成进士已也。

余生质不鲁，补诸生时年未弱冠。奈体羸多疾，不胜学。幸长兄得中，方涉猎经史，视少年记诵不及远甚。虽学使按临，亦屡列前茅，而潦倒棘闱者卅载有八。洎乎滥列贤书，污名澹墨，则年已逾周甲矣。自顾民社之任不敢负荷，改就教职，亦几世业使然。然到官以来，日勤训课，一以先祖、先兄黜华崇实，以先辈为根柢，以时文为间架，一切浮光掠影之谈，必须摒挡殆尽之训为宗。不意从学日众，十数年间，采泮芹捷秋榜者颇不乏人群焉。归功于余，余则何敢自功焉。会丙申力拟告致，为上宪所留，而及门诸弟倏以刻稿请。余极知学殖浅薄，壮年诸作不自爱惜，散轶无柢者多。其存为诸弟所及见，半皆课塾小题，率尔拈笔，虽见正于名师宿儒，未敢自信。一旦（栽）［灾］梨祸枣，其如蛙鸣蚓窍，见嗤大雅何！方再三辞而诸弟已就从游钞本搜辑成帙，将付诸剞劂氏。余不获已，因出先祖、先兄乡墨应试课徒诸艺弁之简端，以示余文之有自，而世业或未自余坠云。

道光十有七年岁在强圉作噩，黄州府学教授、枝江曹浦莲静轩氏自叙于官署之朴学轩。

——录自《桐茂堂稿》，曹静轩著，清道光十七年刊本

小题文莩新集叙

高　敏

自壬辰冬余有《墨卷雅正》之刻，海内君子谬皆许可，而坊友屡以小题文为请。窃念文本于言，言本于心。其人磊落而光明者则文爽以亮，其人刚方而正直者则文劲以达，其人豪旷而放逸者则文雄以畅，其人宽厚而和平者则文温以润。否则，文之典雅而冲澹者其人必整饬也，文之流丽而生动者其人必聪颖也，文之缜密而周至者其人必沉潜也，文之苍老而简洁者其人必谨悫也。山川灵秀，钟毓不同。学养薰陶，操持亦异。因文可得其人，因人可识其品。文之所系，岂浅鲜哉！

兹从各省试牍、行卷中择尤雅者得若干首，要必理取其醇，法取其正，意取其曲，气取其清，词取其新，笔取其锐，清奇(秾)［浓］淡，不拘一格，庶初学从而效之，莫不有以疏瀹性灵，发抒道妙。可积渐而造乎诸大家之堂奥焉。是为叙。

道光十七年丁酉冬日，江阴高敏书于胥江吴氏之清吟阁东轩。

——录自《小题文莩新集》，高敏编次，清道光戊戌敬书堂刊本

小题文彀初集序

黄云骧

羿之教射，必至于彀艺也，而道寓焉。推而广之，行文何独不然？国家设科取士，乡会入选者曰中式。主司之持衡望树侯以待也，群材之获隽，悉持满而发也。近日选乡会墨者多名下士，无不本至彀之意，以端趋向以利揣摸。而惟考卷鲜见及此，将奚以为采芹者示的耶？

同学唐君云甫偶集前辈小题浅近之作，暨数年前科岁文，细心校阅，一以理法机势为重，得若干篇，签曰《文彀》，以授诸从学生，诚利试之贯扎技也，坊友请付诸梓。唐君殊未能自信，骧曰：君岂以是矜选家乎？苟有心得，公之同好，奚不可者？遂勉从坊友之请。

时道光十九年戊戌岁仲春月，研愚弟黄云骧汉程氏序于星垣之自然好学斋。

——录自《小题文彀》初集，湘环山馆编次，清道光二十二年经余堂刊本

小题文彀二集序

黄云骧

唐君云甫所选《小题文彀》，洵利试之金针。兹复集近日科岁文，得若干篇，持以见示。规模一本前集，而花样则又翻新矣。

骧髫年入泮，敢自认为识途之马。然窃思小试文不可稍涉呆滞，亦不得过于高深，惟平日理法既明，而加以思灵笔活，机畅神流，斯如由基之百不失一。率唐君先得我心焉，爰弁数语以志心契。至妄自叙文，知不免方家捧腹也。

戊戌闰四月上浣，研愚弟黄云骧汉程氏再序。

——录自《小题文彀》二集，湘环山馆编次，清道光十八年刊

直省墨经序

任　泰

制举文本名经义，自必先讲审题。题有实义，有虚神，有上文，有下文，或宜词采，或宜刻画，先辈云“文到妙来不过如题”是也。自墨卷万选一派行，人人竞尚声调。及其弊也，但求烹炼，不顾文义，不至予生有也晚之悲，当局有者迷之叹不止，一变而为淹博。及其弊也，典必取僻，字必搜奇，不至写篆书画卦不止，一变而为清矫。及其弊也，用笔无非空滑，用意多致复重，以然而为股起之常料，以不然为入题之习径。凡此诸弊，皆不讲审题故也。

窃见近科以来，主司评泊语多引题义以犁正文体，至今科直省闱墨净尽扫除陋习，更无一篇复蹈前辙者。爰择其尤佳者都为一集，取经正斯无邪慝之义，颜曰《墨经》。用告海内多士，风气骎骎乎复古矣，慎勿承讹袭谬，将来致遭屏斥，而命且不受其咎。

道光己亥冬十一月，在籍史臣任泰书于金陵之钟山书院。

——录自《直省墨经》，任阶平评选，清道光己亥金陵同文堂刊本

小题锐锋初集序

张芦香

制义之道，由来久矣。我国家棫朴作人，文风日进，花样鲜妍，无美不备。近今揣摩家尤多，尚笔锋锐利。诚以锐则局阵高耸，自不入于平钝。锐则理境透辟，自不涉于浑蒙。锐则词意新颖，自不流于陈腐。锐则气机发旺，自不近于单弱。文能具此数善，主司必惊为艳才，而目为伟器矣。

今年春，陈君筠仙以其友吕君五峰汇录锐锋时艺一编，嘱序于予。披而读之，其清锐者有如长鲸之击浪焉，其英锐者有如神骏之追风焉，其刚锐者有如斩钉截铁焉，其精锐者有如逐电奔雷焉。小题得此谓非及锋而试之妙技乎！颜曰《锐锋》，吕子其亦此意乎？是为序。

道光屠维大渊献岁清和月，勾东张嶙芦香氏撰。

——录自《小题锐锋》初集，吕五峰编次，清道光己亥鸣盛堂刊本

小题锐锋二集序

湘环山馆居士

曩游江左，于同寓蔡君案上得见所抄考卷数帙，爱莫能释，因择其尤者手录六十首，携归藏之数载矣。壬寅春，坊友以续刻小题锐锋嘱选。予曷敢谬列选家？惟是不欲以所藏之文自私，且幸其文适与锐锋之义相合，欣然捡之以付梓。至于锐锋所由利于时文，前集已详论之，兹不复赘。读是编者诚揣摩有得则及锋而试，自如太阿出匣，锐不可当，夫岂至讲机势而流为漂薄也哉？

道光壬寅春月，湘环山馆居士撰。

——录自《小题锐锋》二集，吕五峰编次，清道光己亥鸣盛堂刊本

巧搭十则文钞叙

蔡仙航

尝闻大匠诲人必以规矩，学者亦必以规矩为文，不可无法。久矣，自史氏早峰有《时文备法》之选，论大小题法者多以是为宗。而所论截搭一则犹略。近时新刻者又多依书文为次序批注，虽详而不各分其类，一题一法，初学每易纷心。盖题既任意割截，花样自多，不缕析条分，则难于区别。不钩玄提要，又难于持循。审题犹患不真，遣词焉能悉当？故求文成法立往往难之。

愚少学为文，于大小题外更习截搭一法。得前辈“伏、渡、挽”三字诀而试为之。而所为文或牵强，或蒙混，或浮泛，或平实，或唐突，或宽缓，或堆垛，或挂漏，其弊不一。是皆由得一法而未得诸法，用死法而不用活法也。其后从顺德孝廉高西山师游，分类示之，研究有年，始豁然于中。觉法有定而实无定，法无定而实有定，皆不越此范围之外。或一题可以一法行之，或一题可以数法行之，诚法之至精至要者也。但所传者多是前辈古朴之文，不甚合于时尚。因于其旧本十选一二，另于前辈及时贤名作选其当行出色、利于试场者，按以十则法程录之，详加评注，为及门课本，使观其法则一目了然，赏其词则百读不厌，而大小题之法亦可触类旁通。讽诵揣摩，似比他本尤为简易。约之又约，得若干首，裒为一集，已七八年。窃以管窥蠡测之见，何敢自以为是出而传世！缘家贫，频年笔耕糊口，及门者日益众，则传抄者日益多，诸友屡劝镌刻，以免传抄之劳。不得已忘其谫陋，出而付梓，以质高明。爱我者指其讹舛以教我焉，则幸甚矣。是为叙。

道光庚子十月，番禺蔡杰仙航氏谨记。

——录自《巧搭十则文钞》，蔡仙航编次，清道光庚子年刊本

附：搭题总论大略

凡作搭题，小讲一起，须先紧擒首尾，接笔收笔，亦宜上下分贴，不宜偏重，使阅者一见便知题从某处出起、某处出止为妙。即上下截长短不一，亦宜整炼出之。

讲后有上文，则承上一笔，即伏起下意。既伏下即转回题首，随伏随转，尤敏捷。无上文则凌空发议，伏下一笔，乃转回题首。

作上截正面，须映带下截，乃不呆。疏作上截后，承上截意先虚喝下截一笔，然后作渡下语，尤为握要争奇。中间过渡，是束上起下语，须从夹缝中用意，乃不突不缓。

作下截正面，亦宜回映上截。至挽上处，须从下截起用意挽到上截，又从上截落到下截，钩勒一笔，然后落题之下句，尤见法密。

前辈有作二小比，一比结上截、一比结下截者，是顺递，非倒挽，似不合时宜。

此作搭题之大略也，作两三句短搭题者，当以是为式。至作长搭题，须观牵连长搭一则，及各则中长搭题批注自明。

——录自《巧搭十则文钞》，蔡仙航编次，清道光庚子省城双门底登云阁刊本

小题尖锋序

醉删居士

近科小题抄集不下数十百种，《尖锋》名目不知编自何人，但其中亦颇能运意、运笔、运词，间有淬厉无前之作。

锋以尖名，利之谓也。顾利钝难在一时，而功夫要在夙昔。果能磨砺以须，譬如登高者之必陟其巅也，譬如用兵者之常蓄其锐也。及锋而试笔阵，横扫千军，乌有不刮观花者之目，刺衡文者之心哉？其续集仍以《尖锋》目之也，意在斯乎，意在斯乎！

时道光乙巳岁蒲节后六日，醉删居士题。

——录自《小题尖锋》，云溪居士选评，清道光二十四年经元堂刊本

小题尖锋初集序

云溪居士

儒者有志功名，皆以文章为事，而清清皓首芸窗，不能拾一中者，非文之不佳，乃文之不利也。

余今选小题三十余篇，或词气光昌，或丰姿秀丽，或机法圆密，或笔致轻灵，种种不一，总之不离乎利试者近是。故名之曰《尖锋》，取其如锋利之莫当云耳。

时道光廿六年花月上浣，云溪居士重题。

——录自《小题尖锋》初集，汪静澜编次，清道光丙午鸣盛堂刊本

小题正鹄初集序（一）

张　镤

余校士湘中，得李子次青，试辄甲其侪，诗古文辞温湛，悉中万度，于制艺尤确有心得，余击节不去口。既乃悉其令伯逊吾学博，以名孝廉授经燕楚间，口讲指画，皆有法度可观，则又稔其渊源之有自。

岁甲辰，次青计偕入都，请业之暇，言及家藏塾课定本，将付剞氏以广厥传。余心仪焉，而惜早未之见。洎丁未春，手一编见示，则所刻《正鹄》初、二、三集也。急取观之，如啖哀家梨，爽心入骨，举尘容俗状一洗而空。又如发醯鸡之覆而见天，令人拊髀雀跃不自已。

於戏！士患无心得耳。今学者束发受一经，蹈常袭故，兀兀穷年，饮食鲜能知味者比比皆是。于文如此，凡事可知。而次青于扬波导沸中，能独挺流俗，其英毅之气不可遏抑，足以任天下事而无难者，胥于是乎在独时文也哉！次青勉旃，余日望之矣。

道光丁未三月，南皮张镤。

——录自《小题正鹄》初集，李元度编辑，清道光丙午经元堂刊本

小题正鹄初集序（二）

李元度

选时文者多矣，而初学独少善本。其尤鄙陋者，以平庸肤滥之文当之。转相授受，先入者为主，遂至遏抑其性灵，用力愈久，中弊愈深。譬犹之楚而北其辕，虽曰倍道兼行，有去而益远耳。是编意在力矫流弊，使学者确有所依据。文皆从心源中浚出，间有评骘，俱侃侃凿凿，能言其所以然，而一切肤套之语不存焉。虽佳篇不能尽录，而所录则尽可学，学之万无流弊。即中人之资，亦事半而功倍。何者？初学天真未漓，胸无宿物，一示以至正至捷之途，未有不蒸蒸然日上者。至其间持论之朴直，评驳之详明，皆只为初学便读计。以是见哂于方家所不敢知也。识者谅诸。

道光丙午上巳，次青李元度识于仙源讲舍。

——录自《小题正鹄》初集，李元度编辑，清道光丙午经元堂新刊本

附：凡例

一、是编类分三集，初集为甫人门者导乎先路。此关最为紧要，此处一差，便贻误终身。故凡平庸、斗凑、合掌诸弊，断不可姑宽。其一切庸俗之文，凡宜不使入目。

一、二集则功候。诸进文皆纯乎春夏，气、理、脉悉本先

正，声情极合时趋。于较法尤为严密，大抵文心虽变幻无穷，其实皆有定法。能细心悟入，虽万变不离其宗矣。

一、三集则境地。又进皆名大家小品中极近时者，熟复此种，则时文中已批窾导郤矣。由是而进以大题，一以贯之耳。

一、是编原系家塾钞本，因坊间初学文颇少完善，故遍阅诸种，取其长，去其短，有从他选中改本者，有合两三艺为一者。当时摘钞只为便读计，非敢云选也。兹因同志怂恿授梓，所有参易之处遂未及更正。然彼之传文自在天壤间，吾特借以便初学，必求处处可学而后已，固非敢妄，亦正不必过拘也。阅者谅之。

一、小题自当以前明、国朝诸名家及巳山先生八集为立极，然用其法脉，亦有宜变其面目者。先辈文小讲及前半多以简淡出之名，场中则殊不宜。即如八集中《启蒙》一集，其文俱极高简，初学不易学，且恐不善学，然不从此中参透消息，则又终无悟入处。是编意在酌文质之中，所谓先辈骨子，时文面目。故理法不走丝毫，而文皆最利场屋者。

一、贻误后学莫过于坊间俗本，如《龙门初跃》等类，平庸肤套，全不立意。初学读之便一味数衍，遏抑其心思笔路。往往有聪颖之姿坐此终身废误者，可深叹恨。是编因此起见，从此种入手，断不至误入迷津。

一、评语原以发明作意，著以空套语加之何益？夫文之佳，必言其明以佳处，而又须示学者以如何学步，方有门径可入。是编不惮再三之渎，俱直截了当，实决其所以然。即有曾入歧途者，细心阅之，亦当憬然悟、跃然起矣。至各处旁批，间有依原本者，俱未及一一注明，因篇幅太隘，非掠美也。

——录自《小题正鹄》初集，李元度编辑，清道光丙午经元堂刊本

新选小题锐锋二集序

书田氏

《锐锋》之有初之刻也，脍炙人口，甚利揣摩。盖举业不外利钝两途，风檐寸晷中，搦管以求制胜，贵利不贵钝也。利则锐矣，思锐能入，笔锐能出。相题制局，变化从心，已览锋芒毕露，宜相文者色飞眉舞，击节不置也。

迩来同人惠赠佳构如林，每一展读，喜其为逢时之技。爰汇抄一编，为家塾课本。友人见之亟愿谋剞劂，以广流传。刻既竣，仍颜以“锐锋”者，学人利器其在此乎？所谓“英姿飒爽来酣战，字外出力中藏棱”，二语之妙，适可以绘集中文境，操觚家有不争先睹之为快耶！

道光二十七年丁未孟秋月，书田氏写于吟花别墅。

——录自《新选小题锐锋》二集，张芦香编次，清道光丁未纯德堂刊本

王竹轩稿序

陈达卿

文章本小技也，而发名成业，士子以为阶梯。是以九重渊下，颔许探骊。百尺楼前，手夸修凤。灵心慧业，铸成学士之钱。巨制名章，抄遍洛阳之纸。讵得谓操刀有素，空学屠龙，抱璞在躬，竟嘲怀鼠哉？

我国家连科拔秀，多士舒翘，花样善裁，锦标争夺。文斯炳也，俟其袆而顾。吾谓士之所重在文，尤在行。盖行者文之根柢也，文者行之枝叶也。养其根以俟其实，将蕲至于古之立言者庸有当焉。否则兰质棘心，美先尽矣。虽复摛藻若春华，驰辩如洪波，揆诸身心性命之故，无补毫末。是轮辕徒饰而糟粕仅存也，何以文为？

吾友王子竹轩，能文士也，每拈一题，动成数首。笔不停毫，有如宿构。撷经之腴，吸史之神。取材既富，触手生春。风雨云雷交发，而并至龙蛇虎豹变现而出没，旁及杂艺。雅坛兼长，不拘体裁，务期贴切。或得一义，或寻一问，旁推交通，愈出愈奇。视彼体规画圆，准矩作方，徒为人之臣仆者，夷然不屑也。

虽然，谓竹轩能文则可，谓竹轩专以能文重则不可，盖竹轩所尤笃者内行耳。事亲孝，且爱亲之所爱以为孝，数十年砚田生涯以奉晨昏，以给弟侄，囊无铢积焉。其始以潜心攻举业，孝固在于成身。其继以公义灭私情，孝不衰于妻子。服劳养志，无不曲尽。至于居丧读《礼》，依然孺慕初心。阅乃兄眉峰之序，缕陈颠末，尽写衷肠，至性至情，可歌可泣。嗟乎！内行之笃若此，可谓无亏其本矣。

夫天下惟本之无亏者，处于充乎有余之地，为声华气焰之所不能倾。即使不以文章显，而真意所感乎，且有闻其名而思愧、过其闾而必式者，而况风神流于楮墨，和顺发为英华，其渊然有光也，又复如是。予是以读其文，因有以思其行，重其行，愈不敢亵其文也。

竹轩屡战棘闱，两荐不售。意者文章憎命达，文愈工则遇愈穷。遂使铁砚磨穿，难抛白纻，金针度尽，但饱黄齑乎？然又安知非造物者以迍邅为磨炼，以挫折为栽培，俾龙头属厥老成、牛口伸于晚遇乎？吾又将于竹轩望之矣。竹轩所作甚夥，付梓者仅十之一二。世有赏音，当爱其文而恨不尽见其文，且或鉴予所以序文之意，不徒以文视文也。庶竹轩之文传，竹轩之行亦与之俱传。

达卿愚弟陈权拜撰。

——录自《王竹轩稿》，王竹轩著，清道光丁未年刊本

青云初步叙

汪先培

帖括虽小道，而上以之取士，下以之呈身，非可苟于命已。夫闭门造车、出门合辙者，意匠之能也。三年视虱，其大如轮者，命中之技也。使废绳尺矩矱，率以自便，驰骋纵送，则吾未见为工之良者矣。

甲辰春，余来长沙，就陈杏江学使聘襄校文卷。湖湘故文薮也，其敛才就范，循循有规矩，固往往而是，而不顾准绳。侥幸以求售者，亦所在多有。

学使曰："今之举子业曰制艺，曰八比。艺者才也，能也。才能而有制，则固当绳趋矩步矣。八比者，所谓起、承、转、合皆偶而出之者也。乃兹之士子，上论题为单句，为割截，为类叙短章，率以三段、四段、五段了之，于八比之义何居乎？矧文而散行，虽大家、名家且不多覯。盖非其力厚，其气盛，其材劲，其学至，欲放笔为之，有颠仆立见矣。画虎不成反类狗，曷若刻鹄不成犹类鹜也。故遇兹卷必涂抹申警之。"余唯唯焉，爰取一试艺，仿学使意约选若干首，颜之曰《青云初步》，将寄归里塾，使子弟辈知所向往焉。而见之者颇谬许为有合也，遂劝付梓人以行。

时道光二十有六年丙午夏，皖桐［城］桐坡汪先培书于星沙学署之种花西庑。

——录自《青云初步》，汪先培选评，清道光二十八年经元堂刊本

崇辨堂墨选序

胡实甫

世运日趋于新，文人才士覃精抽秘，穷渊溯冥，无所不极。而谓仅仅腐鼓败革，足以自珍而共宝哉！虽然，日新者运也，不变者法也。衣服迭更，不闻易襦为袴。器用异尚，未可指釜为甑。代有新声，岂外乎阴阳高下？俗有殊礼，不离乎拜跪趋跄。是以闭门而造，出门而合，程式一而趋向同也。余以为入场屋作文，除却枯消淡一派，此外苟认清理路，有心思，有书卷，有笔力，蓬蓬勃勃，兴高采烈，必有遇焉。故生平于“揣摩”二字不甚着意，况释褐已二十七年，乡会墨出，久置不观。老马识途，惟不至认东西为南北而已。

朱婿象三、金婿晋之及仁斋侄，专力进取时贤知遇之文，山积案头，其中以梁省吾、许玉叔选本为上。梁自壬辰科止，许自戊戌科止，后惟同年高鲁峰大令《可读》一刻出于己亥，继此无汇而选者。因裒辛巳乡试至丁未会试各科文统观之，撷文二百一十首，稍加评点，有不惬鄙意者，僭易一二，以为婿侄辈揣摩之助。所收诸作，总以理路、心思、书卷、笔力为主。其一味空绕、了无义旨者概屏不录。

昌黎云：“文章岂不贵，经训乃菑畬。”东坡云：“腹有诗书气自华。”前明西江大家类皆读书等身，弃糟粕而存精液，与云间诸子出之异而其源同。若胸无点墨，乞灵题字，翻瓶泻水，倾出倾进，支撑六七百言，自谓上诣章罗，近追周帅，不特文字之厄，抑亦科第之羞也。宋州高才生刘竹坪，陈熙堂啸岚、徐紫庭、孟瑞甫见而怂恿付梓，并与校雠之劳焉。

道光己酉，赋闲家居，坊友因前板模糊，再行镌刻，故又汇本科乡墨精选十余篇并付剞劂。嘉平月胡实甫识。

——录自《崇辨堂墨选》，胡实甫评选，清道光己酉刊本

新搭穿杨叙

张源本

或问："文有成法乎？"余曰："有，先民之矩也。"或又问："文无成法乎？"余曰："无，盖文非法不立。若滞于法，则我为法用而法不为我用，其骨节必不灵通，笋缝必不紧凑矣，譬如射然。志正体直，岂不事法而得以心应手？要必神明于法之外，巧斯见焉。"

吾族花村公熟于文律，于割截小题尤善用妙法。丙午秋端，邮寄搭题文若干首，余披读一过，如奇花异卉，新鲜非常。凡绾合处、映射处、渡峡转关处，赴节应弦，无法不备，无巧不臻。其诸养由基之射柳，百发百中者乎？余故颜之曰《新搭穿杨》，谓其用法而神明于法，诚堪为后学之嚆矢也。谨序。

族末源本原名百钧陶庵氏拜书。

——录自《新搭穿杨》，张心蕊著，清道光二十九年同石山房刊本

自 识

张心蕊

昔司马子长游眺宇宙，名山奇水发为文章，吴荚效之，信乎古人不我欺也！余乙未入蜀，蹑巫山，渡巫峡，遍览十二巫峰而得天下之巨观，行文之实景焉。巫山南北劈立，东西蜿蜒，绵亘二千余里。顶插云汉，足开峡江，双峰对峙，即文之不合掌也。波涛潆洄，即文之不平板也。三峡曲折盘旋，水高船疾，摇橹而下，一日千里，即文之渡峡处也。余往返两经其地，触目会心。而锦江一别十稔于兹，回首如在目前。因知文之实景乃天造地设，凡题自有天然格局，天然联合，实景即实理也。近世小场，多以搭题文取士，非有尖颖犀利之笔，鲜能入彀。是编之出，贻笑大方。但质之诸同人，佥曰陈言务去，新机大来，足开幼学无数法门，遂共怂恿以付梓焉。

时道光二十九年，张心蕊花村氏书于楚溪南窗。

——录自《新搭穿杨》，张心蕊著，清道光二十九年同石山房刊本

巧搭启蒙序

史　鉴

童蒙初读搭题文须宜简洁分明。盖简洁则容易记，分明则容易晓，理势然也。

余尝观坊刻搭题文，本非不炳炳烺烺，照人耳目，然而长篇累幅，古奥渊博，每叹初学为之穷年矻矻，卒一无所得也。因不揣固陋，将海内明公所援笔成章者搜取若干篇，赘一俚语，名曰“启蒙”。虽其词甚简而其法则备，可以触童蒙之心思，可以开童蒙之性灵，将见采青芹，折黄桂，不难由此肇其基也。是为序。

道光庚戌春，洛阳史鉴题。

——录自《巧搭启蒙》，史鉴辑，清道光庚戌经国堂刊本

小题芝兰叙

史　鉴

昔人谓功名文章扼要争奇，莫过一新。是言也，乡试宜，小试尤宜。然新之一说，其究归于善做，而其始由于善读。读本之不可不讲也明矣。

余赋质既拙，学力又浅，何敢论文，何敢论功名之文！然性之所近，不能自已。因将数年所得新奇文字，择其机致华美、气句鲜艳者辑为一卷，名曰《芝兰》。虽其间大小不一，厚薄各殊，而总归于无往不新。善读者玩索而有得焉，将新局、新意供于笔端，新句、新字流于行间，行见采青芹，折黄桂，勋业垂于竹帛，声称流于奕祀，是又余之所厚望也欤！是为叙。

道光庚戌新正，洛阳史鉴自识。

——录自《小题芝兰》，史鉴辑，清道光三十年文兴堂刊本

历科墨选质言序

谭鹏霄

析杨皇荂，里耳不入。吹籁野音，越王称善。声既有之，文亦宜然。持一艺以入矮檐，而曰此必售，此必不售，则昌黎屈于小惭，颜标伸于错认。文人学士，科名际遇，往往难言，是以君子有安命之学也。然而不可知者，听之于天；所可必者，尽之于人。文成而命从而制之，命定而文亦可往而争之。

天下之司文衡者，有操鉴之本，有从宜之用。吾裕乎其本，则反覆推寻，而自立于不败，达乎其用。又曲投其所好，而使之不能舍。本者何？理法是也。用者何？词气是也。理法词气兼求则妙，偏尚则乖。参其用于理法之中，握其本于词气之内，则先辈与时墨，今而一之矣。尝见株守之士，高心空腹，题面一挑半剔，动曰吾成、弘也，吾正、嘉也。无论一无所肖，即造极如艾千子、王耘渠之文，只以自怡，不堪持赠。而蹈常袭故者，苟且迁就，沉溺于墨腔墨调，未尝不调叶宫商也。而意不与题相入，肉不与骨相附，美者雉窜文囿，陋者直周人脯鼠耳。

国朝厘正文体，义瘦词肥，久所弗尚。而或又大决藩篱，变而为牛鬼蛇神，理失法离，词杂气秽。托为王农山一派，天下靡然从之，而今亦屏斥不行，一以清真雅正为宗。

夫所谓清真雅正者，理法词气兼之者也。抒胸中之所见，是非不谬于古人，而又漱润于十三经、二十一史，行之以先秦、两汉、唐宋八家之气韵。则清而不弱，真而不率，雅而不浮，正而不板，可以为时墨，可以为先辈。投之所向，无不如意。兹集所选，大率皆此旨也。不然，被草衣卉服于玉帛冠裳之会，人将驱之矣。进籧篨戚施于佳冶窈窕之前，人将厌之矣。攻制举业家，其于理法词气，宜何如致力焉？

嘉庆二十二年岁在丁丑九月十六日，清泉谭鹏霄。

——录自《历科墨选质言》，谭鹏霄评选，清咸丰戊午本衙刊本

附：条例

一、通都大邑，老师宿儒，文有渊源，变化从心，而荒村僻壤，或少师承，仅购坊间混选墨卷以为式，遂致玉石不分。每遇科场，竟有数郡数邑不隽一人者。是编缘此起见，故批语概为质言。

一、顺治乙酉至雍正乙卯，凡数十科，编文极少。由士子好趋时尚，坊刻日就零落，一时无从采辑。

一、乾隆、嘉庆诸科，文风益盛，所编之外，尚多名构。耳目固不及周，即素所深赏，一时不得其文，未免遗珠，容俟补入。

一、文百三十篇，略有点易者近半。或昔人删订，或近人酌参，意在有益后学，非敢率换真面。

一、牛鬼蛇神之文，托言尤、王，全入恶道，京都诸大老嫉之。又早岁烂墨卷，欲编一二篇以备格，商之孙传胪，以为不可行远，因删去。至文太枯寂，虽韵致高超，难遇赏识，亦概不入选。

一、行文因题制宜，不可板板一样。此编所收，各色俱备。其或宽题窄做，小题大做，板题活做，熟题生做，尤易动心骇

目。并有小题、截题各类，俾学者（偏）［遍］观尽识，不致临场窘手。

一、是编止录中卷，今收程墨、荐卷、拟墨各一篇。因此三艺，实足开拓心胸，故并登之。

一、是编分八格，精警、真切、和雅、洁净、古逸、典实、奇变、清矫，各因其性之所近、题之所宜学之。而精警、清矫两格，尤为利器。

——录自《历科墨选质言》，谭鹏霄编次，清咸丰戊午本衙刊本

说约堂初集序（一）

庄受祺

统读大著，无不胸罗万轴，识有千秋。《备荒书》一篇，尤括古来荒政纲领，而揆时度势，无一影响之谈，固宜蒿目时艰，力求康济，不稍存世俗依违之见也。行文浩瀚磅礴，仍能矩矱秩然，盖心有独得，笔之于书，自尔不可遏抑，如潮汐上下，不期自来。但以韩、苏拟之，转不得作者之真矣。其他小中寓大，大中见小，所谓芥子纳须弥，修罗行藕孔，具见无量神通。旁及应举之文，试律诸作，亦复钩玄探赜，写物状情，无一浮饰之字，可胜佩服。

嘉平二日，愚弟庄受祺拜读。

——录自《说约堂初集》，刘定范著，清咸丰庚申湖北省城李会友堂刊本

说约堂初集序（二）

郭种德

世之论人品者，吾知之矣，曰经济，曰文章。高谈经济者薄文章，专习文章者鲜经济。至降而为八股时文，佥曰斯小技焉尔，腐儒焉尔。此其说固然，然吾则谓有真学问，而后有真经济。有真经济，而后有真文章。今使以谫陋无文之子，而与之考古则茫然矣，与之论世则怅然矣，与之商治体则又惘然矣。而犹诩诩然曰经济云乎哉！

刘访山司马湘南，名宿也，著有古文一编。余既读而序之，兹复以时文见示。盥诵数四，见其包括万象，驰骋千古，探六经之奥，抉四子之精，而于古今来政治之得失、礼教之盛衰、世道人心之邪正，洞若观火。至其行文则上追《史》《汉》，近规先正，全无揣摩世俗之态，而且洞悉物理，曲中人情。侃侃而谈，正气自不可磨灭。使由此而见诸事业，其经济为何如耶？乃来示云："吾本不欲灾枣梨，特以所遇坎壈，行将付之梓人。"呜乎，岂文章之憎命耶，抑文章之误人耶？然吾方期先生以大展其夙抱，由文章而著为经济，而乃托于穷愁著书之说以自沮耶！爰为之序而归之。而或者曰，此为文人吐气。又或者曰，此为文人解嘲。余不复辩。

山左如弟迈庵郭种德谨序。

——录自《说约堂初集》，刘定范著，清咸丰庚申湖北省城李会友堂刊本

说约堂初集跋

如　山

不朽有三，言居其末。况制艺随风气为转移，其言似无足轻重者。今读访山之文则不然。

刘君访山，余同年友，湘南名宿。宰楚北，公余出时文若干篇见示。余不足知文，辄复见猎心喜，逐为披览。其清刻似章罗，雄浑似归唐。而幽折奥衍，沉挚绵邈之神，直合三方为一手，近时帖括家，讵能望其肩背？爰择其尤为心赏者，得文四十八首，作为初集，付手民以公同好。读访山文者，当更望续集之出，而知立言之不朽云。

年愚弟如山谨跋。

——录自《说约堂初集》，刘定范著，清咸丰庚申湖北省城李会友堂刊本

新刻墨选清腴序

徐树铭

坊间墨刻夥矣，尚涂泽者失之肤，尚幽深者失之涩，求其理法双清，辞意兼擅、雅便揣摩者不数数觏。

壬戌春，余视学闽中，乞假旋里。适坊友裒辑近科程墨，都为一集，详加披阅。说理精，运法密，选辞雅，炼意新，不规于风气而自与风气合。颜曰“清腴”，趋向之士以为程式，庶几投之所向，无不如意焉。

星沙徐树铭寿蘅序。

——录自《新刻墨选清腴集》，清同治元年小藜山馆刊本

时文摘艳序

恩　荣

昔杜子云："读书破万卷，下笔如有神。"未有书不熟而能作佳文者。自前明迄国朝以制艺称者，指不胜屈，然皆撷经籍之秀，吐《史》《汉》之华，故能专门名家，为后学模楷。

近日村塾教人专务清空，多走入油滑一派。甚至束书高阁，终年不见枵腹之弊，误人匪浅。间有留心书籍者，非失之饾饤，即失之填砌。求其枕经胙史，端庄杂以流丽、刚健含夫婀娜者，盖亦鲜矣。

乙丑秋，余调署楚北江夏，偶于西席闵南翁案头见有钞录时文一帙，颜曰《摘艳》。余展观之，其文清奇浓淡，无体不备，大率本六经子史及汉魏六朝诸大家中来，诚所谓高摘屈、宋艳者矣。余因问系何人所录，始悉为萧君小舫家塾课本也。越数日，小舫复来书馆，值余在坐，余始得晤小舫。南翁随命小舫执贽门下，出所作制艺数十篇求余批点。余公余细加评赏，见其中多纵横排宕之作，要皆自出机柚，不屑人云亦云，与所录《摘艳集》如出一手。余益信小舫之得力于摘艳者深也。后询之，知其向从齐安名孝廉陈东乔数年，旋又从永阳彭鹤山前辈、吴纯斋同年及闵南翁诸公游。根柢既深，见闻益富，天马长材，当不至久羁篱下也。因笑谓南翁曰："《时文摘艳》惟小舫能得其性之所近，余欲付诸剞劂以公同好，南翁以为何如？"曰："小舫志此久矣，奈无资斧不能如愿。"余曰："板资我出，南翁试趋成其事焉。"

今秋九月，余任荆门，适小舫书成，专足来荆取资，余喜此集可为初学矩矱，而又嘉小舫之有志竟成也。是为序。

同治五年丙寅菊月上浣，前署湖北武昌府江夏县事，升任荆门州直隶州正堂，直隶恩荣华甫氏题于荆门之种花山房。

——录自《时文摘艳》初集，恩荣评，萧小舫编辑，清同治五年月桂轩重刊本

湖南试牍序

温忠翰

奉督学湘中之命（衡溪烟比夜命），自戊辰迄庚午历试诸郡。望衡岳于九面，溯潇湘之上游。西径五溪，烟瘴昼晦。北过青草，波涛夜惊。凡澧兰沅芷之芳泽，湘灵山鬼之悲啼，骚人迁客、名官通儒钓游之所历，碑记之所存，固日在吾目中。而益幸昔之闻诸乡先生者，今乃得诸亲历也。

湘之地渊渟岳峙，钟毓实多。近年以来，名臣辈出，文运乃益盛。扃试既周，佳作甚夥，因择其言尤雅正者付诸剞劂。其局近偏锋、才工驰骋者，概未入选。窃愿异日藻芹翘秀，多士以彬雅才翱翔云路，彪炳词林，雍雍以鸣国家之盛，庶以慰予三年中共相勖勉之意焉。

是刻也，许莲峰、刘朗屏、朱啸云三孝廉相与参订，而润色之功莲峰力居多，并书之以志不没人之善云。

同治庚午季秋，督学使者温忠翰序于湘南学署之愿闻过斋。

——录自《湖南试牍》，温忠翰选，清同治九年长沙提学署刊本

石南书院课士草序（一）

蒋式棠

作师与作吏不同，而其苦心则一。作吏非苦心求治，不足以安万民。作师非苦心为文，不足以课多士。此文章所由与经济并重也。

夫书院之有课士录，大抵皆汇录课文，积成卷帙。至于主讲者随课拟程，以楷模士类，则课士之苦心未有如我西茌司马钟公者。岁壬戌，公以通达治体之才出宰是邑。维时四郊不靖者十余年，士鲜横经，民难安枕。公乃请兵募勇击巨寇，剿土匪，戎马倥偬，几无暇日。然犹月课诸生童于石南书院，辄遇课日作程文以训士，学者争传钞之。越四载，积若干首，裒成帙以付剞劂，题曰《课士草》。其文皆清真雅正，扫尽陈言，不蹈前人窠臼，洵制艺之巨观，后学之宝筏也。非文章与经济兼优者而能如是乎？

今者阖境乂安，士民乐业，诸生童苟手是编而读之，探求其理法，疏瀹其性灵，扩充其才力，将见文风蒸蒸乎日上也。尚毋忘公之苦心也夫！

同治四年岁次乙丑孟夏，荔江治晚生蒋式棠书于石南学署。

——录自《石南书院课士草》，钟声著，清同治十年鸣盛堂刊本

石南书院课士草序（二）

刘启正

昔范老平西夏，藏韬略以为甲兵。文翁守成都，讲诗书以化子庶。或幺麽胆破，或寒士颜欢。大抵兵刑与道德兼施，经济与文章并美矣。

我西茳司马钟公，江左机云，石南召杜。造凤手妙，射虎心雄。经师而兼人师，能吏而亦良吏。当元年春之莅任兴业也，鹤声风警，鸱焰日张，草窃成奸，莽伏遍道，邑鲜横经之士，家无安枕之时。公乃募勇为兵，筹捐作饷。薙拔一本，棠荫万家。荆棘翦而嘉禾生，棫朴歌而名材出。于是设皋比之座，整鹿洞之规。月旦评来，心有秤以衡物。云毫挥处，胸有竹而成文。看君绣出鸳鸯，金针欲度。为尔织成云锦，衣缝难寻。读去百回，执经者争探妙蕴。书来万本，问字者共乞残膏。爰付手民，用传心学，为多士式作法物观一编，珍于璆琳，四海钦其模范。虽古人投戈讲艺，磨盾作文，未必有如斯精诣也。

猥以鲰生寡识，属为骈体微言。竭江淹之才，愧无彩笔。诵南丰之集，敬爇瓣香。从教有脚皆春，墨宝岂仅留粤右？会见不胫而走，纸价当顿贵洛阳。

同治四年岁次乙丑五月上浣，治晚生刘启正谨序。

——录自《石南书院课士草》，钟声著，清同治十年鸣盛堂刊本

湖南试牍叙

廖寿恒

岁庚午，奉命视学湘中。湘中英彦云兴，近世功名气节之盛，震耀海内。大抵学备体用，能以文章为报国之具，故克芟夷大难，建树非常。后进之士景行高矩，抱一编以肆力牖下者，其志之所向可知矣。按试所至，文之工者率能自放胸臆，超然度越于寻常尺寸之间，则信乎非揣摩迎合，苟且以取悦于有司者可同日语也。

虽然，制艺代圣贤立言，必穷理精而后言理也当。复衷之以法度，使循循于规矩之中，斯观其为文而知其学术之正，有以平其秋躁之气而养其远到之材。不务于理法而徒骋其才辩，跅弛覂驾，与时辈争雄，则又何贵乎为文哉？

试事既蒇，辄取文之循理守法，无戾于圣贤之旨者，得若干首，付诸剞劂。非敢谓湘之人文尽萃于是，亦简而无滥已矣！多士能循是以求焉，殚精毕虑即其发诸言者身体而力行之，他日见诸行事，必将有补于家国天下，以与乡之诸先达齐轨方躅，益为斯文重焉。是则使者之志也夫。

同治十二年九月既望，督学使者廖寿恒叙。

——录自《湖南试牍》，廖寿恒鉴定，同治十二年湖南学政署刊本

两章题文集成序

冯誉骥

国家以制艺取士数百年矣，每选本一出，举业家奉为圭臬，靡不简炼以为揣摩。积久以来，名溢缥缃，几嫌充栋。是以有司命题，往往避熟就新，以（妨）［防］杜袭。近科始有两章题出，属事比辞，深得圣贤著书之旨，诚有志者所急宜讲究也。但向无专集行世，各家所登仅十之一，阅者有管窥之叹。

今春侨寓东坻，裒集时贤名作数百首，雪窗映读，类皆当行出色。其于两章法度，已尽度金针矣。精选得百若干篇，一以清真雅正为主，荣世寿世，两不相悖。其斯为集大成者欤？爰付手民，公之海内，庶操觚之士得所折衷，以仰副圣天子作人之雅化，是则予所厚望也夫！

同治十二年春月，高要冯誉骥展云书于都门。

——录自《两章题文集成》，冯展云编，清同治癸酉见山斋刊本

华国斋小题文隽叙

黄　钟

文之隽不一种，皆自名大家出。有明前辈如陈大士之隽曲，罗文止之隽奥，章大力之隽刻，其源根于经史，其灵浚于心思，其笔力出于周秦诸子。故能空前绝后，推陈出新，令人咀嚼不尽。

国朝晓楼《张太史初集》极意摹仿，隽妙难穷。得以吸清虚，吐糟粕，寖寖乎入大家之室而咀其胾。兹集摈去陈言，特标隽旨，心光一缕，蕲奏单微，抑苦心孤诣之候也。由是而之焉，又曷有穷期哉？

甲戌黄钟吉旦谨叙。

——录自《华国斋小题文隽》，陈烜辑，清光绪元年小酉山房刊本

八家文钞序

酉腴馆主人

制艺代圣贤立言，人品、心术、学问、经济胥于是乎觇焉。读有明金、黄二家文，激昂慷慨，颇有奇气。故能舍生取义，无愧圣贤。所谓文如其人，人如其文者非与？

国初人文蔚起，精益求精，因以清真雅正悬为定式，天下靡然从之。然根柢深厚、高挹群言者固多，而平庸腐烂、误于坊间选本者亦复不少。夫取法乎上仅得其中，特择我朝诸名稿细加校对，共得八家文约二百篇。首冯太史夔飏，以其科名早而年又最高。次曹寅谷，次吴云岩，次袁简斋，皆卓卓有声者。又其次为秦涧泉，为汪云壑，为周犊山，而以陈厚甫先生殿焉。凡才气纵横，稍有碍于场屋者，概置弗录。全集具在，遗美尚多。而即此一斑，上足羽翼经传，下亦足为乡会试之楷模云。

岁在光绪丙子年十月朔日，酉腴馆主人题。

——录自《八家文钞》，酉腴馆主人选编，清光绪丙子年刊本

仁在堂时艺向选本序

董 恂

《时艺窍》校竟，将付梓时，曦初侍御已奉守兴化檄矣。濒行，复示恂以《时艺向》一编。恂既卒读，瞿然曰："噫！是编恂读之最后，是编之次，恂则以为当列之最前。何也？宇宙之大经大法，里闬之一材一技，莫不自知所向始，时艺家何独不然？"于是亟命儿子莲并较刊之。

因晓之曰："自来操觚者得一题，目注之，心即与目并注之，此何待言？然而背道之驰，厥象暌，厥咎，角张无相之瞽。厥象蒙，厥咎，惝恍亡羊之路。厥象歧，厥咎，支离若是乎蕲。而向之之殷，则同向而得其所向，正未易易也。昔者纪昌学射于蜚卫，悬虱牖间，望之三年，大如车轮。古之善言向者莫此若，即向之专且久者莫此若。意者时艺家手纪昌之弓，而心蜚卫之术，斯得之乎？虽然，此第言乎向之尽境，犹未言乎向之化境也。今试观有精其心之所向，而先绝其目之所向，则如达摩之面壁是也。有甚不愿露其向之之隐，而终莫能掩其向之之情，则如项庄舞剑，意在沛公是也。有急拟肆其向之之欲，故为不急向之之状，则如鸷鸟将击，卑飞敛翼，猛兽将搏，弭耳潜伏是也。凡此皆向之变境，实则向之真境也。至如迹似向之，而神则未之能向之，如此而欲探骊龙之珠，逐嵎谷之景，犹绁韩卢而责之获也。此则操觚者所未能免，而闰生先生所以有《时艺向》之编也。知此可以悟周公指南车之所由制，而我孔子读《诗》至《缗蛮》

《黄鸟》之篇，固非漫然兴叹也。其识诸简端。”

光绪戊寅八月六日，甘泉董恂序于京邸还读我书之室，时年七十有二。

——录自《时艺向选本》，路德著，清光绪戊寅刘华邦新刊本

试艺衔华二集序

校古山斋居士

鸿博伟辞之斋，决不为寻章摘句之文。然为无不工、无不传者，必其涵养之深邃，理解之清真，则时文犹古文也。近世俊杰巨才，崇尚门户。师承汉学，则庞杂随之。渊源宋儒，则虫疏谈之。非汉明宋，群言淆乱，庐山面目骎骎失真，乃但不知古文，抑且不解为时文也。失时文之道，殊风异趋，提其大要，曰理，曰法，曰意，曰词，四者阙一，未足与议。

而今之痛诋时文者，意良尚而所见殊偏。譬有三尺无知子孙者，甫解弄翰，识字无多，其即教以读《周易》，删《诗》《书》，治《春秋》，纂修《礼》辞，阅夫正史《通鉴》，浸淫夫诸子百家，势能之乎？即能矣，独能知食古之患乎？

去年春，坊友以选事嘱余，得文七十余首，颜曰《试艺衔华》。刻沃成，幸不为通人哂。时文例有续刻，案头旧诵，遴得若干篇，不揣浅陋而述管见，诸君子幸赐匡不逮焉。

光绪四年岁次戊寅，校古山斋居士谨识。

——录自《试艺衔华》二集，校古山斋居士辑，清光绪四年刊本

直省乡试墨輠叙

傅钟麟

岁己卯，各直省举行乡试。试事毕，厂市坊友以评选乡墨请，麟不敢以不文辞，爰取闱墨随校之。日从公，鲜暇晷，夜分操翰，详加评骘，动逾鸡三唱。竭两月之力，选既蒇，刻亦垂竣，颜其编曰“墨輠”。

适客见过，索阅全稿而善之，顾谓麟曰：“子之名以輠也，吾知之矣。輠为车盛膏器，即近日轮旁之油筒集韵輠筒也。韵会车行，其轴当滑易，故尝载脂膏以涂轴。齐以淳于髡为炙輠，谓其言长而有味，如炙輠器，虽久而其膏不尽也。今是选也，秾纤修短，无不中度，以遇合文而多可传世之作。然则味长而行远，比物此志乎！”

麟曰：“然，近之而又一义也，今夫制举虽小道，而文运之盛衰，实与国运相维系，未有文运昌而国运不蒸蒸日上者。即未有重熙累洽时，士子文不和声以鸣盛者。我朝稽古右文，逾二百载，多士涵濡圣泽，春秋试作，从容和雅，多出正声。惟积久相沿，遂蹈剽窃摹拟之习，元音亦少替矣。今风气复随运会而隆，与试事者，类能力扫积习。本科京兆墨出，有不堕揣摩家数者，一时脍炙人口。诸君子分典外试，亦多苦心抉拔。虽以豫晋奇荒之后，文独娴雅冲夷。晋墨尤声和被纸，足以流闿泽而畅皇风。陇墨于寥寥应试人中，沉雄激宕之作如是其夥。滇墨浏亮浑脱，黔墨入细，川墨二三艺率以汉魏六朝行文，峤西文亦工整清婉。

边徼尚尔，则素号才薮者可知，岂不以国家景运日新，文运自兹科而转毂，以上希康、雍、乾、嘉之盛欤？”

按《广韵》：“輠毂，转貌。”《礼·杂记》：“叔孙武入朝，见轮人以其杖关毂而輠轮。注：关穿也，輠回也。谓以其杖穿毂中而回转其轮也，其义似较进。

客辗然曰：“子之志大矣，回风而斡运，将以斯琐事肇其端矣。”

客退即书此语以为序。

时光绪己卯嘉平既望，山阴古禊潭馆主傅钟麟越石甫书于京邸钝斋。

——录自《直省乡试墨輠》，傅子纯评选，清光绪己卯京都琉璃厂刊本

附：清光绪己卯科直省乡试墨輠例言

一、直墨，向来选家每不及二百篇。本科佳卷较多，录至二百有奇，然尚嫌集隘，多成夜行锦为憾。

一、顺天、江南向录双分，余则大省十首，小省七八首。是编却不拘省分，惟先到者稍宽，其后到者录尤从略。

一、各闱墨二三艺，实多佳构。因首艺已不胜录，只录二三各一二首，余从割爱。

一、监临主试及为外帘有程拟作，必酌入数首，以示程式。其有门墨来京时尚未刷入者，后因镌定不再羼入。惟山东省因士子文已美不胜搜，不便再列拟作。湖南省拟作多，而无一不佳，张君修府三首尤胜，全录恐喧宾夺主，只任遗珠。

一、各省有名手中式，而文未刻闱墨者，偶访录数首。其访而未得者，容入补编。

一、风檐寸晷，瑜中之瑕不免。偶僭易数字，局于时日，未能一律校正，识者谅之。

一、为避复起见，向来评文不用旧料，批词是编亦然。偶因文境相合，引用诗词句随手牵扯，不无舛讹，无关得失，不及校正。

一、校字如扫落叶，随扫随积，此种帖括本亦可听之。至眉批，手民尤多，误写误刻，以意会之可耳。

一、就教者日终绎鄙人此道实未窥门径，别裁微意，历见评词，未知有当先正法，与合时贤意否也。

一、试律诗附后，每省摘抄数首而已。

一、近科闱墨，渐刻经文，是科各省尤为多录。拟另选经艺为一编，无经文者从试录录补之。

——录自《直省乡试墨粿》，傅子纯评选，清光绪己卯京都琉璃厂刊本

道生堂小题制艺序

黄爵滋

夫笔如游龙，变化不可端倪者，正希先生之文也。英姿飒爽，天骨开张，洋洋数千言如风发泉涌者，陶庵黄子之文也。岁己亥校士江南，得钟生卷，理法清真，气势浑灏，知于此三折肱者。辛丑谒余于京都官舍，与之谭艺，果于古人门径无所不窥，而小题尤得力于金、黄二家者居多。

余惟小题一道，境易窘非细抉之则义不畅，势易溢非善勒之则界不清。语脉易支离，非深体会之则理不真、神不肖。钟生天分高而人力亦不少，故其发为文也，纵横排宕，变幻空灵，无不如志。学金、黄而绝不类金、黄之文，斯善学金、黄者矣。虽然，余闻生平居研经史，寒暑无间日，而著作等身也，日出其所藏，曾有不仅以时文名世者。是编特其嚆矢焉耳。

道光庚戌二月，通家生黄爵滋树斋氏书于清江旅次。

——录自《道生堂小题制艺》，钟西茳著，清光绪己卯金陵霁月山房重刊本

道生堂小题制艺二集序

殷兆镛

窃观古来丹青之士，类皆游览名山大博观川千百载名人手迹，然后以专门多其家。即偶绘一丘一（整）［壑］、一花一鸟，亦时有烟云出没、飞鸣生动之趣流于楮墨间，不必如吴道子画嘉陵山水，曹将军画凌烟阁功臣像，始见其独绝一时也。夫文亦何独不然。

孝廉钟西茳先生，江左知名士。天姿卓荦，其于书无所不窥，而尤通经史之学。故能根柢宏深，才思渊博。又况往来齐、鲁、燕、赵间，凡泰山之险且峻、黄河之大且深，俱足以助其豪宕之气，一发诸嵚崎磊落之文。然则先生著作之富，岂徒区区小题制艺云乎哉？然即以小题制艺观，未始非一丘一壑、一花一鸟之饶有生趣也。王摩诘诗中有画，读先生文，文中亦有画也。惨淡经营，良工心苦，请以读画之法读斯编焉可。

咸丰七年岁次丁巳，世愚侄殷兆镛序于淀园。

——录自《道生堂小题》二集，钟西茳著，清光绪五年霁月山房重刊本

重刊古文笔法百篇自序

黄仁黼

《古文笔法百篇》，滇南李扶九先生所编集也。戊寅秋，黼客成都，于坊间购得之，旅居无事，朝夕展阅，见其标题分类，文简法赅，异乎他本之编。代编人莫分门径，致初学无从入之途。虽所选不必尽与时文合，而遗貌取神，自别有所心得。

岁庚辰，权榷澧滨，公余每取玩味。因于所评解中或未尽阐发者，或与所见闻未符者，就其文、其人、其世妄摅己意，各为书后，并裒集先正评语，撷其精英，去其杂芜，即便前人道及虽无可发伪之处，亦必参诸各书，补苴其隙漏焉。前后五阅月而蒇事。

至所选如《汉武帝求茂才异等诏》，东方朔《上武帝书》，岳武穆《良马对》，朱子《送郭拱辰序》，阎复《加封孔子制》，刘因《读药书漫记》，何乔远《七州诗稿序》，归有光《沧浪亭记》等篇，皆味淡声希，艰于学步用，皆节去。又李贽《杂说》，文虽可采，而体格稍卑。白居易《琵琶行》，以诗歌入古文，实为破体。亦悉汰去，所存仅九十篇。兹用补入司马迁《伯夷列传》《报任少卿书》，韩愈《平淮西碑》《原道》《毛颖传》《圬者王承福传》，柳宗元《种树郭橐驼传》，刘蜕《梓州兜率寺文冢铭》，苏洵《辨奸论》，苏轼《代张方平谏用兵书》等篇以足百篇成数。庶几时文一道不累于俗，不饰于物，不苟于人，不忮于众，骎骎乎熊刘复生，洋洋乎韩柳可企。以之问世可，以之寿世可，是同一不龟手之药，人以为洴澼者已独因以受封。斯言虽浅，亦可喻大。当世操觚家苟不貌袭皮传，由笔法以幾神理，将圣贤未发之秘，儒先欲启之局，皆得自我以宣泄而推阐之矣，又奚俟獭祭为富、点鬼为奇也夫?

光绪七年辛巳孟夏中浣，湘西后学黻麟黄氏谨识于洞庭寄庐。

——摘自《重刊李扶九原选笔法百篇》，黄仁黼重编，清光绪七年刊本

天崇国朝辑要叙

孙伯龙

闻之先正，言读书明理，博古养气，方是真功夫。若徒规（抚）［模］墨艺，修饰词华，纵极淹博，终属苟且。旨哉斯言！盖理明则识足见极，辞足指实。气盛则言之长短高下皆宜。场屋有此，定可辟易千人。愚念及此，因于明启、祯及国朝文择取理解清超、魄力沉雄、堪为圭臬者，共得文若干首，详辑评点，亟付剞劂，俾览斯文者咸知读书明理以大其眼孔，博古养气以坚其骨力，庶有以空翳障而振浮靡，未必非初摩举业之一助也。

时光绪四年，岁次戊寅蒲月端阳前四日，榆山宗海孙伯龙书。

——录自《天崇国朝辑要》，孙伯龙辑，清光绪辛巳书业德刊本

天崇国朝辑要跋

李邦庆

宗海师前有《明文辑要》及《国朝时文辑要》之选、评、批、圈点，期于尽善，洵足津逮后学矣，而于举业所宜揣摩未遑也。窃谓题之大小不一，其类而学之，浅深亦判其时。行远自迩限于迩，可乎哉？登高自卑阻于卑，可乎哉？沦其性灵，尤不可不开其识见也。清其根柢，尤不可不宏其器宇也。则兹选固宜汲汲矣。

《钦定四书文选》之刻，上迄有明，下逮国朝制义，为主司之绳尺，作多士之矩矱，美矣，备矣。伏读圣谕，谓人心士习之端倪，呈露者甚微，而征应者甚巨。盖言者心之声也，古之作者，其气格风规莫不与其人之性质相类，况制义代圣贤立言者哉！自非明于义理，固未可率尔操觚也。

我夫子教读之暇，思为习举业者示之标准。因取前明名家文及国朝名家文慎选之，而名墨、近科墨附焉，务以脉正理清为主。而评、批、圈点一如前刻之精细，且俱踵其名曰“辑要”云。因叹我夫子殚心力于斯者数年矣，俾读是编者大小相资，固行远自迩、登高自卑之意也。而下以启后学，上以昌明圣天子清真雅正之遗训，又岂非兹选之功也哉？

时光绪五年端月二十日，受业李邦庆谨跋。

——录自《天崇国朝辑要》，孙伯龙辑，清光绪辛巳书业德刊本

登瀛社稿三编序

陈荣绍

同治丙寅、丁卯间，都中曾有《登瀛社稿》之刻，风行海内，几于家置一编。社中诸君，多与予同乡里，且不以予为谫陋，时以文艺相质证。儿子名珍，亦附末光。予故知诸君最深。其平日诵读者皆有用之书，讲（术）［述］者俱有用之学，故其为文也皆能各抒心得，不沾沾以揣摩时尚为长。而甲子乡科，南北获隽。及乙丑会试，联捷者不一而足。至丁卯、戊辰，几空其群，艺林传为佳话。

诸君复好学不倦，数年以来，互相切磋，未（常）［尝］有间。社作又积若干首，坊友复以续刻为请。诸君子重违其意，各出数艺以与之。诸君不以文重，即以文论，语有根柢，不同剿袭者之所为，具真鉴者自能辨之，无烦予之赘词也。

光绪辛巳孟冬，陈荣绍序。

——录自《登瀛社稿三编》，张沄卿评选，清光绪七年刊本

养正草序

李元度

山居侍养，结习未忘，颇有“青灯有味似儿时”之乐。维时幼子童孙初学执笔，每拈题问字，辄口占四书义授之。积数月，得文十六首。吾友周木卿亶初见而好之，为授梓以公同好，颜之曰《养正草》，属序其简端。

余谓初学课本，莫精于路闰生先生《训蒙草》。余尝重刻之，识者推为益智粽。惟每篇多至十余比，学步稍难。拟令先读是编，再进以《训蒙草》，则心花怒开，文且不可胜用矣。抑制艺号称八股，近人多以六比了之。闰生先生所撰时艺各种，均以八比为准，最合体裁。今特仍其义法，凡审题、制局、用意、用笔处，壹以路氏法为宗。虽敝帚自享，而于初学行远登高之助，或未必无小补云。

光绪五年五月既望，爽溪退叟李元度识于超园之听书声亭。

——录自《养正草》，李元度著，清光绪八年湖南书局刊本

因难见巧序

刘青燃

来学有闻于余者曰："功令以截搭题进退重军，而士之磊落英多、怀才欲试者，无不简练以为揣摩，竞尚乎精巧，此织无缝天衣，掇逢时之花样，果操何术而得欤？"

余曰："文到妙来无过熟，熟则自能生巧。然典试者命题法之推陈出新，舍乎正样，割裂截搭，亦不得已之为，将以杜伪售、拔真才也。尝窃异小试场中，每于完整题不难畅所欲言，一遇题之窘手，意义难通，令人笔不能下。有若无情搭、典制搭诸类，□与枯肠枵腹可虚衍塞责者。盖极截搭用机之作，戛戛其难。且截搭之难，莫难于枕经葄史。无经史而徒事剽窃，则根柢不深，非出之陋，即出之拙。陋与拙，巧将安出？必欲因其难以夸巧夺天工者，不于小试漫筏求之，可乎？

余校士湘中，得刘生青燃，请业之暇，出所集海内巨制质于余。余私而展阅，概属截搭窘手之作乎？庸题肤廓文无一存者。编珠缀玉，错采镂金，别户合门，悉以数聚其文。融会经史，根柢深而典核确，理法到而意义明，揣摩熟而玑珠溢，豁目爽心，所谓因难见巧者，庶几近之。抑又闻之渔者舍网而求钓，猎者舍罗而求弋，鄙罗网之易不若钓弋之难，所以显其技也。余故知是编之因难正欲见琢句文心之巧云。

——录自《因难见巧》，刘青燃编辑，清光绪癸未雪窗蕉阁刊本

十四层启蒙捷诀叙（一）

鲍世卿

《易》曰："山下出泉蒙。"泉之蒙涓涓尔。盈科而进，昆仑之泉为河，岷山之泉为江，胎簪之泉为淮，嶓冢之泉为汉。洋洋乎大观焉！及会而归之于海，则又洞心骇目无能津逮矣。然使其始壅而遏之，蹄涔耳，滥觞耳。否则泛滥淫泆，乌睹所谓洋洋大观哉，更乌睹所谓洞心骇目哉？童子之握笔为文也，自小讲始，文之明通，亦自小讲始。灵机初浚，殆泉之始蒙然。启之不得其诀，是壅而遏之也。旋将泛滥淫泆于规矩之外，东扯西曳，题之层次瞢如焉，何怪望久而无成？顾自来启蒙者苦无善本，先辈传世之文，小讲多浑气大意，又或用意太深，语句太炼，评选者未能疏通明白，初学无从领悟。

余友曹君晓庐，健于文者也，手一帙示余，颜曰《十四层启蒙捷诀》。余受而读之，其意灵，其笔爽，望辞显而确，望反正、高仵、前后、旁侧、横竖、翻对、进退诸法，皆亲切不稍朦混。集止十题，而文所当然之法无不具。文止小讲，而题所应有之义无不搜。启蒙之诀孰有捷于此乎？夫一篇之法备于小讲，文特推而校之，未有小讲明通而文犹昧没而杂者。其或不然，必貌为明通，而于题之层次仍昧昧者也。

昔者洪水横流，禹八年告厥成功，何望捷也。导河自积石，导江自岷山，导淮自桐柏，导汉自嶓冢，得其诀矣。学者诚得是集，反而求之，其诀明，其效捷，心灵之浚源源而来。洋洋大观焉，洞心骇目焉，端不外是。然则余友之为是集也，望诸功不在禹下者欤！请付之剞劂，以公诸当世之启蒙者。

时嘉庆庚辰花朝，愚弟鲍世卿公阶氏顿首拜。

——录自《十四层启蒙捷诀》，曹晓庐著，清光绪癸未大道堂刊本

十四层启蒙捷诀叙（二）

王懋治

天下名山三百，泰山为最。记之者谓盘道屈曲而上，凡五十余层，或曰凡十有八曲。虽所闻异辞，然以明登高自卑之等级层次则一也。

晓庐先生懋治之泰山也，其文与行可谓登高而跻其巅者矣。自辛未从学为文，口讲指画，靡不隐显曲畅。愧学山不至于山耳。岁丁丑，复偕季弟相随。先生谓启蒙莫先于小讲，欲博采陈编，手订一帙而又叹善本难得。自拈十题，剖锦心以出之，无法不搜，无法不备。题除正面外，各十四层，一例胪列，命曰《十四层启蒙捷诀》。懋治伏而读之，恍然如见泰山之盘道，屈曲而等级层次划如也。其导引先路之法，备前人所未备。以此启蒙，则灵窍顿开。推之作文，则心源浚发。非即晏子所谓累卑而成高者乎？於戏，善矣！

戊寅冬，先生抵省，适邑侯陈公少君嗜之，俄携入都。先生悔曰："其中尚待更换者甚夥，今仿佛不尽记忆，奈何！"自废寝食，力为编录，始复旧观。噫！先生之用心，为初学计苦矣。爰请付剞劂以公同好云。

受业婿王懋治谨叙。

——录自《十四层启蒙捷诀》，曹晓庐著，清光绪癸未大道堂刊本

附：凡例

一、是集紧要处在起讲，盖为初学开思路法也。而破承亦未可偏废，故起讲凡一百四十有一，皆冠破承。又每题各用三作以备明暗顺逆等法，俾知错综变化，不至囫囵吞枣。虽或字意偶同，而繁简不一，无嫌复也，其必胪列于起讲前者以便读尔。

一、起讲每题除正面外分十四层：第一层全反，第二层先正后反，第三层先反后正，第四层对面，第五层旁面，第六层翻说，第七层横说，第八层竖说，第九高一层，第十低一层，第十一前一层，第十二后一层，第十三退一层，第十四进一层。而其层次俱于题后另一行标出，一例胪列，并括大意注明，俾读者依例设想，心境豁然，不致岐二。

一、每艺中作意及起承转合处俱用旁批，而于擒题字面则概用△，令读者了然。

一、初学理解未透，若必示以难题，不惟艰于领取，且不喜读。因拈习熟题以示标准，取其易晓易入。而数题中又皆有关学术，有关名教，足以动其天良、发其愧悔者，所谓迎其机而利导之也。

一、起讲前十数作极浅显，极平淡，以后渐加润色，非敢故为取妍，盖以学者功候自有进境。若一味质朴，未免久而生厌。爰酌采经传中与题相洽之辞，聊取达意，而于偏旁必注明本某说，用某经。其有不能悉注者，则赖明师善为提撕尔。

一、拟作止十题，或嫌太简。伏思举一可以三反，况十题乎？故无取乎多。

一、每题十四层，或云宜再推广以充其才思。窃反覆再四，似一题之义无出于此者，诚恐无理取闹，徒乱人意，故只以十四层为断。

一、是集或劝选全文附末，意亦善，第自选家辈出，原不患无佳文，所少者此耳。且既通此十数层何入股之足难，姑本愚见，录此颜为“捷诀”云。

一、或议童子何知，乌容以此躐等相示。不知人无智愚，要在导引思路，浚发灵机耳。况首二三艺先开示反正之路，令其反正明白，次乃及旁对等法，是渐进之方而又实为题中应有之义。所宜洞悉者，诚使依例寻求，不独聪慧者恍然如自己出，即钝根人亦当视若大路然。以此持示童蒙，则今日之灵思隽颖，即他年之绣口锦心，乌能测其所至哉？又或谓法门宜备，如割截、偏全、横担、两扇及长章等题，均当一齐指点。然初学思路未开，便欲涉猎一切，斯正躐等之谓也。惟是开其思路，使之熟而又熟，则随举他题成法，自可一点便化矣。故集中十题皆单句，他不复及。

一、是集拟存以便家塾，非敢问世。因友人见而韪之，强付剞劂，深惭固陋，不免贻讥博雅。第作文每难于入手，而选文尤莫难于启蒙。仆食砚田久，于此种极力搜罗，莫偿所愿。窃见向来坊本，前辈之启钥后学苦矣。奈或过于简，或过于华，未便初学规仿。且一题仅止一艺，法难兼收。即间有著为六位及八法者，究不免敷衍足数，总缘拘拘于选本，求之未由完备耳。而当代名公巨手，又不肯竭尽心力，抽思及此，盖不屑为或亦不暇为也。兹不揣勉为童蒙开一捷诀，惟导以先路已矣。故只按题分别做出，而于词之工拙弗计焉。识者谅之。

晓庐谨识。

——录自《十四层启蒙捷诀》，曹晓庐著，清光绪癸未大道堂刊本

续养正草序

李元度

光绪己卯，余以幼子童孙初学为文，口占十六艺授之读。友人见而好之，遂付之剛氏，额曰《养正草》，同志者颇不谬吾说。

今儿孙辈年皆舞勺矣，学作截搭题及连章题文，随时以所作来质。复口占以示之，且告之曰："截搭题，先正以为割裂圣经，戒学者弗作。其说韪矣，然校士者既有此种题，即不能废此体。且上下截绝不相蒙，非胸有书卷，而又出以灵活圆爽之笔，不能使相联络。故其才之敏钝，一望可知也。至连章题，有用截搭法行之者，亦有整作或整散兼行者。文无定体，惟其是而已。稍涉通套，或蒙混，即非此题之文也。"计三月之久，共得二十篇，仍刻行以饷同好。颜曰《续养正草》。冀借免于饱食终日、无所用心之讥。

或疑连章题文境高妙，非初学所能知。应之曰："文无所谓考墨卷之分也，求合题而已。题窍所在，文即因之，无二法门也。语曰：取法乎上，适得乎中。大匠岂为拙工改废绳墨哉？"

光绪癸未夏四月，爽溪遁（容）［客］李元度漫识。

——录自《续养正草》，李元度著，清光绪十年湖南书局刊本

述德斋课读序

刘文蔚

文曷贵有评也。前人名作皆本一缕心思凭空结撰，岂初学所能窥测？于是为之启迪，示厥津梁，系以评焉。如汪遄喜、黄际飞、何义门、王巳山诸先生批选各集，皆能抉摘要义，惠逮后学。又如桑山考甫之批天、崇文，沈秋园之批国初文，吴兰陔之批近代名家文，指示加详矣。然向来评家意主揭要，为学者一隅之举其蔽也，或不屑言浅近，恐贻讥固陋，甚或故示高深，作英雄欺人语，于学者何裨焉。

余尝谓学者作文不合法，皆由于读文不得法。读文之法当于作者构思、用笔间求之，摭拾词华，拍合声调，抑末矣。故揣摹工夫于有字处着想，正须于无字处着想。于密圈处细思，正须于单圈处细思。读文一篇，无一句一字不从口中吟哦，实无一句一字不从心中寻绎。以意逆志，是谓得之。孟子说诗之法，窃谓读文亦然。寻绎既久，领悟自深。于此而犹虑操笔为文茫然于法，无是理也。

余久（因）［困］场屋，训徒为业，与生徒讲文，必取素所熟读深思、自信有得者为之口讲指画，恒即笔诸篇端篇末。生徒乐闻，余说亦多自识之，久而成帙。及余远官四川十余年来，闻诸生徒亦多相继登科第者，窃喜曩时讲贯之功不虚也。而余日事簿书，久已无暇论文矣。间闻儿辈课作多不合法，为语以宜究心于读文。深惜余向所评文散在各生徒处，频年儿辈寓书收罗，仅得数十首，汇为一编。同年李心芝见之，谓示初学大可获益，劝余付梓。事苟有益，余亦何敢藏拙耶？梓成，为书数语以记其巅末。

光绪十二年岁次丙戌二月中浣，毗陵遹轩刘文蔚谨识。

——录自《述德斋课读》初集，刘文蔚选评，清光绪十二年述德斋刊本

述德斋课读二集序

刘文蔚

余既刻时艺《课读》一编，一时攻其业者均喜其浅显明白，亦复能引人入胜，不啻为之口讲指划也。

两年来，及门赵士泉元吉、洪子龄畸孙等络续寄到曩予所批名家文数十篇，又旧存所批韩、储、方、张诸老十余篇，向以其文心沉鸷，笔更开展，虑初学读之未免望洋兴叹，故未登前集者。儿子辈复汇为一编，令年延世兄蔡德琴澄课读见之。德琴予业师师泽夫子哲嗣也，斫轮老手，艺林久推，劝予续刻，谓济渡桥梁，不嫌增广也。以前集既行，乃别为二集，初非有鸿沟之界耳。

时光绪丙戌年春月，毗陵遹轩刘文蔚书。

——录自《述德斋课读》二集，刘文蔚选评，清光绪丙戌年述德斋刊本

能与集注释序

崇德主人

谭艺至八股为极庳，而人之好为者，以其能弋科名故也。尝有童而习之，至皓首而不遐弃，科目之累人亦甚矣哉！其列胶庠、攻举业者固无论已，即若束发童子粗通《论》《孟》，即求承破，而在村夫子复谓启蒙式法着笔太高，文范文雄风气笪易。

乾隆中叶，《能与集》出，学者喜其浅近，争相传诵。及得秬香改本，繁者简之，俗者文之，较初刻稍加完密，学者尤喜诵焉。惟湖湘向无善本，不便初学。今据龚刻本开雕，细为校正，以复李氏旧观。孔子曰："文莫吾犹人。"孟子曰："言近而指远者为善言。"操觚家引而伸之，触类以长，复何人各有能有不能之足系其心邪？

光绪戊子孟秋月，崇德主人识。

——录自《增选注释能与集》，金研山评、李秬香改本，清光绪戊子刊本

天崇百篇序

谢　墉

艾东乡先生有云："自论文者以机法为工，而时文遂成小道，较古文辞殆鹏鹦不啻矣。若使韩、柳诸公执笔为之，道理正，魄力大，气味醇，色泽古，于道不且更尊乎？"余尝服膺此言。生平作为时文，辄高自期待，不欲学为软熟谐媚之习。通籍以后，屡膺衡文重任。凡乡会抡才，岁科校士，每悬先辈大家文格，以分真赝，犹艾志也。

溯经义取士，昉自有明。明初之文，略具形模，未娴格调。化、治、正、嘉彬彬称盛焉，至隆、万间巧法益备，天、崇之际才人辈出，波谲云诡而文章之变态尽矣。然或变而有离于正者，其弊也，叫嚣隳突以为豪，佶曲钩辀以为奥，而文体益裂。尝纵观天、崇两朝之文，其才气卓绝而仍不疵于理、盭于法，波澜老成，毫发无憾，如江河之万古不废者，代不过数人，人不能数篇。嘻！盖其难也。

余阅卷之暇，每思选择先辈诸大家文以示楷式，周道驰驱，未遑蒇事。兹阅吾友兰陔所选《天崇课本》，不禁拊髀雀跃，叹为先得我心也。兰陔精于文律，曩刻墨卷、房、行书各种，能独出手眼，尽度金针。今且老矣，犹矻矻铅椠，不少休顷者。邂逅云间试院，复出是编相商榷。观其别裁伪体，直登作者之堂而哜其胾，诚有合于东乡论文正大醇古之旨，使世之轻薄为文者不敢目时文为小道。其位置岂出《定》《待》《闲在》诸编下哉？

予与君别久，喜故人之健在，而更幸学者之获导师也，爰濡笔为之序。

乙巳岁重阳前二日，经筵讲官、吏部左侍郎、提督江苏学政，同郡年家眷弟谢墉拜手题。

——录自《天崇百篇》，吴懋政选评，清光绪辛卯湖南思贤书局刊本

陈勾山文稿序（一）

刘　昆

余为诸生时，读陈星斋太仆制艺，爱其才大心细，颉颃熊、刘，每苦全稿无善本。坊间漫漶，亥豕鲁鱼，不一而足。偶借阅陈氏家藏本而善之，此后课徒，辄复忆及，不获再睹。

咸丰辛亥，予视学湘中，晤陈观察桐有，为太仆次孙，亟询此本，因以一帙见赠，存之巾箱者二十余年。光绪丙子，湖南乡试，王夔石中丞监临出闱，过余读文，因与论乾、嘉以后少作家，近时知读《管山集》，不知管山之前尤以陈太仆为大宗，取见玩。今乃出旧本示之。夔石亦言向见刻本无此详整者，即携去重刊，嘱余为序，因论其缘起如此。文之无善不备，善读者当自知之。

光绪三年岁次丁丑三月，滇南刘昆序并书。

——录自《陈勾山文稿》，陈兆仑著，清光绪癸巳上海宝文书局石印本

陈勾山文稿序（二）

徐庭槐

今之所谓时文者，其有异乎古乎？曰不异也。古人之文非徒以形貌之异乎今而已，盖有其意焉。得古人之意以为时文，即自信为古之作者亦奚不可。且余闻之，越人臛蛇以飨秦客，客甘之以为鲤也，既而知是蛇，攫喉而呕之，此未为知味也。赵人有曲者托以伯牙之声，世人竞习之，后闻其非，乃束指而罢，此未为知音也。郢人为赋，借名灵均，转相诵习，阮亦觉之，皆缄口而指之，此未为知文也。

夫古人之卓然成一家之言者，无过约六经之旨而极矣，则夫涵咏圣涯，咀嚼道味，莫制艺为近。今乃舍其近者以为不足传，而必求之哭死而问疾，舟游巷歌之词以为体应尔。欲学为古文者，舍是末由，犹摇首转目作鹳鹆舞而卒不似也。痛哉！此愚之蔽也。且其以时文为不足传者，盖以激于喁于，应和万窍一声者之几等于村歌野谚，而不可耐也。抑不思其等于村歌野谚，万窍一声而不可耐者，时文之体，必使人为此态乎？此又不待辩而明也。

今年春，星斋寓书于余，而致所尤感赋之作为数十韵。其大指欲合时、古文而一之，然颇不自是也。且曰："次且无霄行，郁结向日奔。跛羊阻山峭，病驴嘶路蹇。"呜呼！是殆自言其求道之艰而为文之不易也。以星斋之学之才而不自是若是，彼此之果于自是而不疑者，其不可闵笈也。

与星斋近稿不下五百余首，秘不欲出，尝思设一奇计赚而得之，与二三知己共悦之而乐之逮也。兹集所载较之于其所未出者不知何如，而要其波澜致度，高挹古人不朽盛事，概见于斯矣。

或曰："如子之言，陈子之文，其即向所称，得古人之意者乎？敢问古人之意安在?"曰："此口不可得而言也夫？陈子特拈题于四子书中，而两汉、唐、宋诸家未有为此体者，庸讵知天下之不以为越蛇、赵曲、郢赋而拂袖以去也。

会稽同学弟徐庭槐序。

——录自《陈勾山文稿》，陈兆仑著，清光绪癸巳上海宝文书局石印本

经艺宏括序

愿学庐主人

笼天地于形内，挫万物于笔端，陆士衡为文之宏深肃括者赋也。顾（浮天渊下泉安流潜浸）［浮天渊以安流，濯下泉而潜浸］，古文奥窔殊不易窥。而论今之经艺，亦非卤莽灭裂者所可操切而语其妙。当夫吮墨洒翰，天地文舆，名物象数，历代帝王经制无或可阙。则兼考据学薰香摘艳，茹古涵今，蔚然而鸾凤起，锵然而箫韶鸣。则兼词章学，上窥羲、文、周、孔，下逮濂、洛、关、闽，则理学有必精也。虫文鸟篆，鼓诗鼎铭，爬罗抉剔，析微辨芒，则小学有不废也。

自有经艺以来，鸿儒硕彦未有不枕经葄史，精研六艺，旁涉百家，以成彬彬之丽藻者。乃经艺重根柢，而坊刻每杂以肤浅叫嚣之作，余甚病之。爰自前明以迄今，兹汇集各省乡墨、历科会墨、各郡县书院课艺及名人传稿、时贤窗作裒辑之，得文万有五千篇，取宏深也。复精雠而慎择之，存八千余篇，求肃括也。编既成，爰即颜之曰“宏括”。非谓鸿篇巨制毕萃于斯，第操觚者研精殚思，由是编以进求之，将士衡所谓笼天地挫万物者于是焉在，亦未始非艺林之一助云尔。

光绪戊子季夏月，愿学庐主人谨序。

——录自《经义宏括》，愿学庐主人编，清光绪甲午上海积山书局石印本

管周合稿序

月华山人

文章之道，古者品类甚多。曰赋，曰骚，曰诏，曰玺文，曰策文，曰表，曰让表，曰上书，曰书，曰对策，曰疏，曰启，曰奏记，曰笺，曰谢恩，曰令，曰奏，曰驳，曰论，曰议，曰反骚，曰弹文，曰荐，曰教，曰封事，曰白事，曰移书，曰铭，曰箴，曰封禅书，曰赞，曰颂，曰叙，曰引，曰志，曰记，曰碑，曰碣，曰诰，曰露布，曰檄，曰明文，曰对问，曰传，曰上章，曰解嘲，曰旨，曰劝进，曰谕难，曰诫，曰吊文，曰告，曰传赞，曰谒文，曰祈文，曰祝文，曰行状，曰哀策，曰墓志，曰诔，曰祭文，曰七，曰连珠，曰篇，曰遗命，曰图，曰势，曰约，凡数十百种，统谓之文。

初，无所谓古文、时文也，时文权舆王荆公之经义，亦古文之一体。明初以之取士，始名曰制义，犹不失古文气骨。迄今四百余年，风气日靡，古、时文遂天壤矣，乃竟有管先生、周先生其人者，以古文之精神，奏时文之音节，堂堂乎盛世元音哉！坊板漫漶，几不成字，兹特详加校雠，付诸石印，俾同好者有资欣赏也夫。

光绪龙飞十有四年，月华山人撰并书。

——录自《韫山堂时文》初集，管世铭著，清光绪甲午万选书局石印本

直省闱艺合璧序光绪癸卯恩科

佚 名

乡会试之论文，曰理，曰气，曰精神。积数十年穷理之功，而后理无不明。积数十年养气之功，而后气无不畅。故其发为文也，聚精会神，闳中肆外，蓬蓬勃勃，有不可遏之势。古文然，作策论亦然。谓策论异于古文者，不知策论并不知古文者也。盖古文之与策论异者，异其格局，而其中之理气精神则不异也。试观历代大名家策论，有不本之古文而可成名家者乎？故吾谓策论与古文同也。特不能以古文为策论，遂观其异尔。

本届秋闱之后，各省闱艺来京，披读一过，古味盎然，有潇洒出尘之致。其文笔之奥也，千回百折，盘曲离奇，而总期于理之明而已。其文机之灵也，电掣风驰，纵横排宕，而总期于气之畅而已。至期理实气空，精醇朴茂，心思之静细，魄力之沉雄，则文之精神也。然非寝馈于八大家，沉酣于廿四史者，安能仿佛其万一哉？

冬月中旬，吾同邑坊友（枉）［在］京差次，吾特赠分门所读之文若干篇，因书数语而归之，并请亟付梨枣，以为操觚家之一助云尔。时在光绪二十九年岁次癸卯冬，识于京都大学堂。

——录自《直省闱艺合璧》（光绪癸卯恩科），佚名编辑，清光绪甲辰春京都刊本

正义启蒙序

张之洞

变法之初，塾师训蒙，或疑舍八股无以入门。不知八股有浅深之分，义亦如是。深者无分，义与八股皆难求诸童蒙。至于浅者，义较八股为尤易。盖八股限以程式，而义无程式之限也。或又谓，舍八股不能通者更谬。夫通者何？通其理也，岂通其程式乎？义之为言，理也。理通斯真通矣。与其于程式求通，而非通曷？若于理求通，而真通乎？特是子贡尝曰："夫子之文章可得闻，性与天道不可得闻。"义主言理，则是性与天道矣，童蒙何能遽臻乎？此而惟以浅而正者授之，使知所趋向，而无入歧途，则蒙养正，而由浅以入深不难矣。

辛丑冬，予选宋名家四书义数十篇梓行，于时以为足开风气。越月余，钱塘集生文先生著《启蒙义》呈览，予观其措词甚浅，说理甚正，有益童蒙甚大，足为朝廷废八股兴义之一助，急使梓之，题为《正义启蒙》云。

光绪二十七年辛丑仲冬月，张之洞序。

——录自《正义启蒙》，文集生著，清光绪甲辰蒙养学堂刊本

第三部分　小说、日记、回忆录、笔记、报刊文章、杂钞中的八股文话

导读

这一部分选录了古代小说、名家日记、回忆录、笔记、晚清报刊及一些文章中与八股文有关联的文字。这些东西，虽不专门，且无系统，但对八股文研究来说却有着不可替代的特殊价值。

通阅这部分可知，这类文字将八股文的一些具体作法及其在科举考试中的作用做了具体的描述，使今人能够明白许多在其他著述中难以明了的细节和八股文作法，从而对八股文有了真确的认识与把握。

这一点在明、清的小说中体现得尤为突出。

八股文在明、清各级科举考试中占有重要地位，因它具有向写作者传输儒家正统伦理价值观的不可替代的作用，故明代统治者从一开始就把它置于第一场，作为取录的第一标准。到明代中期以后，八股文成为各级科考能否录取的最重要甚至是唯一的标准。存在决定意识，为自己或儿孙亲友的前程富贵计，全社会无不在关注科举考试及其灵魂——八股文，民风士风均为之一变。其表现之一便是在世俗的、不登大雅之堂的小说中，或多或少地描写起八股文及其在各级科举考试中的作用来。由于这些东西是伴随故事情节，在人物的所作所为、所闻所见、所思所想中展开的，故形象生动，让人一看即懂，记忆深刻。特别是为表现作品人物的才华学识，有意对八股文作法的细微处或常人难以把握的奥秘点作了提示和具体描述，这就起到了令人对八股文作法有顿然晓悟的功效。而随情节发展所讲述的各级科举考试，直观形象，让人如亲历试场，身居矮屋，对其过程及细节均了如指掌，这就不会在自己的文章中述及科考时犯常识性错误。而八股文与各级科举考试的关系，也就自然展现在人们眼前。

选入本书的几部清代长篇小说有关章回都具有上述特点。

《醒世姻缘传》以几个初习八股文的文童参加获取科举资格的小试，即县、府、道三级考试而考上秀才的整个过程的描写，将如何作八股文的破题，如何评定八股文的优劣，特别是如何以“偏锋主意”作八股文这种罕见的秘诀均详细地述出，不仅使今人能了解明、清考秀才的各种程序与细节，还将八股文的写作知识予以生动的讲授，的确能给今人释难解疑。

吴敬梓在《儒林外史》中，借马二先生之口，将八股文“既不可带注疏气，尤不可带词赋气”的基本写作要求，及选批八股文集的原则与方法都介绍出来。尤其是那番读书人必须要做“举业”即写八股文的言论，更将八股文的功利性全盘托出，给今人认识八股文对明、清社会的巨大影响做了诠释。

《红楼梦》中通过贾政、贾代儒、贾宝玉之口，将写作八股文应如何读《四书》，讲《四书》，特别是将作破题的方法、要求及对题旨的理解都讲述得明白透彻，使人对八股文的要义能有确凿的掌握。

《儿女英雄传》中关于安公子参加乡试的描写，将作八股文所需具备的各种知识，写作时如何理解题意，然后如何下笔为文，各部分应如何处置，都通过具体描写，一一做了讲述，使人们对八股文的作法好似得高人耳提面命，较之专门讲授作法之类的书籍更能启迪脑筋，易懂易学。且该书将八股文写作与乡试全过程紧密相连，更能突显八股文是为科举而创，而科举必以八股文为灵魂的明、清科举制之真谛。其重要之句如第三十三回：

“只这功课不是从这里作起。制艺这一道，虽说是个骗功名的学业，若经义不精，史事不熟，纵然文章作的锦簇花团，终为无本之学。……古人三余读书，趁眼前这残冬长夜，正好把书理一理，再动手作文章不迟。读的文章，有我给你选的那三十篇启、祯，二十篇近科闱墨，简炼揣摩足够啊，不必贪多。倒是这理书的工夫，切忌自欺，不可涉猎一过。从明日起，给你二十天的限，把你读过的十三部经书以至《论》《孟》都给我理出来。”这就将八股文写作所需具备的知识与条件讲清了。

第三十四回：“安老爷吩咐道：‘明日这一课不是照往日一样作法。你近日的工夫却大有进境，只你这番是头一次进场，场里虽说有三天的限，其实除了进场出场，再除去吃睡，不过一天半的工夫。这其间三篇文章一首诗，再加上补录草稿，斟酌一篇，笔下慢些，便不得从容。”这就将清代科场中八股文的写作情况说明白了。

当安老爷出了三个八股文题，叫安公子按场考拟作时：“却说安公子看了那诗文题目，心下暗道：‘老人家这三个题目是怎的个命意呢?’摹拟了半日，一时明白过来道：‘这头题正是教孝教忠的本旨；三题是要我认定性情作的；第二个题目大约是老人家的自况了。那诗题，老人家是邃于《周易》的，不消讲得。’想罢，便把那题目条儿高高的粘起来，望着他谋篇立意，选词琢句，一面研得墨浓，蘸得笔饱，落起草来。”这就将作八股文如何揣摩题旨命意，如何谋篇用词都告诉了人们。

当安公子作完了八股文，交给安老爷和程师爷审阅，两人同阅《达巷党人曰　一章》文之结尾一段时，安老爷说：“这句话却未经人道。”程师爷便评析道：“他这段文字全得力于他那破题的‘为大圣以学御世，宜非执名以求者所知也’的两句。所以小讲才有那‘圣人达而在上，执所学以君天下，而天下仰之；

穷而在下，执所学以师天下，而天下亦仰之’的几句名贵句子；早作了后股里面出股的‘执以居鲁适周，之齐楚，之宋卫，之陈蔡’合那对股的‘执以订《礼》，正《乐》，删《诗》《书》，赞《周易》，修《春秋》’的两个大主意的张本。直从博学成名，把这个‘御’字打成一片，怎得不逼出这后一段未经人道的好文字来?”这就把八股文如何将破题确定的主题一意贯下，股股相生的诀窍讲述得清清楚楚。

从以上分析可以看出，明、清小说中对各级科举考试的描述，的确能让我们准确地把握科举考试及八股文的真谛，不致出现瞎子摸象、各说各话的尴尬。

日记，一般说来是作者亲历亲为的真实记录。明、清文人日记中有不少有关科举考试、八股文写作的记载。由于是当日事当日记，除非有意作伪，一般来说真实度与准确性都很高。篇幅所限，本书只从四种日记中选取了能准确反映乡试、会试与八股文的关系，以及能阐发八股文本质的有关记载，以示其独特价值。

所选赵烈文《能静居日记》一段，记述了他对明、清八股文发展变化史的认识，确有独到之处。

《翁同龢日记》中的《春闱随笔》，逐日记叙了他作为同治元年壬戌（1862）科会试同考官从受命到入贡院，掣签分房，见主考从皇帝发下之书中出题，到刻题、分卷、阅卷、荐卷、查落卷、写批语，直至正副总裁阅各房荐卷，决定取舍、排定所取贡士先后名次，再到填榜拆墨卷题名，无不进行了详尽的记载。对八股文取舍的标准也有准确的记叙，对因各种原因致使佳卷黜落的情况亦一一述及，由此可掌握清代会试的全过程及许多鲜为人知的细节。

文廷式的《南轺日记》，记叙了他于光绪十九年担任江苏癸巳（1893）科乡试主考官的情况。日记起于是年七月初二由京起程，止于十月初五。本书摘录了从八月初一抵江宁（今南京）后入闱，掣签分房、命题、刻题、考试、收卷、阅荐卷、取录、排名次、放榜的全过程。最有价值的是他对自道光朝开始，至同治及光绪初年墨卷即科场八股文的变化、风尚、特点都做了简练的评述。特别指出："近时八股风气最杂，其言说文及别解者，皆向来所有，不足为奇；而大致总多以圣人防后世立论，于是题为美尧舜，而文则皆作维春秋，及防封神，停纂窃等类，不一而足。次题，'上纬天时'，则言电线、气球。三题，理境题也。而体者则言驱夷狄、攻异教者，十卷而七；而且其词大半吐露，而不蕴藉。"从这番话里即可看出，到光绪中期以后，受时代影响，八股文已偏离了其传输孔孟之道的宗旨，渗入了维新的、洋务的思想，程朱理学独霸八股文的时代已一去不复返了。

科举亲历者所写的科考回忆录，也是今人了解八股文及其与各级科举考试关系的重要且直观的材料，尽管它是事后多年的回忆，不及日记是当日事当日记那么准确，但其重要性是无可怀疑的。

本书选录的《科场回忆录》，系参加过考秀才的县、府、院试和考举人的乡试且中过举人的钟毓龙所写。文中对晚清时的县、府、院试和省里乡试的各种情况，如小试的地点、资格、报名、廪保，如何进场，如何考试，题目若何，自己如何作，如何取录，如何发榜，如何放牌，如何提复，如何报喜，如何入泮；岁、科试的考法与程序，补廪与保优，五贡的选拔与考试；乡试的考场与考官，考场轶闻，放榜前后，中式之后等有关考试及八股文的情况都做了纤细无遗的回顾，为我们明了秀才考试及乡试的真实存在勾勒出清晰全图，可消除许多认识上的误区与盲区。

闲云先生的《科场续记》，则记叙了他所经历过的会试、殿试种种情状，其中的许多细节都是今人很难了解的。

所选录之《齐如山回忆录》中有关齐如山童时学习八股文写作至参加秀才考试的情况，与钟毓龙所写可互补互衬，使今人对县、府、院试考秀才及八股文写作情况作更全面的了解。特别是他关于儿童时代为习八股文而学习各种知识的情况记叙，更可知八股文写作所要付出的精力之巨大，所需学识之众多。

选自《知堂回想录》中有关周作人参加县试的情况回忆，文字生动形象，特别是对八股文写作知识的介绍，具体而生动，对今人理解八股文具有启蒙之功效。

明、清的文人笔记及清末民初的一些报刊上，也有述及科举与八股文的文字。因篇幅所限，本书只选录部分有新见解、提供了新资料者。特别是录自清末民初的文字，开始以近代眼光看待明、清科举与八股文，其识见便更为通达而切合实际。且因这时处于八股文是存还是废的争论中，更是各执一端去寻找理由，见解纷呈而又精彩自现。

杂钞中收录的是清代社会所风传的有关科举考试的歌谣、小曲等，这些东西既生动地描述了各级科举考试的情况，又传达出了社会心理，是研究科举及八股文的重要资料。那些有关科举考试及场中八股文写作的细则规定，更是重要的研究资料。这些东西，多从稿本、孤本中录出，极为难得，录以流传，亦是功德之事，既保留了即将消失的重要研究资料，又给研究者提供了新的视角。

总之，无论从资料的新奇性还是从提供了八股文研究的新视角来讲，这部分都具有不可或缺性，值得重视并加以系统深入地开发。

（龚笃清）

小说类

醒世姻缘传

〔清〕西周生　著

第三十七回　连春元论文择婿　孙兰姬爱俊招郎

人家的子弟，固是有上智下愚的品格，毕竟由于性习的甚多。若教他身子亲近的都是些好人，眼耳闻见的都是些好话，即是那火炮一样，你没有人去点他的药线，他那一肚子的火药也毕竟响不出来。即如那新城县里有一个大家，他上世的时候，凡是生下儿女，雇了奶子看养。那大人家深宅大院，如海一般，那奶母抱着娃娃，怎得出到外面？及至娃娃长到五六岁的时候，就送到家塾里边，早晚俱由家中便门出入，直到考童生的时候，方才出到街头，乍然见了驴马牛羊，还不认得是甚么物件，这样的教法，怎得不把那举人、进士科科不四五个与他中去？且是出来的子弟，那市井嚣浮的习气一些也不曾染在身上，所以又都忠厚善良，全不见有甚么贵介凌岸态度。后来人家富贵的久了，大地的淳庞之气都也不肯敛藏，做父兄的便也没有这等的严教，那做子弟的也便不肯遵你这般拘束。如今虽然也还不曾断了书香，只是不像先年这样蝉联甲第。到了那大司马手里，一个十一二岁的儿子说他是该袭锦衣的人，便与他做了一顶小暖轿，选了八个小轿夫，做了一把小黄伞，终日叫他抬了街上行走，出拜府县。你道这样童子心肠，当如此的世故，教他葆摄初心，还要照依他家上世人品，能与不能？

这狄希陈读书的本事不会，除了这一件，其余的心性就如生猿野鹿一般。先时跟了那汪为露这等一个无赖的先生，又看了许多“青出于蓝”的同类，除了母亲有些家教，那父亲又甚溺爱不明，已是不成了个赤子。幸得另换了这程乐宇，一来程乐宇的为人不似那汪为露的没天理，还有些教法；二件也当不起那狄宾梁夫妇的管待，不得不尽力的教他。把那“铁杵磨针”，《四书》上面也就认得了许多字。出一个“雨过山增翠”，他也能对“风来水作花”；出一个“子见南子，子路不悦”的题，他也能破“圣人慕少艾，贤者戒之在色焉”；看了人家的柬帖样子，也能照了式与他父亲写拜帖，写请启。只是有些悖晦处：人家送窗禽四翼的，他看了人家的礼帖，说窗禽不是鸡，定问那送礼的来人要甚么禽鸟，定说四翼不是两只，决是二双。如这等事不止一件。

狄宾梁见儿子长了学问，极其欢喜。他母亲又说亏了他择师教子，所以得到这一步的工夫。提学道行文岁考，各州县出了告示考试童生。狄宾梁也要叫儿子出去观场。程英才道：“他还心地不明，不成文理，出考不得。遇着那忠厚的县官还好，若是遇着个风力的官府把卷子贴将出来，提那先生究责，不当要处。”狄宾梁说：“他薛家的舅子，相家的表弟，比他都小两岁，俱已出考，偏他躲在家里，岂不羞人？没奈何，只得叫他出来去走走。”程乐宇道：“且再商量。”与狄宾梁别了。

薛如卞与相于廷说道：“我们同学读书，我们都出去考，只留他在家，委实体面也不好看。脱不了府、县虽然编号，是任人坐的，我们两个每人管他一篇，也到不得贴出提先生的田地。我们再与先生商议，看是如何。”禀知了程乐宇，程乐宇道：“这却甚好，只是你两个这一番出考，我们都要指望你进学，你却不可为了别人耽误了自己的正事。”薛如卞道：“这等长天，难道三篇怕也做不完的？每人替他做一篇，不为难事。”程乐宇准了他，投卷听候县里考试。

薛如卞入籍不久，童生中要攻他冒籍，势甚汹汹。程乐宇的妻兄连举人，叫是连才，常到程乐宇书房，看得薛如卞清秀聪明，甚有爱敬之意，家中有一个小他两岁的女儿，久要许他为妇，也只恐他家去，所以不曾开口，只背后与程乐宇说了几遭。这连春元的儿子连城璧，是县学廪生，程乐宇将这几个徒弟托他出保。连城璧见薛如卞有人攻他冒籍，虽不好当面拒绝了姑夫，回家与他父亲连才商议。连春元想道：“这保他不妨。他已经入籍当差，赤历上有他父亲䌷粮实户的名字，怕人怎的！就与宗师讲明，也是不怕！我原要把你妹子许他，惟恐他家去，他若进学在此，这便回去不成，可以招他为婿，倒也是个门楣。不然，爽利许过了亲，可以出头照管。”叫人去请了程乐宇来家商议此事，程乐宇甚是赞成，连春元的夫人要自己看过方好。

程乐宇道：“这事不难，我叫他送结状来与内侄，嫂嫂你相看就是了。”程乐宇回到书房叫薛如卞，说道：“外边攻冒籍的甚紧，连赵完又有不肯出保的意思，我再三央他，你可将这结状送到他家。”薛如卞拿了结状走到连家，门上人通报了，说叫请他到后面书房里去。进入中门，连春元的夫妇他也不曾回避，薛如卞作了揖。连夫人故意问说：“这是谁家的学生？”连春元道：“是薛家的，见从程姑夫念书，如今要出考哩。”叫他坐了吃茶。伸出两只雪白的长长尖手，声音圆满，相貌端方，齿白唇红，发才及额，紫花布大袖道袍，红鞋净袜。连赵完出来相见，他留了结状。连春元自进书房，取了一柄诗扇，一匣香墨，送他出来。他作揖称谢，甚有矩度。连夫人亦甚喜欢，就托了程乐宇作伐。薛教授喜不自胜。择日下定，不必烦讲。薛如卞有了这等苗实的保结，那些千百年取不中的老童，也便不敢攻讦。

县官点完名进去，四个人都坐成了一处。出下题来：一个《论语》题是“从者见之”，一个《孟子》题是“相位于中庭，而良人未之知也，施施从外来”。薛如卞先与狄希陈做了头篇，相于廷也先与狄希陈做了二篇，方才做自己的文字。薛如兼才得十二岁，他也不管长不管短，拿了一管笔飕飕的写起。不一顿饭时，起完了草稿，就要誊真。薛如卞说：“这天色甚早，你不要忙，待我与你看看，再誊不迟。”他那里肯等，霎时间，上完了真。刚好巳牌时候，头一个递上卷去。县官看了这等一个俊俊的光头，揭开卷子，满满的一卷子字，又是头一个交卷，求那县官面试。县官把他的卷子齐头看了一遍，笑道：“你今年几岁了？”回说：“十二岁了。”县官笑说：“你这文章还早哩！回去用心读书，到十四岁出来考，我取你。”这薛如兼只是胡缠，县官说：“我出一对考你罢：‘大器贵在晚成。’”他对：“长才屈于短驭。”县官笑道：“你对还取得，取了你罢！你去旧位上坐在那边等，再有几人交卷，放你出去。”

等了一会，狄希陈也抄完了卷子，送上去面试。虽也不是幼童，却也还是个标致披发。《论语》破题道：“从者为之将命，鉴其诚而已。”《孟子》破题：“齐妇丑其夫，而齐人不自丑焉。”县官把那第二个破题圈了，以下的文字单点到底，卷面上写了个“可”字。又等了二三十个交卷的，狄希陈与薛如兼都头一牌放了出去，都是县官面试取中，欢喜的跳了回家。

薛如卞等了相于廷一齐完了，上去交卷。两个都方一十四岁，新才留发，清清秀秀的一对学生，跪了求县官面试。县官把那两通卷子都齐头看了，都圈点了许多，都在卷面上发了个大圈，问说：“两个都几岁了？”回说：“都是十四岁了。”又问：“先生是谁？”回说：“是程英才。”问说：“你两个是同窗么？”

回说："是。"县官说："回家快去读书，这一次是要进的了。"两个谢了县官，领了照出的牌，开门放出。各家父兄接着，都说蒙县官面试取中。天还甚早，程乐宇叫他吃了饭，写出那考的文章，都比那窗下的更加鲜艳。程乐宇把去与连春元父子看，甚是称赏。

大家估那两人的文字，程乐宇与连赵完说："薛如卞在十名里，相于廷在十名外。"连春元说："这两个都在十名里。相于廷在前，薛女婿在后。"程乐宇又把狄希陈的文字也叫他誊了出来，把与连春元看，连春元说："这卷子也取的不远。据头一篇只是必取，若第二篇只怕还不出二十名去。"程乐宇笑道："头一篇是薛女婿做的，第二篇是相学生做的。"

过了十数日，县里发出案来，共取了二百一十二名。相于廷第四，薛如卞第九，都在覆试之数；狄希陈第二十一名，薛如兼第一百九十名。四个全全取出，各家俱甚喜欢。

连春元夸他认得文章，见了程乐宇，说："薛如卞合相于廷必然高进。"连夫人取笑说道："薛家女婿进了，只是少了姑夫的一分谢礼，难道好受侄女女婿的么?"连春元道："女婿进了学，咱还该另一分礼谢他姑夫哩。"程乐宇道："岂止这个？那做媒的礼没的好不送么?"

不两日，县里造了册，要送府学考。因四个都尚年幼无知，乍到府城，放心不下，还央程先生押了他们同去，米面吃食等物都是狄员外办的。济南府东门里鹊华桥东，有连春元亲戚的房子，问他借了做下处。一行师徒五人，又狄周、薛三槐、相家的小厮随童，连家拨了家人毕进跟随薛如卞，厨子尤聪，共是十人。清早都在狄家吃了早饭，各家的父兄并连春元父子都到狄家看着送他们起身。狄希陈问他娘要银子，好到府里买甚么，他娘给了他四两银子。他嫌少，使性子，又问他爹要，他爹又给了他六两，叫他买书纸笔墨，别要分外胡使。

明水到府不足百里，早发晚到。次日，礼房投了文，听候考试的日期尚早，程先生要拘住他们在下处读书。这班后生，外州下县的人，又生在乡村之内，乍到了省城，就如上在天上的一般，怎拘束得住？先生道："我就管住你的身子，你那心已外驰，也是不中用的，凭你外边走走，畅畅文机。只是不可生事，往别处胡走。"

这四个人得了这道赦书，"海阔从鱼跃，天空任鸟飞"，从鹊华桥发脚，由黑虎庙到了贡院里边，毕进指点着前后看了一遍。又到了府学里边看了铁牛山，从守道门前四牌坊到了布政司里面，由布政司大街各家书铺里看过书，去出西门，到趵突泉上顽耍了一大会，方才回步。

…………

府里挨次考到绣江县，外边商议停当，四人还是连号，薛如卞专管薛如兼，相于廷专管狄希陈。程乐宇说："你两个全以自家要紧，不要误了正事。他两个不过意思罢了，脱不了到道里，饶不得进，还要提先生，追究出代笔的情节，不是顽处。"

那日济南府却在贡院里考，《论语》题："文不在兹乎。"《孟子》题是："王欲行王政，则勿毁之矣。"相于廷道："一个题目做两篇，毕竟得两个主意才好。"他说那"文不在兹乎"不是夫子自信，却是夫子自疑，破题就是："文值其变，圣人亦自疑也。"第二个题说不是叫齐王自行王政，是教他辅周天子的王政，留明堂还天子，破道："王政可辅，王迹正可存也。"他把这两个偏锋主意信手拈了两篇，递与狄希陈誊录，他却慢慢的自己推敲。薛如卞先把自己的文字做完，方才把薛如兼的文字替他删改了。

狄希陈早早的递了卷子，头一牌就出去了。家里的人都还不曾接着。他看见没人，正中其计，兔子般窜到孙兰姬家。适值孙兰姬正在家里，流水做饭与他吃了，到了房中，合他做了些事件。说道："今日考试，明日便要回家。"两人甚难割舍。闻得绣江县一案要调省城，倘缘法不断，府案取得有名，再来进道，这倒有许久的相处，但不知因缘何如。恐怕先生查考，只得辞回下处，说着晚上还使人与他送礼。正是："流泪眼观流泪眼，断肠人别断肠人。"回到下处，又将言语支吾过了，都把考的文章写了出来。

程乐宇看了薛如卞、相于廷的文字，许说还是十名之内。看了狄希陈的，笑说："这差了书旨，定是不取的了。"又看了薛如兼的说道："你面试不曾?"他说："官不在堂上，没有面试。"程乐宇说："若是当面交卷，看见是个孩子，倒也可取。可惜了的!"打发都吃了饭，果然家里的头口都来迎接。

众人因在府城住了二十多日，听说家去，都甚喜欢。惟有狄希陈听说家去，倒似吊了魂的一般，灯下秤了二两银子，把自己的一个旧汗巾包了，放在床头，起了个五更，悄悄的拿了银子，推说往街上出恭，一阵风跑到西门上，刚刚的开了城门，急忙到了那闺女家内。可恨那个闺女傍晚的时节被人接了进城，不在家里。他垂首丧气把那汗巾银子留与了他的母亲。要留他吃饭，他急忙不肯住下，又覆翻身跑了回来。走到贡院门口，正撞见孙兰姬骑了马，一个人牵了，送他回去。知他才从家里空来，好生难过。一个大街上，有甚么事做?只好下了马，对面站着，扯了手，说了几句可怜人的话，俱流了几点伤情的眼泪。孙兰姬从头上拔一枝金耳挖与了他，狄希陈方打发孙兰姬上了马。

狄希陈更是难为，回到下处，大家方才起来梳洗。狄周已是与他收拾完了行李，只等他不见回来。他说："撞见郡王们进朝，站着看了一会。只说后边还有来的，谁想只有那过去的一位，叫我空等了这们一日。”大家都吃完了饭，备上了头口，交付那借用的家伙，赏了那看房子的人三钱银子。一行人众，出了东门，望东行走，倒也是：

鞭敲金镫响，齐唱凯歌回。
独有含情子，回头泪满腮。

第三十八回　连举人拟题入彀　狄学生唾手游庠

却说程乐宇领着四个徒弟、五个仆人，从济南回家。相于廷、薛如卞兄弟离了父母二十多日，乍得回家，又因先生许说文字甚佳，可取十名之内，一路上喜地欢天，恨不得一步跨到家内。惟有狄希陈眉头不展，笑语俱无。到了龙山，大家住下吃饭，撒活头口，独他连饭也不吃。狄周怕他身上不好，摸他头上不热，方才放心。程乐宇疑心因是说他文章不好，故此着恼，遂说：“你今才十六岁，正是读书的时节，没有都一箭上垛罢？你若奋力读书，这能待几个月不科考哩？你十七进学，还是掐出水来的小秀才哩！你愁甚么！放着饭不吃？倒只怕你过了这一会，你又不愁了，依旧仍不读书。他两个这一遭又都进了，可再没有人合你同考。童生场里没有人照管，这才可恼哩！”这程乐宇劝的话句句都是正经，但只不曾说着他的心事。吃完饭，上了路，赶日西时到了家，各人都回本家去了。

连春元先到了程乐宇家，却好薛教授也来看望程乐宇，彼此叙礼作揖。连春元问程乐宇道：“四位高徒的文字，想都得意，有写出来的么？”程乐宇说：“都有写出的。薛大学生合相学生的，只怕也还不出十名去；薛二学生的，他没得面试，那在取不取之间；狄学生的，把书旨差了，这是没有指望的。”连春元说：“怎么差了？四个同窗都齐齐的进道才好哩。叫他们把写出的文字都送来我看看。”

次早，程乐宇领着四位徒弟都到了连春元家，各人都拿着文字递与连春元看。连春元虽然妆着有养，不免先把薛如卞的文字看了，说道：“文字做的好。”其次又看相于廷的，也说道：“这文字比县卷还沉细。”又看了狄希陈的，没言语只笑。又看了薛如兼的，说：“这也好，定是取的。”看过，都递与连赵完看。看完了，连春元问说：“你看这四位的文章何如?”连赵完说：“姑夫评品的不差。”连春元说：“那三卷评的也是。依我看，狄学生的这文字要取第二。”连赵完笑，没有言语。连春元说：“你笑，是不信么？你合姑夫敢与我赌些甚么?”连赵完合程乐宇说：“只怕童生文字论才气，说是小学生的文章，取了也是有的。取第二或者未必。”连春元说：“你爷儿两个敢合我赌？若取在第三，也算我输。”连赵完说：“爹说这取第二的意思是怎么？我不省的。”连春元说：“我为甚么先泄了这机，你只赌便罢了。”连赵完对着程乐宇道：“姑夫合爹赌下，姑夫输了，我合姑夫伙着；爹输了，是自家出。”连春元说：“同着四位学生，狄学生取在第三以下，我输一两；若取第二，您爷儿两个伙出一两东道。就是咱这七个，还请上薛亲家、狄亲家、相亲家共十人，吃个合家欢乐。”程乐宇说：“极好！就是如此。”连春元道：“还有一说，若狄学生取了案首，也还是我输。”程乐宇道：“若取了第一，这还算哥赢。”连春元说：“岂有此理！这还算眼色么？若取了第一，只估第二，我出二两。狄学生家去流水读书，打点进道。”薛如卞见了连夫人出来，都起身作辞。连春元留吃早饭，方才放行。连春元拟了十个经题，十个《四书》题，叫他四个料理进道。

学道兖州考完，回到省下，发了吊牌，果然绣江一案吊到省城济南府。拆了号，有人报来：薛如卞第一，狄希陈第二，相于廷还是第四，薛如兼第十九。各家从厚打发报喜的人，都各管待酒饭。倒不说一个书房四个学生出考全全的取出可喜，只服连春元的眼色怎么一点不差。程乐宇喜道："我服他好眼力，卖亩地也输这五钱银了！"

大家见了连春元，问说："怎么就必定第二？果然就一些不差，却是怎说？"连春元说："这也易见。童生里面有如此见识，又有才气，待取案首，终是偏锋，毕竟取一个纯正的冠军。不是第二是甚么？况又不是悖谬。其实匡人围的甚紧，吉凶未料，夫子且说大话？说自疑，极有理。《孟子》题上头见有周天子，却叫齐王行王政，坐明堂？如今这一圆成极好。快把输的银子送来给我置办东道，吃了好往府里考去。"算定第三日起身，还是前日那十个人，一个不少；也还是那下处，狄员外家备的食用。

狄希陈下了头口，转转眼就不见了，谁知三脚两步已跑到孙兰姬家里。孙兰姬被人接了出去，没在家里。狄希陈偷了娘的一匹绵绸送了他，老鸨子留他吃饭没住。回来假说外头溺尿，撞见旧同窗刘毛，合他说了这会话。薛如卞说："你这瞎话！咱来时，刘毛还在家里没起身，你合刘毛的魂灵说话来？你背着俺干的不知甚么营生！"相于廷说："也只是偷买点子东西抹抹嘴。"打伙子说着，买了见成饭来吃了。

程乐宇说："这同不的那一遭。这是紧溜子里，都着实读书，不许再出去闲走。况府里的景致，你们已都看过了，有本事进了学，可有日子顽哩。"程乐宇也因要岁考，扯头的先读起书来，徒弟们怎好不读？狄希陈惟有起五更推出去解手，往孙兰姬家赶热被窝。先生查考他，自家又会支吾，狄周又与他盖抹，从未败露。

连城璧因在他丈人华尚书家住，不同下处，来看程乐宇，留吃了饭，送出门来，恰好孙兰姬骑着马往东去。狄希陈看见他揭眼罩，恐怕孙兰姬叫他，流水挤眼。孙兰姬把他看了一眼，过去了。相于廷到了后边，说：“刚才过去的不是那嗔你溺尿的他么?”狄希陈说：“那是他！这一个有年纪了。”相于廷说：“亏了他那日让你吃瓜，你还不认得他哩!”

说话中间，毕进从学道门口来，说：“咱县里通还没投文，一像还早哩。”连春元叫人送了吃用之物：腊肉、响皮肉、羊羔酒、米、面、炒的棋子、焦饼。又拟了六个经题，六个《四书》题，来叫学生打点。

一连在下处住了十九日，方考绣江的童生。至日，起了五更，连赵完也来到下处，好往道里认保。吃完了饭，放过了头炮，一齐才往道门口去，挨次点名而入。

这学道里是要认号坐的，一些不许紊乱，狄希陈第二个就点着他坐了“玄”字八号。他头进来的时候，程英才嘱付他说：“天下的事定不得，或者再合他两个撞在一堆也是有的，或是这拟的题目撞着也是有的，这就是造化到了！要是撞不见他们，再题目不省得，这就是不好的机会，宁可告了病出来，千万休要胡说。你是第二，查出来不是顽的!”所以他坐在号里望他两个邻号，就如“辰勾盼月”一样。

薛如卞头一个已是坐到远处，第四相于廷坐了“地”字七号。看着薛如兼，学道叫另拿桌子合一伙光头孩子都在堂上公座旁边坐。弄得个狄希陈四顾无朋，单单只在打点的二十六个题目里面妄想撞岁，想是这会心里或者也且不想孙兰姬了！

点完了名，学道下来自己看着封门，站堂吏拿上书去出题，旁边府里礼房过在长柄牌上。《四书》题：“不图为乐之至于斯也。”狄希陈看了题目，就是见了孙兰姬也没有这样欢喜！原来这个题目，连春元在上面发了五个圈，又拟了一首文字单与狄希陈读，把“斯”字当做“齐”字看，好完成与府卷一样偏锋。

又亏不尽程乐宇管着，读了默，默了读，他一字不改誊在卷上。有了头篇做主，只不知经题何如?

稍刻，又拿下牌来叫童生看题。狄希陈看那《诗经》题目是:“宛在水中央”，他肚里说道:“感谢皇天，恰好正着!”此题上面，连春元也是五圈。狄希陈又一字不改誊在卷上。依了先生分付，后面也写了草稿。心里得意，把那卷上的字虽然写得不好，却也清楚，无有涂抹。写完，头一个交卷。

宗师把那卷子看了，问道:“你府考取在那里?”回说:“取在第二。”问说:“是甚么题?”回说:“‘文不在兹乎?’”宗师说:“破题怎样破?”回说:“文值其衰，圣人亦自疑也。”“第二题哩?”回说:“第二题:‘王欲行王政，则勿毁之矣。’”宗师说:“破题哩?”回说:“王政可辅，王迹正可存也。”宗师问说:“你先生是谁?”回说:“是程英才。”宗师问说:“这书是你先生这等讲与你的么?”狄希陈心里想道:“这问的意思不好，是要提先生了。”回说:“这不是先生讲的，是个举人连才讲的主意。”宗师又问:“你今年几岁了?”他又想道:“我说得小些，打时也还好将就。若说是十六岁，便就打得多了;若说十四岁，这头发又太长些。”回说:“十五岁了。”宗师说:“你这样小年纪，文章怎就带老气?准你进学。出去。”随把卷面上边一点。领了照出的牌，等了三十个人，头一牌放出。天还未午，东西望了一望，不见有接的家人，青衣也不及脱换，放开两脚，金命水命的箭也似跑到孙兰姬家。

恰好孙兰姬正在家里，料他今日必定要到他家，定了小菜，做了四碗嘎饭，包了扁食，专在那里等他，流水的打发他吃了。他还嫌肚子不饱，又与孙兰姬房中梯己吃了一个小面，方才又回到学道门口。只见狄周一班管家，连程先生、连赵完都在那里等候。他过去相见了，先生问说:“你几时出来了?”他说:“出来也有老大一会了，因在此等他们一等，所以还不曾回去。刚才面试，已蒙宗师取准进学。”又把宗师问答的说话说了一遍，大家都甚是欢喜。

接次薛如兼，再次相于廷，又次薛如卞，都已出尽，都说是面试都蒙宗师取准。宗师见他们俊秀幼童，都问他们先生是谁，他们都回说是从程先生读书。师徒们并连赵完满面生花，回到下处，大家吃了酒饭。天气还早，先生叫他各人都写出文章看了。家中头口接到，程先生要次早打发四个学生回去。只有薛如兼想他母亲，流水答应，又甚喜欢。那三个大的都说：“且不回家，要在此陪侍先生，直等先生考过，方才一同回去。”程乐宇道：“这也有理。你们来考，我都陪着你们。岂有先生在此，你们都丢下我家去？也无此理。薛如兼还小，叫他同薛三槐先去罢。”

各人都写了喜信家去，又将写出的文字寄与连春元看。从此，先生不曾考过，倒是个忙人，学生倒做了散诞神仙。小孩子们父母没有家教，多与了他的银钱，胡买乱买，镇日街头闲荡。狄希陈每每与他们同走出门，只是千方百计转眼就不见了，都是在孙兰姬家鬼混。却也古怪，从来老鸨子是填不满的坑，娼妇是活活的骗贼，不知怎样，这鸨子与孙兰姬自来不曾骗他甚么。他间或与他两把银子，都还问了又问，恐他瞒了爹娘偷出来的。

一连十余日，程先生尚无考信，绣江的童生倒抬出卷来拆号，取了三十八名。第一是相于廷，第三是薛如卞，第七是狄希陈，第十六是薛如兼，四个全全排在案上。报到下处，喜得程乐宇抓耳挠腮，连赵完也来下处道喜。报喜的又都报到各人家去。各家都差了人来省下打银花、买红、做蓝衫、定儒巾靴绦、买南菜等物，各自匆忙。

又过了两日，方考绣江县生员。狄希陈四个同窗，各出了分资，叫厨子尤聪办了两桌齐整酒席与程先生、连赵完两个接场。

狄希陈这一日天还未午就从孙兰姬家辞了回来，说要与先生接场。于是三个徒弟全全的都在学道门前伺候，等接先生合连赵完出道。恰好汪为露考了出来，狄希陈过去作了揖，汪为露道："你这进学，甚得了我五年教导的工夫，你要比程先生加倍的谢我便罢，如不然，你就休想要做秀才！你比宗昭何如？他中了举，我还奈何的他躲到河南去了。只怕你没有个座师在河南！你合你父亲商议，休听程英才的主谋，看误了你的事！"发作了一顿，去了。

又顿了一会，却好程乐宇合连赵完一同出来，三个小新秀才接着，邀连赵完同程先生都到下处。连赵完要辞他丈人，华府里又有人来接。因程先生撺掇，方才换了衣裳，同了程先生回去赴席。狄希陈说撞见了汪先生，述了那说的话，程乐宇道："只怕我也还不好受谢哩，他就索谢！"连赵完道："此等没头脸的人，你合他讲甚么理！不消等他开口，也备个酌中的礼谢他谢，或者他也就没的说了。你要不然，他也鬼混得叫你成不的。"说话之间，汤饭上完，连赵完辞了回他丈人家去。学道挂出牌来，叫考过的诸生都听候发落，不许私回；如发落不到者，除名为民。

…………

待了几日，绣江县生员也拆了号，连赵完是一等第十三，程乐宇是一等第十一。新秀才也都覆试过了，狄希陈第七，该拨县学。他因恋着孙兰姬，悄悄的覆试过了，故意落在后边，等薛如卞三个都出去了，他才交卷，递出一张呈来，愿改府学，宗师轻轻易易的准了。后来倒下案去，薛如卞、相于廷两个县学，狄希陈、薛如兼两个府学。都说府学不便，狄员外合薛教授商议要写呈子叫他两个递呈改学，又说："狄姐夫第七，原该拨县学的，今想是误拨了府学，这再没有不准的。"捎了信来，谁知这府学原是他自己递呈改的，怎还又敢递呈？左支右吾的不肯去递。只得薛如兼自己递了呈，说他年小，来往路远，父母不放心，愿改县学。宗师慨然依了。这狄希陈，先生也没奈他何。别人都回到家去，单单只剩下他在府里等候送学。先生回去，同窗又都不在，他却一些也不消顾忌，每日起来就到孙兰姬家缠帐，连夜晚也不回来，叫狄周合尤厨子整夜的等。

再说狄员外两口子见儿子进了学，喜不自胜。后来别的三个都回到家，送学之日，大家好不热闹。只有他家这一日清门静户，还亏不尽女婿薛如兼进了，这日也还披红作贺，往县里奔驰，还可消遣。狄希陈在府里送过了学，学官领着参见院道，学中升堂画卯。

过了几日，别人都告了假回家，偏生他不肯回家。狄周再三的催促，那里肯听？家中来了两三遍头口，只推学府琐碎，要送过了束脩方准放回。狄员外备了学官的礼，两斋各自五两银，鞋袜尺头在外。学官欢喜，收了。从此也绝不升堂，绝不画卯。他依旧又不回去。

一日，家中又叫了头口来接，家中亲友合他丈人薛教授都刻期等他回去作贺，叫了鼓乐，家中摆了酒席。狄周这里与他收拾了行李，催他起身，算定这日走七十里，宿了龙山；次日走三十里，早到便于迎贺。谁知他三不知没有影了。狄周遥地里寻，那里有他的影响？忽然想道："他这向专常出去，近日多常是整夜不回，必定是在那个娼妇家里。这一定没有别处，必定在那趵突泉西向日溺尿的所在，待我去那里寻他。"

狄周悄悄地走将进去，不当不正与他撞了个满怀。狄周说道："你这干的甚么营生？下处行李都备上了，家里摆下了好多少酒席，城里都下来多少亲戚，等着明日晌午迎贺。你却跑了这里未了，这极躁不杀人么？你这位大姐可也不是，这是甚么事情，你却留住他在这里混！"狄希陈见狄周把话来激他，又见老鸨子合孙兰姬再三劝他说："我不是嫌你。你进了学，也流水该到家，祖宗父母前磕个头儿。况且家里摆下酒，亲戚们等着贺你，你不去，这事怎么销缴？你听我说，你流水到家，脱不了你是府学，不时可以来往。路又不远，只当走南屋北屋的一样。往后的日子长着哩。你这不去，惹的大的们恼了，这才漫墙撩胳膊——丢开手了。"他摇头不摔脑的，那里肯听？倒抹到日头待没的火势，方才同着狄周回到下处，又还待卸了行李住下，要明日走罢。狄周说："一百里路，明日赶多咱到家，可叫人怎么迎贺？咱出城去，明日好早走。"他才极没奈何的骑上头口，出了东门，依着狄周还要赶到王舍店住宿。他只到了关里，就怕见待走，就寻下处住了。若不是狄周死鳔白缠，他还要搀空子待跑。

次早五鼓，狄周起来，点上灯，叫着他，甚么是肯起来？推心忙、推头晕。狄周说："心忙头晕，情管是饿困了。我打和包鸡子，你起来吃几个，情管就好了。咱早到家，我听说家里叫下的步戏，城里叫了三四个姐儿等待这二日了。"狄周望着牵头口的挤眼。牵头口的道："可不怎么？新来的几个兖州府姐儿，通似神仙一般，好不标致哩！"狄希陈说："你哄我哩。那里唱的？在那里住着哩？"牵头口的接着口气说道："这是狄周说起来，我也多嘴说几句，为甚么哄你？你家去待不见哩？三个姐儿在咱西院里楼上，不是这儿日每日合连大爷、相舅爷吃酒？"狄希陈听见，方才笑了一笑，说道："好意思！咱可快着走罢！"

离家五六里地，寻了个所在，狄希陈下了头口，从新梳洗，换上了新衣；又行了二三里，离家不足四五里之程，亲朋都在文昌祠等候。狄希陈换了儒巾，穿了蓝衫，薛教授与他簪上花，披了一匹红罗，把了酒。亲友中又有簪花披红的。前边抬着彩搂，都是轴帐果酒。摆着十二对五色彩旗，上面都是连春元做的新艳对联。乐人鼓手，引导前行。无数亲朋都乘着雕鞍骡马，后边陪从。到了家中，大吹大打。狄员外合程乐宇、相栋宇俱在门首迎宾，让进客去。

狄希陈天地上拜了四拜，又到后面见了祖先与他父母，都行过了礼。出到前面，先见过了程先生，才与众亲友行礼，又另与连春元叩谢。又谢连赵完保结，又另谢薛教授父子，又与他母舅相栋宇又另磕头，同窗们也都另行了礼。方才狄宾梁逐位递酒，叙齿坐了。

狄希陈两个眼东张西瞭，那里有甚么步戏？连偶戏也是没的！还指望有妓者出来，等得吃了五六巡酒，上了两道饭，又没有妓者踪影，也推故跑下席来，寻着狄周问说："你说有步戏，又有三四个妓者，怎么都没见出来？"狄周道："咱都在府里，我那里见来？我是听见牵头口的严爽说的。"狄希陈又来寻着严爽问道："步戏哩？"严爽说："你早到好来，步戏被县上今早叫去了。"狄希陈又问："兖州府姐儿哩？"严爽说："呃！我没说像神仙似的么？谁家这神仙也久在凡间？只一阵风就过去了，等到如今哩！"狄希陈恨的在那严爽的脸上把拳头晃了两晃，仍回席上去了。到了掌灯以后，众宾都起席散了，留着相栋宇到后边合他姐姐、狄员外、狄希陈又吃了会子酒，方才辞去。

且看狄希陈这一回来，未知后曰何如？只怕后回还有话说。

——选录自《醒世姻缘传》，据文学古籍刊行社 1987 年影印同德堂本配补清同治庚午覆刻本校点

儒林外史

〔清〕吴敬梓　著

第十三回　蘧駪夫求贤问业　马纯上仗义疏财

…………

公孙居丧三载，因看见两个表叔半世豪举，落得一场扫兴，因把这做名的心也看淡了，诗话也不刷印送人了。服阕之后，鲁小姐头胎生的个小儿子已有四岁了。小姐每日拘着他在房里讲《四书》，读文章。公孙也在旁指点。却也心里想在学校中相与几个考高等的朋友谈谈举业。无奈嘉兴的朋友都知道公孙是个做诗的名士，不来亲近他，公孙觉得没趣。

那日打从街上走过，见一个新书店里贴着一张整红纸的报帖，上写道："本坊敦请处州马纯上先生精选三科乡、会墨、程，凡有《同门录》及朱卷赐顾者，幸认嘉兴府大街文海楼书坊不误。"

公孙心里想道："这原来是个选家，何不来拜他一拜？"急到家换了衣服，写个"同学教弟"的帖子来到书坊。问道："这里是马先生下处？"店里人道："马先生在楼上。"因喊一声道："马二先生，有客来拜。"楼上应道："来了。"于是走下楼来。公孙看那马二先生时，身长八尺，形容甚伟，头带方巾，身穿蓝直裰，脚下粉底皂靴，面皮深黑，不多几根胡子。相见作揖让坐。马二先生看了帖子说道："尊名向在诗上见过。久仰！久仰！"公孙道："先生来操选政，乃文章山斗。小弟仰慕，晋谒已迟。"店里捧出茶来吃了。公孙又道："先生便是处州学，想是高补过的。"马二先生道："小弟补廪二十四年，蒙历任宗师的青目，共考过六七个案首。只是科场不利，不胜惭愧！"公孙道："遇合有时，下科一定是抡元无疑的了。"说了一会，公孙告别。马二先生问明了住处，明日就来回拜。公孙回家向鲁小姐说："马二先生明日来拜。他是个举业当行，要备个饭留他。"小姐欣然备下。

次早，马二先生换了大衣服，写了回帖来到蘧府。公孙迎接进来说道："我两人神交已久，不比泛常，今蒙赐顾，宽坐一坐，小弟备个家常便饭，休嫌轻慢！"马二先生听罢欣然。公孙问道："尊选程墨，是那一种文章为主？"马二先生道："文章总以理法为主。任他风气变，理法总是不变。所以本朝洪、永是一变，成、宏又是一变。细看来，理法总是一般。大约文章既不可带注疏气，尤不可带词赋气。带注疏气，不过失之于少文采；带词赋气，便有碍于圣贤口气，所以词赋气尤在所忌。"公孙道："这是做文章了。请问批文章是怎样个道理？"马二先生道："也全是不可带词赋气。小弟每常见前辈批语，有些风花雪月的字样，被那些后生们看见便要想到诗词歌赋那条路上去，便要坏了心术。古人说得好，'作文之心如人目'。凡人目中，尘土屑固不可有，即金玉屑又是着得的么？所以小弟批文章，总是采取《语类》《或问》上的精语。时常一个批语要做半夜，不肯苟且下笔，要那读文章的，读了这一篇就悟想出十几篇的道理，才为有益。将来拙选告成，送来细细请教。"

说着，里面捧出饭来，果是家常肴馔：一碗炖鸭、一碗煮鸡、一尾龟、一大碗煨的稀烂的猪肉。马二先生食量颇高，举起箸来向公孙道："你我知己相逢，不做客套，这鱼且不必动，倒是肉好。"当下吃了四碗饭，将一大碗烂肉吃得干干净净。里面听见，又添出一碗来，连汤都吃完了。抬开桌子，啜茗清谈。

马二先生问道："先生名门，又这般大才，久已该高发了，因甚困守在此？"公孙道："小弟因先君见背的早，在先祖膝下料理些家务，所以不曾致力于举业。"马二先生道："你这就差了。'举业'二字，是从古及今，人人必要做的。就如孔子生在春秋时候，那时用言扬行举做官，故孔子只讲得个'言寡尤，行寡悔，禄在其中'，这便是孔子的举业。讲到战国时，以游说做官，所以孟子历说齐、梁，这便是孟子的举业。到汉朝，用贤良方正开科，所以公孙弘、董仲舒举贤良方正，这便是汉人的举业。到唐朝，用诗赋取士，他们若讲孔孟的话，就没有官做了，所以唐人都会做几句诗，这便是唐人的举业。到宋朝又好了，都用的是些理学的人做官，所以程、朱就讲理学，这便是宋人的举业。到本朝，用文章取士，这是极好的法则。就是夫子在而今，也要念文章，做举业，断不讲'言寡尤，行寡悔'的话。何也？就日日讲究'言寡尤，行寡悔'，那个给你官做？孔子的道也就不行了。"一席话，说得蘧公孙如梦方醒。又留他吃了晚饭，结为性命之交，相别而去。自此日日往来。

那日在文海楼彼此会着，看见刻的墨卷目录摆在桌上，上写着"历科墨卷持运"，下面一行刻着"处州马静纯上氏评选"。蘧公孙笑着向他说道："请教先生，不知尊选上面，可好添上小弟一个名字与先生同选，以附骥尾？"马二先生正色道："这个是有个道理的。站封面亦非容易之事，就是小弟，全亏几十年考校的高，有些虚名，所以他们来请。难道先生这样大名还站不得封面？只是你我两个，只可独站，不可合站，其中有个缘故。"

蘧公孙道："是何缘故?"马二先生道："这事不过是名、利二者。小弟一不肯自己坏了名，自认做趋利。假若把你先生写在第二名，那些世俗人，就疑惑刻资出自先生，小弟岂不是个利徒了！若把先生写在第一名，小弟这数十年虚名，岂不都是假的了！还有个反面文章是如此算计，先生自想，也是这样算计。"说着，坊里捧出先生的饭来，一碗熝青菜，两个小菜碟。马二先生道："这没菜的饭不好留先生用，奈何?"蘧公孙道："这个何妨? 但我晓得，长兄先生也是吃不惯素饭的。我这里带的有银子。"忙取出一块来，叫店主人家的二汉买了一碗熟肉来。两人同吃了，公孙别去。

…………

第十五回　葬神仙马秀才送丧　思父母匡童生尽孝

…………

马二先生送殡回来，依旧到城隍山吃茶。忽见茶室旁边添了一张小桌子，一个少年坐着拆字。那少年虽则瘦小，却还有些精神，却又古怪：面前摆着字盘笔砚，手里却拿着一本书看。马二先生心里诧异，假作要拆字，走近前一看，原来就是他新选的《三科程墨持运》。马二先生竟走到桌旁板凳上坐下。那少年丢下文章，问道："是要拆字的?"马二先生道："我走倒了，借此坐坐。"那少年道："请坐！我去取茶来。"即向茶室里开了一碗茶送在马二先生跟前，陪着坐下。马二先生见他乖觉，问道："长兄，你贵姓? 可就是这本城人?"那少年又看见他戴着方巾。知道是学里朋友，便道："晚生姓匡，不是本城人。晚生在温州府乐清县住。"马二先生见他戴顶破帽，身穿一件单布衣服，甚是蓝缕，因说道："长兄，你离家数百里来省做这件道路，这事是寻不出大钱来的，连糊口也不足。你今年多少尊庚？家下可有父母妻子？我看你这般勤学，想也是个读书人。”那少年道：“晚生今年二十二岁，还不曾娶过妻子。家里父母俱存。自小也上过几年学，因是家寒无力读不成了。去年跟着一个卖柴的客人来省城，在柴行里记帐。不想客人消折了本钱，不得回家，我就流落在此。前日一个家乡人来，说我父亲在家有病。于今不知个存亡，是这般苦楚。”说着，那眼泪如豆子大掉了下来。马二先生着实恻然，说道：“你且不要伤心！你尊讳尊字是甚么？”那少年收泪道：“晚生叫匡迥，号超人。还不曾请问先生仙乡贵姓。”马二先生道：“这不必问。你方才看的文章，封面上‘马纯上’就是我了。”匡超人听了这话，慌忙作揖，磕下头去，说道：“晚生真乃‘有眼不识泰山’！”马二先生忙还了礼，说道：“快不要如此！我和你萍水相逢，斯文骨肉。这拆字到晚也有限了，长兄何不收了，同我到下处谈谈？”匡超人道：“这个最好。先生请坐，等我把东西收了。”当下将笔砚纸盘收了，做一包背着，同桌凳寄在对门庙里，跟马二先生到文瀚楼。

马二先生到文瀚楼，开了房门坐下。马二先生问道：“长兄，你此时心里，可还想着读书上进？还想着家去看看尊公么？”匡超人见问这话，又落下泪来，道：“先生，我现今衣食缺少，还拿甚么本钱想读书上进？这是不能的了。只是父亲在家患病，我为人子的不能回去奉侍，禽兽也不如。所以，几回自心里恨极，不如早寻一个死处！”马二先生劝道：“快不要如此！只你一点孝思，就是天地也感格的动了。你且坐下，我收拾饭与你吃。”当下留他吃了晚饭，又问道：“比如长兄你如今要回家去，须得多少盘程？”匡超人道：“先生，我那里还讲多少？只这几天水路搭船。到了旱路上我难道还想坐山轿不成！背了行李走，就是饭食少两餐也罢。我只要到父亲跟前，死也瞑目！”马二先生道：

“这也使得。你今晚且在我这里住一夜，慢慢商量。”

到晚，马二先生又问道：“你当时读过几年书？文章可曾成过篇？”匡超人道：“成过篇的。”马二先生笑着，向他说：“我如今大胆出个题目，你做一篇，我看看你笔下可望得进学？这个使得么？”匡超人道：“正要请教先生。只是不通，先生休笑！”马二先生道：“说那里话，我出一题，你明日做。”说罢，出了题，送他在那边睡。次日，马二先生才起来，他文章已是停停当当送了过来。马二先生喜道：“又勤学，又敏捷，可敬！可敬！”把那文章看了一遍，道：“文章才气是有，只是理法欠些。”将文章按在桌上，拿笔点着，从头至尾，讲了许多虚实、反正、吞吐、含蓄之法与他。他作揖谢了要去，马二先生道：“休慌！你在此终不是个长策，我送你盘费回去。”匡超人道：“若蒙资助，只借出一两银子就好了。”马二先生道：“不然，你这一到家，也要些须有个本钱奉养父母，才得有功夫读书。我这里竟拿十两银子与你，你回去做些生意，请医生看你尊翁的病。”当下开箱子，取出十两一封银子，又寻了一件旧棉袄、一双鞋，都递与他，道：“这银子，你拿家去；这鞋和衣服，恐怕路上冷，早晚穿穿。”匡超人接了衣裳、银子，两泪交流道：“蒙先生这般相爱，我匡迥何以为报？意欲拜为盟兄，将来诸事，还要照顾。只是大胆，不知长兄可肯容纳？”

马二先生大喜，当下受了他两拜，又同他拜了两拜，结为兄弟。留他在楼上，收拾菜蔬替他饯行。吃着，向他说道：“贤弟，你听我说，你如今回去奉事父母，总以文章举业为主。人生世上，除了这事就没有第二件可以出头。不要说算命、拆字是下等，就是教馆、作幕，都不是个了局。只是有本事进了学，中了举人、进士，即刻就荣宗耀祖，这就是《孝经》上所说的‘显亲扬名’，才是大孝，自身也不得受苦。古语道得好：‘书中自有黄金屋，书中自有千钟粟，书中自有颜如玉。’而今甚么是书？就是我们的文章选本了。贤弟，你回去奉养父母，总以做举业为主。就是生意不好，奉养不周，也不必介意，总以做文章为主。那害病的父亲睡在床上，没有东西吃，果然听见你念文章的声气，他心花开了，分明难过也好过，分明那里疼也不疼了。这便是曾子的‘养志’。假如时运不好，终身不得中举，一个廪生是挣的来的。到后来做任教官，也替父母请一道封诰。我是百无一能，年纪又大了。贤弟，你少年英敏，可细听愚兄之言，图个日后宦途相见。”说罢，又到自己书架上，细细检了几部文章，塞在他棉袄里卷着，说道：“这都是好的，你拿去读罢。”匡超人依依不舍，又急于要家去看父亲，只得洒泪告辞。马二先生携着手，同他到城隍山旧下处，取了铺盖，又送他出清波门，一直送到江船上。看着上了船，马二先生辞别，进城去了。

…………

第四十九回　翰林高谈龙虎榜　中书冒占凤凰池

话说武正字那日回家正要回拜邓质夫，外面传进一副请帖，说翰林院高老爷家，请即日去陪客。武正字对来人说道：“我去回拜了一个客，即刻就来。你先回复老爷去罢。”家人道：“家老爷多拜上老爷，请的是浙江一位万老爷，是家老爷从前拜盟的弟兄，就是请老爷同迟老爷会会。此外就是家老爷亲家秦老爷。”武正字听见有迟衡山，也就勉强应允了。回拜了邓质夫，彼此不相值。午后，高府来邀了两次，武正字才去。高翰林接着，会过了。书房里走出施御史、秦中书来，也会过了。才吃着茶，迟衡山也到了。

高翰林又叫管家去催万老爷，因对施御史道：“这万敝友，是浙江一个最有用的人，一笔的好字。二十年前，学生做秀才的时候，在扬州会着他。他那时也是个秀才，他的举动就有些不同。那时，盐务的诸公都不敢轻慢他。他比学生在那边更觉的得意些。自从学生进京后，彼此就疏失了。前日他从京师回来，说已由序班授了中书。将来就是秦亲家的同衙门了。”秦中书笑道：“我的同事，为甚要亲翁做东道？明日乞到我家夫。”说着，万中书已经到门，传了帖。高翰林拱手立在厅前滴水下，叫管家请轿，开了门。

万中书从门外下了轿急趋上前，拜揖叙坐，说道：“蒙老先生见召，实不敢当。小弟二十年别怀，也要借尊酒一叙。但不知老先生今日可还另外有客？”高翰林道：“今日并无外客，就是侍御施老先生同敝亲家秦中翰，还有此处两位学中朋友，一位姓武，一位姓迟。现在西厅上坐着哩。”万中书便道：“请会。”管家去请，四位客都过正厅来，会过。施御史道：“高老先生相招奉陪老先生。”万中书道：“小弟二十年前，在扬州得见高老先生。那时，高老先生还未曾高发，那一段非凡气魄，小弟便知道，后来必是朝廷的柱石。自高老先生发解之后，小弟奔走四方、却不曾到京师一晤。去年小弟到京。不料高老先生却又养望在家了。所以昨在扬州几个敝相知处有事，只得绕道来聚会一番。天幸又得接老先生同诸位先生的教。”秦中书道：“老先生贵班甚时补得着？出京来却是为何？”万中书道：“中书的班次，进士是一途，监生是一途。学生是就的办事职衔，将来，终身都脱不得这两个字。要想加到翰林学士，料想是不能了。近来所以得缺甚难。”秦中书道：“就了不做官，这就不如不就了。”万中书丢了这边，便向武正字、迟衡山道：“二位先生高才久屈，将来定是大器晚成的。就是小弟这就职的事原算不得，始终还要从科甲出身。”迟衡山道：“弟辈碌碌，怎比老先生大才。”武正字道："高老先生原是老先生同盟，将来自是难兄难弟可知。"

…………

当下主客六人，闲步了一回，从新到西厅上坐下。管家叫茶上点上一巡攒茶。迟衡山问万中书道："老先生贵省有个敝友，他是处州人，不知老先生可曾会过?"方中书道："处州最有名的，不过是马纯上先生。其余在学的朋友，也还认得几个。但不知令友是谁?"迟衡山道："正是这马纯上先生。"万中书道："马二哥是我同盟的弟兄，怎么不认得?他如今进京去了。他进了京一定是就得手的。"武书忙问道："他至今不曾中举，他为甚么进京?"万中书道："学道三年任满，保题了他的优行。这一进京倒是个功名的捷径，所以晓得他就得手的。"

施御史在旁道："这些异路功名，弄来弄去，始终有限。有操守的，到底要从科甲出身。"迟衡山道："上午他来敝地，小弟看他着实在举业上讲究的，不想这些年，还是个秀才出身。可见这'举业'二字，原是个无凭的。"高翰林道："迟先生你这话就差了。我朝二百年来，只有这一桩事是丝毫不走的，摩元得元，摩魁得魁。那马纯上讲的举业，只算得些门面话，其实，此中的奥妙他全然不知。他就做三百年的秀才，考二百个案首，进了大场总是没用的。"武正字道："难道大场里同学道是两样看法不成?"高翰林道："怎么不是两样！凡学道考得起的，是大场里再也不会中的。所以小弟未曾侥幸之先，只一心去揣摩大场，学道那里时常考个三等也罢了。"万中书道："老先生的元作，敝省的人个个都揣摩烂了。"高翰林道："老先生，'揣摩'二字，就是这举业的金针了。小弟乡试的那三篇拙作，没有一句话是杜撰，字字都是有来历的，所以才得侥幸。若是不知道揣摩，就是圣人。也是不中的。那马先生讲了半生，讲的都是些不中的举业。他要晓得'揣摩'二字，如今也不知做到甚么官了！”万中书道：“老先生的话真是后辈的津梁。但这马二哥，却要算一位老学。小弟在扬州敝友家，见他著的《春秋》，倒也甚有条理。”

高翰林道：“再也莫提起这话。敝处这里有一位庄先生，他是朝廷征召过的，而今在家闭门注《易》。前日有个朋友和他会席，听见他说：‘马纯上知进而不知退，直是一条小小的亢龙。’无论那马先生不可比做亢龙，只把一个现活着的秀才，拿来解圣人的经，这也就可笑之极了！”武正字道：“老先生，此话也不过是他偶然取笑。要说活着的人就引用不得，当初，文王、周公为甚么就引用微子、箕子？后来，孔子为甚么就引用颜子？那时，这些人也都是活的。”高翰林道：“足见先生博学。小弟专经是《毛诗》，不是《周易》，所以未曾考核得清。”武正字道：“提起《毛诗》两字，越发可笑了！近来这些做举业的，泥定了朱注，越讲越不明白。四五年前，天长杜少卿先生纂了一部《诗说》引了些汉儒的说话，朋友们就都当作新闻。可见‘学问’两个字，如今是不必讲的了！”迟衡山道：“这都是一偏的话。依小弟看来：讲学问的只讲学问，不必问功名。讲功名的只讲功名，不必问学问。若是两样都要讲，弄到后来，一样也做不成。”

…………

——选录自《儒林外史》，据清嘉庆八年卧闲草堂刊本校点

红楼梦

〔清〕曹雪芹　高鹗　著

第八十一回　占旺相四美钓游鱼　奉严词两番入家塾

…………

贾政也忍不住的笑，因又说道："你提宝玉，我正想起一件事来了。这孩子天天放在园里，也不是事。生女儿不得济，还是别人家的人；生儿若不济事，关系非浅。前日倒有人和我提起一位先生来，学问人品都是极好的，也是南边人。但我想南边先生，性情最是和平。咱们城里的孩子，个个踢天弄井，鬼聪明倒是有的，可以搪塞就搪塞过去了；胆子又大，先生再要不肯给没脸，一日哄哥儿似的，没的白耽误了。所以老辈子不肯请外头的先生，只在本家择出有年纪再有点学问的请来掌家塾。如今儒大太爷虽学问也只中平，但还弹压的住这些小孩子们，不至以颟顸了事。我想宝玉闲着总不好，不如仍旧叫他家塾中读书去罢了。"王夫人道："老爷说的很是。自从老爷外任去了，他又常病，竟耽搁了好几年。如今且在家学里温习温习，也是好的。"贾政点头，又说些闲话，不提。

且说宝玉次日起来，梳洗已毕，早有小厮们传进话来，说："老爷叫二爷说话。"宝玉忙整理了衣裳，来至贾政书房中，请了安，站着。贾政道："你近来作些什么功课？虽有几篇字，也算不得什么。我看你近来的光景，越发比头几年散荡了；况且每每听见你推病，不肯念书。如今可大好了？我还听见你天天在园子里和姐妹们玩玩笑笑，甚至和那些丫头们混闹，把自己的正经事，总丢在脑袋后头。就是做得几句诗词，也并不怎么样，有什么稀罕处？比如应试选举，到底以文章为主。你这上头倒没有一点儿工夫。我可嘱咐你：自今日起，再不许做诗做对的了，单要习学八股文章。限你一年，若毫无长进，你也不用念书了，我也不愿有你这样的儿子了。"遂叫李贵来，说："明儿一早，传焙茗跟了宝玉去收拾应念的书籍，一齐拿过来我看看。亲自送他到家学里去。"喝命宝玉："去罢！明日起早来见我。"

宝玉听了，半日竟无一言可答，因回到怡红院来。袭人正在着急听信，见说取书，倒也喜欢。独是宝玉要人即刻送信给贾母，欲叫拦阻。贾母得信，便命人叫过宝玉来，告诉他说："只管放心先去，别叫你老子生气。有什么难为你，有我呢。"宝玉没法，只得回来，嘱咐了丫头们："明日早早叫我，老爷要等着送我到家学里去呢。"袭人等答应了，同麝月两个倒替着醒了一夜。

次日一早，袭人便叫醒宝玉，梳洗了，换了衣裳，打发小丫头子传了焙茗在二门上伺候，拿着书籍等物。袭人又催了两遍，宝玉只得出来，过贾政书房中来，先打听老爷过来了没有。书房中小厮答应："方才一位清客相公请老爷回话，里边说：'梳洗呢。'命清客相公出去候着去了。"

宝玉听了，心里稍稍安顿，连忙到贾政这边来。恰好贾政着人来叫，宝玉便跟着进去。贾政不免又吩咐几句话，带了宝玉，上了车，焙茗拿着书籍，一直到家塾中来。早有人先抢一步，回代儒说："老爷来了。"代儒站起身来，贾政早已走入，向代儒请了安。代儒拉着手问了好，又问："老太太近日安么？"宝玉过来也请了安。贾政站着，请代儒坐了，然后坐下。贾政道："我今日自己送他来，因要求托一番。这孩子年纪也不小了，到底要学个成人的举业，才是终身立身成名之事。如今他在家中，只是和些孩子们混闹。虽懂得几句诗词，也是胡诌乱道的；就是好了，也不过是风云月露，与一生的正事，毫无关涉。"代儒道："我看他相貌也还体面，灵性也还去得，为什么不念书，只是心野贪玩？诗词一道，不是学不得的，只要发达了以后，再学还不迟呢。"贾政道："原是如此。目今只求叫他读书、讲书、作文章。倘或不听教训，还求太爷认真的管教管教他，才不至有名无实的，白耽误了他的一世。"说毕，站起来，又作了一个揖，然后说了一些闲话，才辞了出去。代儒送至门首，说："老太太前替我问好请安罢。"贾政答应着，自己上车去了。

代儒回身进来，看见宝玉在西南角靠窗户摆着一张花梨小桌，右边堆下两套旧书，薄薄儿的一本文章，叫焙茗将纸墨笔砚都搁在抽屉里藏着。代儒道："宝玉，我听见说你前儿有病，如今可大好了？"宝玉站起来道："大好了。"代儒道："如今论起来，你可也该用功了。你父亲望你成人，恳切的很。你且把从前念过的书，打头儿理一遍。每日早起理书，饭后写字，晌午讲书，念几遍文章就是了。"

宝玉答应了个"是"，回身坐下时，不免四面一看。见昔时金荣辈不见了几个，又添了几个小学生，都是些粗俗异常的。忽然想起秦钟来，如今没有一个做得伴、说句知心话儿的，心上凄然不乐；却不敢作声，只是闷着看书。代儒告诉宝玉道："今日头一天，早些放你家去罢。明日要讲书了。但是你又不是很愚夯的，明日我倒要你先讲一两章书我听，试试你近来的工课何如，我才晓得你到怎么个分儿上头。"说的宝玉心中乱跳。欲知明日讲解何如，且听下回分解。

第八十二回　老学究讲义警顽心　病潇湘痴魂惊恶梦

话说宝玉下学回来，见了贾母。贾母笑道："好了！如今野马上了笼头了。去罢，见见你老爷去来，散散儿去罢。"宝玉答应着，去见贾政，贾政道："这早晚就下了学了么？师父给你定了工课没有？"宝玉道："定了：早起理书，饭后写字，晌午讲书念文章。"贾政听了，点点头儿，因道："去罢，还到老太太那边陪着坐坐去。你也该学些人功道理，别一味的贪玩。晚上早些睡，天天上学，早些起来。你听见了？"

宝玉连忙答应几个"是"，退出来，忙忙又去见王夫人，又到贾母那边打了个照面儿，赶着出来，恨不得一走就走到潇湘馆才好。刚进门口，便拍着手笑道："我依旧回来了。"猛可里倒唬了黛玉一跳。紫鹃打起帘子，宝玉进来坐下。黛玉道："我恍惚听见你念书去了，这么早就回来了？"宝玉道："嗳呀！了不得！我今儿不是被老爷叫了念书去了么？心上倒象没有和你们见面的日子了。好容易熬了一天，这会子瞧见你们，竟如死而复生的一样。真真古人说，'一日三秋'，这话再不错的。"黛玉道："你上头去过了没有？"宝玉道："都去过了。"黛玉道："别处呢？"宝玉道："没有。"黛玉道："你也该瞧瞧他们去。"宝玉道："我这会子懒怠动了，只和妹妹坐着，说一会子话儿罢。老爷还叫早睡早起，只好明儿再瞧他们去了。"黛玉道："你坐坐儿，可是正该歇歇儿去了。"宝玉道："我那里是乏？只是闷得慌。这会子咱们坐着，才把闷散了，你又催起我来！"

黛玉微微的一笑，因叫紫鹃："把我的龙井茶给二爷沏一碗。二爷如今念书了，比不得头里。"紫鹃笑着答应，去拿茶叶，叫小丫头子沏茶。宝玉接着说道："还提什么念书？我最厌这些道学话。更可笑的，是八股文章，拿他诓功名，混饭吃，也罢了，还要说‘代圣贤立言’！好些的，不过拿些经书凑搭凑搭还罢了；更有一种可笑的，肚子里原没有什么，东拉西扯，弄的牛鬼蛇神，还自以为博奥。这那里是阐发圣贤的道理？目下老爷口口声声叫我学这个，我又不敢违拗，你这会子还提念书呢！”黛玉道：“我们女孩儿家虽然不要这个，但小时跟着你们雨村先生念书，也曾看过。内中也有近情近理的，也有清微淡远的。那时候虽不大懂，也觉得好，不可一概抹倒。况且你要取功名，这个也清贵些。”宝玉听到这里，觉得不甚入耳，因想：“黛玉从来不是这样人，怎么也这样势欲熏心起来？”又不敢在他跟前驳回，只在鼻子眼里笑了一声。

…………

宝玉听了，赶忙的吃了晚饭，就叫点灯，把念过的《四书》翻出来，“只是从何处看起？”翻了一本看去，章章里头，似乎明白；细按起来，却不很明白。看着小注，又看讲章。闹到起更以后了，自己想道：“我在诗词上觉得很容易，在这个上头竟没头脑！”便坐着呆呆的呆想。袭人道：“歇歇罢。做工夫也不在这一时的。”

宝玉嘴里只管胡乱答应。麝月袭人才伏侍他睡下，两个才也睡了。及至睡醒一觉，听得宝玉炕上还是翻来复去。袭人道：“你还醒着呢么？你倒别混想了，养养神，明见好念书。”宝玉道：“我也是这样想，只是睡不着，你来给我揭去一层被。”袭人道：“天气不热，别揭罢。”宝玉道：“我心里烦躁的很。”自把被窝褪下来。袭人忙爬起来按住，把手去他头上一摸，觉得微微有些发烧。袭人道：“你别动了，有些发烧了。”宝玉道：“可不是？”袭人道：“这是怎么说呢？”宝玉道：“不怕，是我心烦的原故，你别吵嚷。省得老爷知道了，必说我装病逃学；不然，怎么病的这么巧？明儿好了，原到学里去，就完事了。”

袭人也觉得可怜，说道：“我靠着你睡罢。”便和宝玉捶了一回脊梁，不知不觉，大家都睡着了，直到红日高升，方才起来。宝玉道：“不好了，晚了。”急忙梳洗毕，问了安，就往学里来了。代儒已经变着脸，说：“怪不得你老爷生气，说你没出息。第二天你就懒惰。这是什么时候才来？”宝玉把昨儿发烧的话说了一遍，方过去了，原旧念书。

到了下晚，代儒道：“宝玉，有一章书，你来讲讲。”宝玉过来一看，却是“后生可畏”章。宝玉心上说：“这还好！幸亏不是‘学’‘庸’。”问道：“怎么讲呢？”代儒道：“你把节旨句子细细儿讲来。”宝玉把这章先朗朗的念了一遍。说：“这章书是圣人勉励后生，教他及时努力，不要弄到——”说到这里，抬头向代儒一看。代儒觉得了，笑了一笑道：“你只管说，讲书是没有什么避忌的。《礼记》上说：‘临文不讳。’只管说，‘不要弄到’什么？”宝玉道：“不要弄到老大无成。先将‘可畏’二字激发后生的志气，后把‘不足畏’三字警惕后生的将来。”说罢，看着代儒。代儒道：“也还罢了。串讲呢？”宝玉道：“圣人说：人生少时，心思才力，样样聪明能干，实在是可怕的，那里料的定他后来的日子不象我的今日？若是悠悠忽忽，到了四十岁，又到五十岁，既不能够发达，这种人，虽是他后生时象个有用的，到了那个时候，这一辈子就没有人怕他了。”

代儒笑道：“你方才节旨讲的倒清楚，只是句子里有些孩子气。‘无闻’二字，不是不能发达做官的话。‘闻’是实在自己能够明理见道，就不做官也是有闻了；不然，古圣贤有遁世不见知的，岂不是不做官的人？难道也是无闻么？‘不足畏’是使人料得定，方与‘焉知’的‘知’字对针，不是‘怕’的字眼。要从这里看出，方能入细。你懂得不懂得？”宝玉道：“懂得了。”代儒道：“还有一章，你也讲一讲。”代儒往前揭了一篇，指给宝玉。宝玉看时，“吾未见好德如好色者也”。

宝玉觉得这一章却有些刺心，便陪笑道：“这句话没有什么讲头。”代儒道：“胡说！譬如场中出了这个题目，也说没有做头么？”宝玉不得已，讲道：“是圣人看见人不肯好德，见了色，便好的了不得，殊不想德是性中本有的东西，人偏都不肯好他。至于那个色呢，虽也是从先天中带来，无人不好的，但是德乃天理，色是人欲，人那里肯把天理好的象人欲似的？孔子虽是叹息的话，又是望人回转来的意思。并且见得人就有好德的，好的终是浮浅，直要象色一样的好起来，那才是真好呢。”

代儒道：“这也讲的罢了。我有句话问你：你既懂得圣人的话，为什么正犯着这两件病？我虽不在家中，你们老爷也不曾告诉我，其实你的毛病，我却尽知的。做一个人，怎么不望长进？你这会儿正是‘后生可畏’的时候。‘有闻’，‘不足畏’，全在你自己做去了。我如今限你一个月，把念过的旧书全要理清。再念一个月文章，以后我要出题目叫你作文章了。如若懈怠，我是断乎不依的。自古道：‘成人不自在，自在不成人。’你好生记着我的话。”宝玉答应了，也只得天天按着功课干去，不提。

…………

第八十四回　试文字宝玉始提亲　探惊风贾环重结怨

…………

却说邢夫人自去了。贾政同王夫人进入房中。贾政因提起贾母方才的话来，说道：“老太太这么疼宝玉。毕竟要他有些实学，日后可以混得功名才好：不枉老太太疼他一场，也不至遭塌了人家的女儿。”王夫人道：“老爷这话自然是该当的。”贾政因派个屋里的丫头传出去告诉李贵："宝玉放学回来，索性吃饭后再叫他过来，说我还要问他话呢。"李贵答应了"是"。至宝玉放了学，刚要过来请安，只见李贵道："二爷先不用过去。老爷吩咐了，今日叫二爷吃了饭就过去呢。听见还有话问二爷呢。"宝玉听了这话，又是一个闷雷，只得见过贾母，便回园吃饭。三口两口吃完，忙漱了口，便往贾政这边来。

贾政此时在内书房坐着。宝玉进来请了安，一旁侍立。贾政问道："这几日我心上有事，也忘了问你。那一日，你说你师父叫你讲一个月的书，就要给你开笔。如今算来，将两个月了，你到底开了笔了没有?"宝玉道："才做过三次，师父说：'且不必回老爷知道；等好些，再回老爷知道罢。'因此，这两天总没敢回。"贾政道："是什么题目?"宝玉道："一个是'吾十有五而志于学'，一个是'人不知而不愠'，一个是'则归墨'三字。"贾政道："都有稿儿么?"宝玉道："都是作了抄出来，师父又改的。"贾政道："你带了家来了，还是在学房里呢?"宝玉道："在学房里呢。"贾政道："叫人取了来我瞧。"宝玉连忙叫人传话与焙茗，叫他往学房中去，"我书桌子抽屉里有一本薄薄儿竹纸本子，上面写着'窗课'两字的就是，快拿来。"

一回儿，焙茗拿了来，递给宝玉，宝玉呈与贾政。贾政翻开看时，见头一篇写着题目是"吾十有五而志于学"。他原本破的是"圣人有志于学，幼而已然矣"。代儒却将"幼"字抹去，明用"十五"。贾政道："你原本'幼'字便扣不清题目了，幼字是从小起，至十六以前都是'幼'。这章书是圣人自言学问工夫与年俱进的话，所以十五，三十，四十，五十，六十，七十，俱要明点出来，才见得到了几时有这么个光景，到了几时又有那么个光景。师父把你幼字改了十五，便明白了好些。"看到承题，那抹去的原本云："夫不志于学，人之常也。"贾政摇头道："不但是孩子气，可见你本性不是个学者的志气。”又看后句：“圣人十五而志之，不亦难乎？”说道：“这更不成话了！”然后看代儒的改本云：“夫人孰不学？而志于学者卒鲜。此圣人所为自信于十五时欤？”便问：“改的懂得么？”宝玉答应道：“懂得。”

又看第二艺，题目是“人不知而不愠”。便先看代儒的改本云：“不以不知而愠者，终无改其说乐矣。”方觑着眼看那抹去的底本，说道：“你是什么？——‘能无愠人之心，纯乎学者也。’上一句似单做了‘而不愠’三个字的题目，下一句又犯了下文君子的分界；必如改笔，才合题位呢。且下句找清上文，方是书理。须要细心领略。”宝玉答应着。贾政又往下看：“夫不知，未有不愠者也；而竟不然。是非由说而乐者，曷克臻此？”原本末句“非纯学者乎”。贾政道：“这也与破题同病的。这改的也罢了，不过清苦，还说得去。”

第三艺是“则归墨”。贾政看了题目，自己扬着头想了一想，因问宝玉道：“你的书讲到这里了么？”宝玉道：“师父说‘孟子’好懂些，所以倒先讲‘孟子’，大前日才讲完了。如今讲‘上论语’呢。”贾政因看这个破承，倒没大改。破题云：“言于舍杨之外，若别无所归者焉。”贾政道：“第二句倒难为你。”“夫墨，非欲归者也，而墨之言已半天下矣，则舍杨之外，欲不归于墨，得乎？”贾政道：“这是你做的么？”宝玉答应道：“是。”贾政点点头儿，因说道：“这也并没有什么出色处，但初试笔能如此，还算不离。前年我在任上时，还出过‘惟士为能’这个题目。那些童生都读过前人这篇，不能自出心裁，每多抄袭。你念过没有？”宝玉道：“也念过。”贾政道：“我要你另换个主意，不许雷同了前人，只做个破题也使得。”

宝玉只得答应着，低头搜索枯肠。贾政背着手，也在门口站着作想。只见一个小小厮往外飞走，看见贾政，连忙侧身垂手站住。贾政便问道："作什么?"小厮回道："老太太那边姨太太来了，二奶奶传出话来，叫预备饭呢。"贾政听了，也没言语，那小厮自去了。

谁知宝玉自从宝钗搬回家去，十分想念，听见薛姨妈来了，只当宝钗同来，心中早已忙了，便乍着胆子回道："破题倒作了一个，但不知是不是?"贾政道："你念来我听。"宝玉念道："天下不皆士也，能无产者，亦仅矣。"贾政听了，点着头道："也还使得。以后作文，总要把界限分清，把神理想明白了，再去动笔。你来的时候，老太太知道不知道?"宝玉道："知道的。"贾政道："既如此，你还到老太太处去罢。"

…………

——选录自《红楼梦》，人民文学出版社 1973 年

儿女英雄传

〔清〕文康　著

第一回　隐西山闭门课骥子　捷南宫垂老占龙头

…………

如今单讲那正黄旗汉军有一家人家。这家姓安，是个汉军世族旧家。这位安老爷本是弟兄两个，大哥早年去世，止剩他一人，双名学海，表字水心，人都称他安二老爷。论他的祖上，也曾跟着太汗老佛爷征过高丽，平过察哈尔，仗着汗马功劳上头，挣了一个世职，进关以后，累代相传，京官外任都做过。到了这安二老爷身上，世职袭次完结，便靠着读书上进。所喜他天性高明，又肯留心学业，因此上见识广有，学问超群，二十岁上就进学中举。怎奈他“文齐福不至”，会试了几次，任凭是篇篇锦绣，字字珠玑，会不上一名进士，到了四十岁开外，还依然是个老孝廉。

…………

这年正逢会试大比之年。新年下安老爷、安太太把家中年事一过，便带了公子进城拜过宗祠，到至亲本家几处拜望了拜望，仍旧回家。

匆匆的过了灯节，那太太便将安老爷下场的考篮，号帘，装吃食的口袋，盒子，衣帽等物打点出来。安老爷一见便问说：

"太太，你此时忙着打点这些东西作什么?"太太说："这离三月里也快了，拿出来看看，该洗的缝的添的置的，早些收拾停当了，省得临时忙乱。"那安老爷拈着几根小胡子儿含笑说："太太，你难道还指望我去会试不成？你算，我自二十岁上中举，如今将近五十岁，考也考了三十年了，头发都考白了，'功名有福，文字无缘'，也可以不必再作此痴想！况你我如今有了玉格这个孩子，看去还可以望他成人，倒不如留我这点精神心血用在他身上，把他成就起来，倒是正理。太太，你道如何?"

太太还没及答话。公子正在那里检点那些考具的东西，听见老爷的话，便过来规规矩矩漫条斯理的说道："这话还得请父亲斟酌。要论父亲的品行学业，慢道中一个进士，就便进那座翰林院，坐那间内阁大堂，也不是什么难事。但是功名迟早自有一定，天生应吃的苦也要吃的。就算父亲无意功名，也要把这进士中了，才算得作完了读书的一件大事。"安老爷听了，笑了一笑，说道："孩子话!"那太太便在旁说道："老爷，玉格这话很是，我也是这个意思。这些话我心里也有，就是不能象他说的这么文诌诌的。老爷竟是依他的话，打起高兴来。管他呢！中了，好极了；就算是不中，再白辛苦这一趟也不要紧，也是尝过的滋味儿罢咧。"

列公，这科甲功名的一途与异路功名却是大不相同；这是件合天下人较学问见经济的勾当，从古至今，也不知牢笼了多少英雄，埋没了多少才学，所以这些人宁可考到老，不得这个"中"字，此心不死。

安老爷用了半生的心血，难道果真就肯半途而废不成？原是见了这些考具一时的牢骚话。及至听见公子小小年纪说了这一番大道理，心中暗暗欢喜；又恐怕小人儿高兴，只得笑着说是小孩子话；及天地前上香磕头，又到佛堂祠堂行过了礼，然后内外家人都来叩喜。这些情节，都不必细讲。

安老爷一面料理了些自己随手用的东西，便催着早些吃饭。吃饭中间，公于便说："虽然多辛苦了几次，如今却高高的中了个第三，可谓'上天不负苦心，文章自有定论'。将来殿试，那一甲一名也不敢必，也中个第三就好了！"安老爷说道："这又是孩子话了！那一甲三名的状元，榜眼，探花，咱们旗人是没分的。也不是旗人必不配点那状元，榜眼，探花。本朝的定例，觉得旗人可以吃钱粮，可以考翻译，可以挑侍卫，宦途比汉人宽些，所以把这一甲三名留给天下的读书人大家巴结去。这是本朝珍重名器培植人材的意思。况且'探花'两个字，你可知道他怎么讲？那状元自然要选一个才貌品学四项兼备的，不用讲了；就是探花也须得个美少年去配他，为的是'琼林宴'的这一天叫他去折取杏花，大家簪在头上，作一段琼林佳话。这是唐代的故事。你看我虽然不至于老迈不堪，也是望五的人了。世上那有这样白头蹀躞的探花！岂不被杏花笑人？果然那样，那不叫作探花，倒叫作笑话儿了！"公子道："便不探花，翰林也是稳的。"老爷说："那又不然。在常情论：那名心重的，自然想点个翰林院的庶常；利心重的，自然想作个榜下知县；有才气的，自然想用分部主事；到了中书，就不大有人想了；归班更不必讲。我的见识却与人不同。我第一怕的是知县：不拿出天良来作，我心里过不去；拿出天良来作，世路上行不去。那一条路儿可断断走不得！至于那入金马，登玉堂，是少年朋友的事业，我过了景了。就便用个部属，作呢还作得来，但是这个年纪还靴桶儿里掖着一把子稿满道四处去找堂官，也就露着无趣。我倒想用个冰冷的中书，三年分内外，——难道我还就外用不成？那时一纸呈儿，挂冠林下，倒是一桩乐事。不然，索性归了班，十年后才选得着。且不问这十年后如何，就这十年里，我便课子读书，成就出一个儿子来，也算不虚度此生了。”

公子自是不敢答言。安太太听了说道：“老爷也忒虑得远。我只说万事都是尽人事，听天命，自有个一定。”老爷说：“太太这话却倒不错。”

说话间，一时吃罢了饭，便有几家拜从看文章的门生学生赶来道喜。人来人往，应酬了一番，那天就不早了，安老爷才得进城。到了住宅，早有部里长班送信告知老爷中在第几房，并房师的官衔，姓名，科分，住处。从次日起，便去拜房师，拜座师，认前辈，会同年，会同门，公请老师，赴老师请，刻齿录，刻朱卷。那房师座师见了都说：“一见你这本卷子便知为老手宿儒，晚成大器。如今果然。可见文有定评。”说着，十分叹赏。

这安老爷一连忙了数日，不曾得闲，直等谢恩领宴诸事完毕，才得略略安静。五十岁的老头儿也得伏案埋头作起楷来。

转眼复试朝考已过，紧接着殿试。那老爷的策文虽比不得董仲舒的《天人三策》，却颇颇的有些经济议论，与那抄策料填对句的不同。那些同年见了，都道：“定入高选。”怎奈老爷是个走方步的人，凡那些送字样子送诗篇儿这些门路都不晓得去作；自己又年届五旬，那殿试卷子作的虽然议论恢宏，写的却不能精神饱满，因此上点了一个三甲。

及至引见，到了老爷这排，奏完履历，圣人望下一看，见他正是服官政的年纪，脸上一团正气，胸中自然是一片至诚，这要作一个地方官，断无不爱惜民命的理，就在排单里“安学海”三个字头上点了一个朱点，用了榜下知县。

少时引见一散，传下这旨意来。安老爷一听，心里说道：“完了！正是我怕走的一条路，恰恰的走到这条路上来！”登时倒抽了一口气，凉了半截，心里的那番懊恼，不但后悔此番不该会试，一直悔到当年不该读书，在人群儿里险些儿不曾哭了出来。便有一班少年新进凑来携手作贺。有的说："班生此去，何异登仙!"又有的说："当年是'拥书权拜小诸侯'，而今真个'百里侯'矣!"又有一班外行朋友说是："这榜下即用是'老虎班'，一到就补好缺的。"又有的说："'在京的和尚，出外的官'，这就得了。"一面就答讪着荐幕友，荐长随。落后还是几位老师认真关切，走来问道："外用了不必介意。文章政事都是报国。况这宦途如海，那有一定的？且回去歇歇再谈罢。"

这老爷也只得一一的应酬一番。又有那些拜从看文章的门生跟着送引见；见老爷走了这途，转觉得依依不舍。安老爷从上头下来，应酬了大家几句，回到下处吃了点东西，向应到的几处勉强转了一转，便回庄园上来。

那时早有报子报知。家人们听见老爷得了外任，个个喜出望外。只有太太合公子见老爷进门来愁眉不展，面带忧容，便知是因为外用的原故，一时且不好安慰，倒提着精神谈了些没要紧的闲话。老爷也强为欢笑，说："闹了这许多天了，实在也乏了，且让我歇一歇儿，慢慢的再计议罢。"

谁想有了年纪的人，外面受了这一向的辛苦劳碌，心里又加上这一番的烦恼忧思，次日便觉得有些鼻塞声重，胸闷头晕，恹恹的就成了一个外感内伤的病；安太太急急的请医调治，好容易出了汗，寒热往来，又转了疟疾；疟疾才止，又得了秋后痢疾；无法，只得在吏部递了呈子，告假养病。每日价医不离门，药不离口，把个安太太急得烧子时香，吃白斋，求签许愿，闹得寝食不安；连公子的学业功课也因侍奉汤药渐渐的荒废下来。

直到秋尽冬初，安老爷才得病退身安，起居如旧。依安老爷的心里，早就打了个再不出山的主意了；怎奈那些关切一边的师友亲戚骨肉都以天恩祖德报国勤民的大义劝勉，老爷又是位循规蹈矩听天任命不肯苟且的人，只得呈报销假投供。可巧正遇着南河高家堰一带黄海决口。俗语说："倒了高家堰，淮扬不见面。"这一个水灾也不知伤了多少民田民命！地方大吏飞章入奏请帑，并请拣发知县十二员到工差遣委用。这一下子又把这老爷打在候补候选的里头挑上了。

列公，安老爷这样一个有经济有学问的人，难道连一个知县作不来？何至于就愁病交加到这步田地？有个原故。只因这老爷的天性恬淡，见识高明，广读诗书，阅尽世态；见世上那些州县官儿不知感化民风，不知爱惜民命，讲得是走动声气，好弄银钱，巴结上司，好谋升转，什么叫钱谷刑名，一概委之幕友官亲家丁书吏，不去过问，且图一个旗锣伞扇的豪华，酒肉牌摊的乐事；就使有等稍知自爱的，又苦于众人皆醉，不容一人独醒，得了百姓的心，又不能合上司的式，动辄不是给他加上个"难膺民社"，就是给他加上个"不甚相宜"，轻轻的就端掉了，依然有始无终，求荣反辱：因此上自己一中进士就把这知县看作了一个畏途。如今索性挑了个河工！这河工更是个有名的虚报工段，侵冒钱粮，逢迎奔走，吃喝搅扰的地方，比地方官尤其难作。自己一想：可见宦海无定，食路有方。天命早已安排在那里了，倒不如听命由天的闯着作去，或者就这条路上立起一番事业，上不负国恩，下不负所学，也不见得。

老爷存了这个念头，倒打起精神，次第的过堂引见，拜客辞行。一切琐屑事情都已完毕，才回到庄园，略歇息了歇息。便有那些家人回说："钦限紧急，请示商量，怎的起行？"那些家人，也有说该坐长船的，也有说该走旱路的，也有说行李另走的，也有说家眷同行的。安老爷说："你们大家且不必议论纷纷，我早有了一个牢不可破的主见在此。"这正是：

得意人逢失意事，一番欢喜一番愁。

要知那安老爷此番起行赴官怎的个主见，下回书交代。

第三十三回　申庭训喜克绍书香　话农功请同操家政

…………

闲话少说。却说安公子这日正在书房里温习旧业，坐到晌午，两位大奶奶给送到来滚热的烧饼，又是一大碟炒肉炖疙疸片儿，一碟儿风肉，一小铫儿粳米粥，恰好他读文章读得有些心里发空，正用得着，便拿起筷子来拣了几片风肉夹上，才咬了一口，听得父亲叫，登时想起"父召无诺，手执业则投之，食在口则吐之，走而不趋"的这几句《礼记》来，便连忙恭恭敬敬的答应了一声："嗻。"扔下筷子，把嘴里嚼的那口饽饽吐出桌子上，口也不及漱，站起来，就不慌不忙，斯斯文文，行不由径的走到上房来。

老爷一见，先就笑容可掬的道："罢了，不必了。我叫你原为今日消闲，想到明年乡试，要催你用起功来；方才听得两个媳妇说你自己已经理会到此，这更好了。只是你现在的功课打算怎的个作法?"

公子回道："打算先读几天文章，再读一两篇文章，且敛敛心思，熟熟笔路。"安老爷道："是便是了，只这功课不是从这里作起。制艺这一道，虽说是个骗功名的学业，若经义不精，史事不熟，纵然文章作的锦簇花团，终为无本之学。你的书虽说不生，荒了也待好一年了，只怕那程老夫子见你是个成人之学，也就不肯照小学生一般教你背诵，将来用着他时，就未免自己信不及。古人三余读书，趁眼前这残冬长夜，正好把书理一理，再动手作文章不迟。读的文章，有我给你选的那三十篇启、祯，二十篇近科闱墨，简炼揣摩足够啊，不必贪多。倒是这理书的工夫，切忌自欺，不可涉猎一过。从明日起，给你二十天的限，把你读过的十三部经书以至《论》《孟》都给我理出来。论不定我要叫你当着两个媳妇背的，小心当场出丑！”

公子自然是听一句应一句。太太合二位少奶奶，一边是期望儿子，一边是关切夫婿，觉得有老爷这几句温词严谕更可勉励他一番。不想这话，那个长姐儿听见，心里倒不甚许可了，他暗暗的纳闷道：“哟！这么些书，也不知有多少本儿，二十天的工夫，一个人儿那儿念的过来呀？这要累着呢！”

你道好笑不好笑？人家自有天样高明的严父，地样厚博的慈母，再加花朵儿般水晶也似的一对佳人守着，还怕体贴不出这个贤郎，这位快婿的？念的过来念不过来，累的着累不着，干卿何事？却要梅香来说勾当，岂不大怪？

不怪，揆情度理想了去，此中也小小的有些天理人情。列公如不见信，只看孟子合告子两个人抬了半生的硬杠，抬到头来，也不过一个道得个“食色性也’；一个道得个“乃若其情，则可以为善矣”。

…………

第三十四回　屏纨袴稳步试云程　破寂寥闲心谈月夜

这回书话表安公子从去冬埋首用功，光阴荏苒，早已今秋，岁考也考过了，马步箭也看过了，看看的场期将近。这日正是七月二十五日，次日二十六，便是他文课日期，晚饭饭过无事，便在他父亲前请领明日的题目。安老爷吩咐道：“明日这一课不是照往日一样作法。你近日的工夫却大有进境，只你这番是头一次进场，场里虽说有三天的限，其实除了进场出场，再除去吃睡，不过一天半的工夫。这其间三篇文章一首诗，再加上补录草稿，斟酌一番，笔下慢些，便不得从容。你向来作文笔下虽不迟钝，只不曾照场规炼过。明日这课，我要试你一试。一交寅初，你就起来，我也陪你起个早，你跟我吃些东西，等到寅正，出去发给你题目，便在我讲学的那个所在作起来；限你不准继烛，把三文一诗作均匀；吃过晚饭，再誊正交卷，却不可潦草塞责。我就在那里作个监试官。经这样作一番，不但我得放心，你自己也有些把握。"说着，便合太太说："太太，明日给我们弄些吃的。"太太自是高兴，却又不免替公子悬心，便道："老爷何必还起那么早啊？有他师傅呢，还是叫他拿到书房里弄去罢，当着老爷别再吓的作不上来，老爷又该生气了。"

太太这话不但二位少奶奶觉得是这样好，连那个不须他过虑的"司马长卿"也望着老爷俯允。不想安老爷早沉着个脸，答应道："然则进场天那万余人面前作不作呢？何况还有主考房官要等把这三篇文章一首诗合那万余人比试，又当如何？"太太听了无法，因吩咐公子道："既那么着，快睡去罢。"公子下来，再不道老人家还要面试，进了屋子，便忙忙的脱衣睡觉。

金玉姊妹两个生怕他明日起在老爷后头，两个人换替着熬了一夜，不曾打寅初便把公子叫醒，梳洗穿衣上去，幸喜老爷还不曾出堂。少刻，老爷出来，连太太也起来了，便道："你们俩送场来了？"

当下公子跟着老爷饱餐一顿，到了外面，笔砚灯烛，早已备得齐整。安老爷出来坐下，便向怀里取出一个封着口的红纸包儿来交给公子道："就在这屋里作起来罢。"自己却在对面那间坐去，拿了本《朱子大全》在灯下看；又派了华忠伺候公子茶水。

却说公子领下题目来，拆开一看，见头题是"孝者，所以事君也　一句"；二题是"达巷党人曰　一章"；三题是"中也者，天下之大本也；和也者，天下之达道也　四句"，诗题是"赋得'讲《易》天心'"，下面旁写着"得'心'字，五言六韵"。

且住！待说书的来打个岔。这诗文一首，说书的是不曾梦到，但是也曾见到那刻本错综复杂上都刻得是五言八韵，怎的安老爷只限了六韵呢？便疑到这个字是个笔误，提起笔来就给他改了个“八”字，也防着说这回书的时节，免的被个通品听见笑话我是个外行。不想这日果然来了个通品听我的书。他听到这里，说道：“说书的，你这书说错了。这《儿女英雄传》既是康熙、雍正年间的事，那时候不但不曾奉试帖增到八韵的特旨，也不曾奉文章只限七百字的功令，就连二场还是专习一经，三场还有论、判呢；怎的那安水心在几十年前就叫他公子作起八韵诗来了？”我这才明白此道中不是认得几个字儿就胡开得口混动得手的！从此再不敢“强不知以为知”了！

闲话少说，言归正传。却说安公子看了那诗文题目，心下暗道：“老人家这三个题目是怎的个命意呢？”摹拟了半日，一时明白过来道：“这头题正是教孝教忠的本旨；三题是要我认定性情作的；第二个题目大约是老人家的自况了。那诗题，老人家是邃于《周易》的，不消讲得。”想罢，便把那题目条儿高高的粘起来，望着他谋篇立意，选词琢句，一面研得墨浓，蘸得笔饱，落起草来。及至安老爷那边才要早饭，他一个头篇一首诗早得了，二篇的大意也有了。

那时安老爷早把程师爷请过来一同早饭。公子跟着吃饭的这个当儿，老爷也不问他作到那里。

一时，吃罢了饭，他出来走了走，便动手作那二三篇。那消继烛，只在申正的光景，三文一诗早已脱稿。又仔细斟酌了一番，却也累得周身是汗，因要过去先见见父亲回一句“稿子有了”，觉得累的红头涨脸的不好过去，便叫华忠进去取了小铜旋子来湿个手巾擦脸。

华忠到了里头，正遇着舅太太在那里合俩奶奶闲话，那个长姐儿也在跟前。大家还不曾开口，那长姐儿见了他，便先问道："华大爷，大爷那文章作上几篇儿来了?"华忠道："几篇儿只怕全得了。这会子擦了脸就要送给老爷瞧去了。"舅太太便合长姐儿道："你这孩子，才叫他娘的'狗拿耗子'呢！你又懂得几篇儿是几篇儿?"他自己一想，果然这话问得多点儿，是一时不好意思，便道："奴才可那儿懂得这些事呢！奴才是怕奴才太太惦着。等奴才先回奴才太太一句去。"说着，梗梗着个两把儿间如飞而去。

话休絮烦。却说公子过来，见程师爷正在那里合老爷议论今年还不晓得是那一班侉脚色进去呢，那莫、吴两公也不知有分无分。

正说着，老爷见公子拿着稿子过来，问道："你倒作完了吗?"因说："既如此，我们早些吃饭；让你吃了饭好誊出来。"

公子此时饭也顾不得吃了，回道："方才舅母送了些吃的出来，吃多了，可以不吃饭了；莫如早些誊出来，省得父亲合师傅等着。"安老爷道："既这样'发愤忘食'起来，也好，就由你去。"

一时，要了饭，老爷便合程师爷饮了两杯。饭后又合程师爷下了盘棋。程师爷让九个子儿，老爷还输九十着。他撇着京腔笑道："老翁的本领，我诸都佩服；只有这盘棋是合我下不来的，莫如合他下盘罢！"老爷道："谁?"抬头一看，才见叶通站在那里。

老爷因他这次算那地册弄得极其精细；考了考，他肚子里竟零零碎碎有些个，颇觉他有点出息儿；一时高兴，便换过白子儿来，同他下了一盘。

程师爷苦苦的给老爷先摆上五个子儿，叶通还是尽力的让着下，下来下去，打起劫来，老爷依然大败亏输，盘上的白子儿不差什么没了，说道：“不想阳沟里也会翻船！”程师爷便笑道：“老翁这盘棋，虽在阳沟里，那船也竟会翻的呢！”

老爷也不觉大笑道：“正不可解；这桩事我总合他不大相近。这大约也关乎性情。还记得小时节，长夏完了功课，先生也曾教过，只不肯学。先生还道：‘你怎的连“博奕犹贤”这句书也不记得？只不肯学，便作一手“无所用心”的诗我看。’先生是个村我的意思，这首诗怎的好作？你看我小时节浑不浑，便口占了一首七截，对先生道：‘平生事物总关情，雅谢纷纷一局枰；不是畏难甘袖后，嫌他黑白太分明。’这话将近四十年了。如今‘年过知非，想起幼年这些不知天高地厚的话来，真觉愧悔！”

说话间，公子早誊清诗文，交卷来了。安老爷接过头篇来看着，便把二篇匀给程师爷看。老爷这里才看了前八行，便道：“这个小讲倒难为你。”程师爷听了便丢下那篇过来看这篇。只见那起讲写道是：

> ……且《孝经》一书，《考士章》仅十二言，不别言忠，非略也；盖资事父即为事君之地，求忠臣必于孝子之门。自晚近空谈拜献，喜竞事功，视子臣为二人，遂不得不分家国为两事。究之令闻未集，内视已惭，而后叹《孝经》一书所包者为约而广也。……

程师爷看完了，道：“妙！”又说：“只这个前八行已经拉倒阅者那枝笔，不容他不圈了。”说着，便归坐看那一篇。一时，各各的看完了，彼此换过来看，因合老爷道：“老翁，你看那二篇的收尾一转何如？”安老爷接过来一面看着，一面点头；及至看到结尾的一段，见写道是：

> ……此殆夫子闻达巷党人之言，所以谓门弟子之意欤？不然，达巷党人果知夫子，夫子如闻鲁太宰之言可也；其不知夫子，夫子如闻陈司败之言可也。况君车则卿御，卿车则

大夫御，御实特重于《周官》；适卫则冉有仆，在鲁则樊迟御，御亦习闻于吾党；御固非卑者事也，夫子又何至每况愈下，以所执尤卑者为之讽哉？噫！此学者所当废书三叹欤！

老爷看罢，连连点头；不觉拈着胡子，翻着白眼，望空长叹了一声道："这句话却未经人道。"程师爷便道："他这段文字全得力于他那破题的'为大圣以学御世，宣非执名以求者所知也'的两句。所以小讲才有那'圣人达而在上，执所学以君天下，而天下仰之；穷而在下，执所学以师天下，而天下亦仰之"的几句名贵句子；早作了后股里面出股的'执以居鲁适周，之齐楚，之宋卫，之陈蔡'合那对股的'执以订《礼》，正《乐》，删《诗》《书》，赞《周易》，修《春秋》'的两个大主意的张本。直从博学成名，把这个'御'字打成一片，怎得不逼出这后一段未经人道的好文字来？"

一时，程师爷把那三篇看完，大叫："恭喜，恭喜！中了，中了！只这第三篇的结句，便是个佳谶。"老爷笑问："怎的？"他便高声朗诵道：

……此《中庸》之极诣，性情之大同；人所难能，亦人所尽能也。故曰："其动也中。"

说着，又看了那首诗。安老爷便让程师爷加墨。程师爷道："不，今日这课是老翁特地要看看他的真面目；兄弟圈点起来，诱掖奖劝之下，未免总要看得宽些，竟是老翁自己来。"安老爷便看头二篇；把三篇合诗请程师爷圈点。

一时，都圈点出来。老爷见那诗里的"一轮探月窟，数点透梅岑"两句，程师爷只圈了两个单圈，便问道："大哥，这样两句好诗，怎么你倒没看出来？"程师爷道："我总觉这题目用这些花月字面离题远些。"安老爷道："不然，你看他这'月窟''梅岑'，却用得是'月到天心处"合'数点梅花天地心'两句的典，那‘探’字‘透’字又不脱那个‘讲’字，竟把‘讲《易》见天心’这个题目扣得工稳的很呢。”程师爷拍案道：“阿哟！老翁，你这双眼睛真了不得！”说着，便拿起笔来便加了几个密圈，又在诗文中后加了一个批。

那程师爷的批语不过照例几句通套赞语。安老爷看了，便在他那批语后头提笔写了两行，批道是：

> 三艺亦无他长，只读书有得，便说理无障，动中肯綮。诗亦熨贴工稳。持此与多士争衡，庶不为持衡者齿冷。秋风日劲，企予望之！

公子见这几句奖勉交至的庭训，竟大有个许可之意，自己也觉得意。一时，程师爷便让老爷带了公子进去歇息，又笑道：“今日老翁自然要些奖赏，才好教学生益知勉学。”老爷道：“这个自然。”说着，程师爷拿了他的毛竹烟管蓝布烟口袋去了。

却说公子随安老爷进来，太太迎着门儿便问道：“没钻狗洞呵？”安老爷道：“岂但，今日竟算难为他的了。”太太见老爷露着喜欢，坐下便笑问道：“老爷瞧我们玉格这回考去到底有点边儿没有哇？”

老爷未曾开口。先动了点儿牢骚，说道：“这话实在难讲。这科名一路，两句千古颠簸不破的话，叫作‘窗下休言命，场中莫论文’。照上句讲，自然文章是个凭据；讲到下句，依然得听命去。只就他的文章论，近来却颇颇的靠得住了；所不可知者，命耳！况且他才第一次观光，那时就敢望侥幸；只要出场后，文章见得人，便再迟些发达，也未为不可，只不可步乃翁的后尘就是了。”说着，便回间吩咐公子道：“你今日作了这课，从明日起，便不必作文章了。场前的工夫，第一要慎起居，节饮食；再则清早起来，把摹本流览一番，敛一敛神；晚上再静坐一刻，养一养气。白里倒是走走散散，找人谈谈；否则闲中望望行云，听听流水，都可活泼天机；到场屋里，提起笔来，才得气沛词充，文思不滞。我这里还给你留着件东西，待我亲自取来给你。”说着，便立起来叫人拿了灯到西屋里去。

公子见老爷亲自却取这件东西，一定因师傅方才的话，有件什么珍重器皿奖赏。不一刻，只见老爷从西屋里把自己当年下场的那个考篮，用一只手跨出来，看了看，那个荆条考篮经了三十余年的雨打风吹，烟熏火燎，都黑黄黯淡的看不出地儿来了。幸是那老年的东西还实在，那布带子还是当日太太亲自缠的缝的，依然完好。

列公，你道安老夫妻既指望儿子读书下场，怎的连考具都不肯给他置一他？原来依安太太的意思，从老早就张罗要给儿子精精致致从头置分考具，无奈老爷执意不许，说，必得用这一分才合着‘弓冶箕裘’的大义，逼着太太收拾出来，还要亲自作一番交代，因此才亲自去拿。便跨了出来，满脸堆欢的向公子道：“此我三十年前故态也。便是里头这几件东西也都是我的青毡故物。如今就把这分衣钵亲传给你，也算我家一个‘十六字心传’了。”

列公，你看，有是父必有是子。那公子见父亲赏了这分东西，说了这段话，真个比得了件珍宝他还心喜，连忙跪下，双手接过来放在桌儿上。安太太合老爷向来是相敬如宾的；方才见老爷站起来，太太早不肯坐下，及至拿了这个篮子来，便站在桌儿跟前揭开那个篮盖儿，把里头装的东西一件一件拿出来交付公子。金玉姊妹两个也过来帮着检点。只见里头放着的号顶、号围、号帘，合装米面饽饽的口袋，都洗得干净；卷袋、笔袋，以至包菜包蜡的油纸，都收拾得妥贴；底下放着的便是饭碗、茶盅；又是一分匙箸筒儿合铜锅、铫子、蜡签儿、蜡剪儿、风炉儿、板凳儿、钉子、锤子之类。——都经太太预先打点了个妥当，因向公子说道："此外还有你自己使的纸、笔、墨、砚，以至擦脸漱口的这分东西，我都告诉俩媳妇了。带的饽饽、菜，你舅母合你丈母娘给你张罗呢；米呀，茶叶呀，蜡呀，以至再带上点儿香药啊，临近了，都是上屋里来取。"

何小姐最是心热不过的人，听了婆婆这话，一面归着看东西，合张姑娘道："实在亏婆婆想的这等周到！"安太太笑道："妞妞，也不是我想的周到，实告诉你罢：我那天打点着这分东西，自己算了算，连恩科算上，再连这次，我这是打点到第十九回了。"

安老爷在旁边自己又屈指算了一算，从自己乡试起，至今又看着儿子乡试，转眼三十余年，可不是十九回了吗？自己也不免一声浩叹。

才收拾完毕，太太又叫长姐儿："把那个新絮的小马褥子，包袱，褟衫，雨伞，这些东西都拿来交给你大奶奶。"又听安老爷说道："正是，我还有句话嘱咐。"因吩咐公子说道："你进场这天，不必过于打扮的花鹁鸽儿似的。看天气，就穿你家常的那两件棉夹袄儿，上头套上那件旧石青卧龙袋。第一得戴上顶大帽子。你只想，朝廷开科取士，为国求贤，这是何等大典！赴考的士子倒随便戴个小帽子儿去应试，如何使得！"

公子只得听一句应一句。他只管这等恪遵父命，只是才得二十岁的孩子，怎得能象安老爷那样老到？更加他新近才磨着母亲给作了件簇新的洋蓝绉绸三朵菊的薄棉袄儿；又是一件泥金摹本缎子耕织图样的半袖闷葫芦儿，舅母又给作了个绛色平金长字儿帽头上，俩媳妇儿是给打了一分绝好的针线活计，正想进场这天，打扮上花稍花稍；如今听父亲如此吩咐，心里却也不能一时就丢下这分东西。

太太是怕儿子委曲，便说道："一个小孩子家，他爱穿什么戴什么由他去罢。老爷还操这个心!”安老爷道:“不然;太太只问玉格,我上次出场进场他都看见的,是怎的个样子?”回头又问着公子道:“便是那年场门首的那班世家恶少,我也都指给你看了。一个个不管自己肚子里是一团粪草,只顾外面打扮得美服华冠,可不象个‘金漆马桶’!你再看他满口里那等狂妄,举步间那等轻佻,可是个有家教的!学他则甚?”

太太同金玉姊妹听了这话,才觉得老爷有深意存焉。公子益发觉得这番严训正说中了他一年前的病,更不敢再萌此想。只有那个长姐儿心里不甚许可,暗道:“人家太太说的很是,老爷子总是扭着我们太太。二位大奶奶也不劝劝。听起来场里有上千上万的人呢。这几天要换了季还好,再不换季,一只手跨着个筐子,脑袋上可扛着顶纬帽,怪斗笑儿的,叫人家大爷脸上怎么拉得下来呢?”

咳!这妮子那里晓得他那个大爷投着这等义方的严父,仁厚的慈母,内助的贤妻,也不知修了几生,才修得到此;便跨着筐儿,扛顶纬帽,何伤?

闲话少说。当下公子便把那考篮领下去。俩媳妇又张罗把包袱等件送过去。

过了两天,便有各亲友来送场;又送来的状元糕,太史饼,枣儿,桂圆等物,无非预取高中占元之兆。

这年,安老爷的门生,除了已经发过科甲的几个之外,其余的都是这年乡试。安老爷也一一的差人送礼看望,苦些的还帮几两元卷银子。公子合这班少年都在歇场的时候,大家也彼此来往,谈谈文,讲讲风气。

那年七月又是小尽,转眼之间,便到八月。那时乌大爷早从通州查完了南粮回来。安老爷预先托下他,一听下宣来,即忙给个主考房官单子;打算听了这个信,才打发公子进城;说定了依然不找小寓，只在步量桥宅里住。外面派了华忠、戴勤、随缘儿、叶通四个人跟去。张亲家老爷也要同去，以便就近接送照料；安老爷、安太太更是放心。头两天便忙着叫人先去打扫屋子，搬运行李，安置厨房。

一直忙到初六日，才吃早饭，早有乌大爷差人送了听宣的单子来，用个红封套装着。安老爷拆开一看，见那单子上竟没什么熟人。正主考是个姓方的，副主考里面一个也姓方。那个虽是旗员，素无交谊。老爷当下便有些闷闷不乐。

你道为何？难道安老爷那样个正气人，还肯找个熟人给儿子打关节不成？绝不为也。只因这两位方公虽是本朝名家，刻的有文集行世，只是向来看他二位的文章都是清矫艰涩，岛瘦郊寒一路，合公子那高华富丽的笔下迥乎两个家数。那个满副主考自然例应回避旗卷，正合着“不愿文章高天下，只要文章中试官”的两句话，便虑到公子此番进场，那个“中”字有些拿不稳。所以兜的添了桩心事，却只不好露出来。

公子此时是一肚子的取青紫如拾芥，那里还计那主司的方圆。这个当儿，太太又拉着他尽着嘱咐：“场里没人跟着，夜里睡着了，可想着盖严着些儿。”舅太太也说：“有菜没菜的，那包子合饭可千万叫他们弄热了再吃。”张太太又说：“不咧，熬上锅小米子粥，沍上几呀鸡子儿，那倒也饱了肚子咧。”金玉姊妹是第一次经着这番“灞桥风味”，虽是别日无多，一时心里只象是还落下了件什么东西，又象是少交代了句什么话，只不好照婆婆一般当着人一样一样的嘱咐。

正在大家说着，华忠、戴勤、随缘儿、叶通四个家人上来回：“张亲家老爷叫回老爷太太，不进来了，合程师老爷头里先去了。”又回道：“大爷车马也伺候齐了。”随着便领随身的包袱马褥子。

一时仆妇们往外交东西。公子便给父母跪了安；又见了舅母岳母。舅太太先给他道了个喜，说：“下月的这几天儿里再听着你的喜信儿，我们家的老少两位姑爷可都算我眼瞅着成的人，我也算得个老古董儿了。”张亲家太太便接口道：“姑爷，你只抢个头名状元回来，咱就得了。”安老夫妻听了，各各点头而笑。安太太又说：“才嘱咐的话可别忘了。”老爷又吩咐：“你一出场，家里自然打发人去看你。就把头场的草稿带来我看，不必另誊，也不许请师傅改一个字。”说着，又点了点头，说：“就去罢。”

公子满脸笑容答应着，才要走，太太道：“到底也见见俩媳妇儿再走哇！”公子连忙回身，向着他两个规规矩矩的一站。两人也绷着个盘儿还了一站。彼此对站了会子，却都不大得话。还是公子想起一句人天第一义的话来，说道：“我昨儿晚上嘱咐你们的，节下给父亲母亲拌的那月饼馅儿，可想着多搁点儿糖。”他说了这一句，便一脸的飞黄腾达，兴匆匆的回身就走。金玉姊妹两借着答应那声，也搭讪着送出屋门来。

公子下了台阶儿，早有众家人围随上跟着走了。安老夫妻隔着那玻璃，扭着身子，直看他出了二门。还在那里望。不提防这个当儿，身背后猛可的当啷啷一声响，老夫妻倒唬了一跳，一齐回过头来一看，原来是那长姐儿胳膊上带着的一副包金镯子，好端端的从手上脱落下来了，掉在地下，当啷啷的一响，又咕噜噜的一滚，一直滚到屋门槛儿跟前才站住。

老爷忙问：“这怎么讲？”太太是最疼这个丫鬟，生怕他挨说，便道：“都是老爷的管家干的。给人家打了那么大圈口，怎么不脱落下来呢？他道等着得了空儿，再交出去毁打毁打罢。”何小姐道：“别动他，等我给你团弄上就好了。”说着，接过来把圈口给他掐紧了，又把式样端正了端正，一面亲自给他带在手上，一面悄悄的向他笑道："你瞧，团弄上就好了不是？等要放他的时候咱们再放。可惜了儿的，为什么毁他呢？"在大奶奶说的平平静静的千方百计，他不知听到那里去了，不由的把个紫膛色的脸蛋儿羞的小茄包儿似的，便给何小姐请了个安，又低着双眼皮儿，笑嘻嘻的道："这要不亏奶奶，谁有这么大劲儿呀？"当下安太太以至大家看了他这举动，都说他到底岁数大些了，懂得了规矩。

这段话在当日没人留心，今日之下，入在这评话里，当天理人情讲起来，不禁叫人想到那王实甫的"猛听得一声去也，松了金钏；遥望见十里长亭，减了玉肌"这两句不仅是个妙句奇文，竟也说得是个人情天理。

诸公要不信这话，博引烦称，还有个佐证。就拿这《儿女英雄传》里的安龙媒讲，比起那《红楼梦》里贾宝玉，虽说一样的两个翩翩公子，论阀阅勋华，安龙媒是个七品琴堂的弱息，贾宝玉是个累代国公的文孙，天之所赋，自然该于贾宝玉独厚才是。何以贾宝玉那番乡试那等难堪，后来直弄到死别生离；安龙媒这番乡试这等有兴，从此就弄得功成名就？天心称物平施，岂此中有他谬巧乎？

不过安公子的父亲贾公子的父亲，看去虽同是一样的道学，一边是实实在在有些穷理尽性的功夫，不肯么开正经；一边是丢开正经，只知合那班善于骗人的单聘仁，乘势而行的程日兴，每日里在那梦坡斋作些春梦婆的春梦，自己先弄成个文而不文正而不正的贾政，还叫他把甚的去教训儿子？

安公子的母亲合贾公子的母亲看去虽同是一样的慈祥，一边是认定孩提之童，一片天良，不肯去作罔人；一边是一味向家庭植党营私，去作那罔人勾当，只知把娘家的甥女儿拢来作媳妇，绝不计夫家甥女儿的性命难堪，只知把娘家的侄女儿拢来当家，绝不问夫兄家的父子姑媳因之离间，自己先弄成个“罔之生也幸而免”的王夫人，又叫他把甚的去抚养儿子？

讲到安公子的眷属何玉凤、张金凤，看去虽合贾公子那个帏中人薛宝钗、意中人林黛玉同一艳丽聪明，却又这边是刻刻知道爱惜他那点精金美玉，同心合意，媚兹一人；那边是一个把定自己的金玉姻缘，还暗里弄些阴险，一个是妒着人家的金玉姻缘，一味肆其尖酸，以至到头来弄得潇湘妃子连一座血泪成斑的潇湘馆立脚不牢，惨美人魂归地下，毕竟“玉带林中挂”，蘅芜君连一所荒芜不治的蘅芜院立身不隐，替和尚独守空闺，如同“金钗雪里埋”，还叫他从那里“之子于归，宜其室家”？

便是安家这个长姐儿比起贾府上那个花袭人来也一样的从幼服侍公子，一样的比公子大得两岁，却不曾听得他照那“袭而取之”的花袭人一般同安龙媒初试过什么云雨情；然则他见安公子往外一走，偶然学那双文长亭哭宴的“减了玉肌，松了金钏”，虽说不免一时好乐，有些不得其正，也还算“发乎情，止乎礼”，怎的算不得个天理人情？

何况安公子比起那个贾公子来本就独得性情之正，再结了这等一家天亲人眷，到头来安得不作成个“儿女英雄”？

只是世人略常而务怪，厌故而喜新，未免觉得与其看燕北闲人这部腐烂喷饭的《儿女英雄传》小说，何如看曹雪芹那部香艳谈情的《红楼梦》大文？那可就为曹雪芹所欺了！

曹雪芹作那部书不知合假托的那贾府有甚的牢不可解的怨毒，所以才把他家不曾留得一个完人，道着一句好话；燕北闲人作这部书，心里是空洞无物，却教他从那里讲出那些忍心害理的话来？

闲话少说。归着再讲安公子回到住宅，早有张亲家老爷同着看房子的家人把屋子安置妥当。程师爷已经到场门口看牌去了，一时回来，看得公子的名字排在头排之末，说："看这光景明日得早些去打点了，歇息歇息，吃些东西，静一静罢。"他说着，便带了叶通亲自替学生检点考具。公子见诸事用不着自己照料，想起从前父亲赴考时候的景象，越觉冷暖不同。接着便有几个亲友本家来看过，去了。

到了次日五鼓，家人们便先起来张罗饭食，服侍公子盥漱饮食。装束已毕，程师爷、张老又亲自把考具行李替他检点一过，门户自有看房子的家人照料，大家催齐车马，便都跟着公子径奔举场东门而来。

公子才进得外砖门，早见梅公子站在个高地方，手里拿着两枝"照入签"，得意洋洋的高声叫道："龙媒！这里来！"

公子走到跟前，只听他道："你来的正好，咱们不用候点名了。我方才见点名的那个都老爷是个熟人，我先合他要了两枝签，你我先进去罢，省得回来人多了挤不动，又免得内砖门多一次搜检。"

公子是谨记安老爷几句庭训；又因这番是自己进步之初，从进门起，就打了个循规蹈矩，一步不乱的主意，便回复他说："我的名字在头牌后半路呢。此时进去，也领不着卷子，莫如还等着点进去罢。"

说话间，早听见点名台上唱起名来。梅公子道："我可不等你了。"说着，把那枝签丢给了公子，先自去了。

公子依然候着点了名，随着众人鱼贯而走，来到内门头道搜检的所在；原来这处搜检不过虚应故事，那监视搜检的只有几位散秩大臣副都统，还有几位大门行走的侍卫公；这班侍卫公却不是钦派的，每到乡会试，不过侍卫处照例派出几个人来在此当差，却一班的也在那里坐着。

公子候着前面搜检的那个当儿，见那班侍卫公彼此正谈得热闹，只听这个叫那个道："喂！老塔呀，明儿没咱们的事，是个便宜；我们东口儿外头新开了个羊肉馆儿，好齐整馅儿饼，明儿早起，咱们在那儿闹一壶罢。"那个嘴里正用牙斜叨着根短烟袋儿，两只手却不住的搓那个酱瓜儿烟荷包里的烟，腾不出嘴来答应话，只嗯了一声，摇了摇头。这个又说："放心哪，不吃你哟！"才见他拿下烟袋来从牙缝儿里激出一口唾沫来，然后说道："不在那个，我明儿有差。"这个又问："说不是三四该着呢吗?"他又道："我们帮其实不去，这趟差使倒误不了。我们那个新来的噶章京，你有本事给他搁下；他在上头，就把你干下来了。"

公子听了这话，一个字不懂，往前抢了几步，又见还有二位在那里敬鼻烟儿，一个接在手里，且不闻，只把那个爆竹筒儿的磁鼻烟壶儿拿着翻来覆去看了半天，说话："这是'独钓寒江'啊。可惜是个右钓的，没行；要是左钓的，就值钱咧！"说着，把那鼻烟儿磕了一手心，用两个指头搦着抹了两鼻翅儿；不防一个不留神，误打误撞，真个吸进鼻子一点儿去，他就接连不断打了无数的喷嚏，闹得涕泪交流。那个看了哈哈大笑，说："算了罢！这东西要呛了肺，没地方儿贴膏药！"他才连忙把鼻烟壶儿还了那个，还道："嘍！好霸道家伙！只管保是一百一包的！"

公子听了这套，更茫然不解；看了看前面的人，一个个搜过去，轮到自己，恰好走到个干瘪黄瘦的老头儿面前。公子一看，只见他一张迂缓面孔，一副孱弱形躯，身上穿两件边幅不正的衣服，头上带一个黯淡无光的亮蓝顶儿，那枝俏摆春风的孔雀翎已经虫蛀的剩了光杆儿了；一个人垂首低眉的坐在那里，也没人理他。

公子因见前面的人都是解了衣裳搜，才待放下考篮，忽听那老头儿说道："罢了。不必解衣裳了。这道门的搜检不过是奉行功令的一桩事。到了贡院门还得搜检一次呢。一定是这等处处的苛求起来，殊非朝廷养士求贤之意。趁着人松动，顺着走罢。”

公子应了一声，连忙就走，心下暗道：“怎的这位侍卫公的话，我听着又俨然会懂呢？这人莫非是个‘楚材晋用’，从那里换了趟班回来的罢？我只愁他这个样子怎生合方才那班鸢肩火色的矫矫虎臣会弄得到一处？他要弄得到一处，这人也就算个遭劫在数的了。”一路想着，看进了那座内砖门，不曾到得贡院门跟前，便见罩了底下，那班伺候搜检的提督衙门番役，顺天府五城青衣，都揎拳掳袖的在那里搜检。被搜检的那些士子也有解开衣裳敞胸露怀的，也有被那班下役伸手到满身上混掏的，及至搜完的，又不容人收拾妥当，他就提着那卖估衣的嗓子，高喊一声“搜过”，便催快走。那班士子一个个掩着衣襟，挽着褡包，背上行李，挎上考篮，那只手还得攥上那根照入签，再加上烟荷包烟袋，这才迈着那大高的门槛儿进去，看着实在受累之至。公子有些心怯。

不一时，搜到挨近前面的那个人，却又是七十余岁老不歇心的一位老者，才走上去，便有旁边站的一个戴涅白顶儿蓝翎儿，生得凹抠眼，蒜头鼻子，白脸黄须，象个回子模样的番子先喝了一声：“站住！搁下筐子，把衣裳解开！”早听得东边座上那位大人说道：“你当差只顾当差，何用这等大呼小叫的？太不懂公事了！”把个番子吓得不敢则声，大家虚应故事一番，那老者便受了无限功德。

公子探头向上望了望，原来不是别人，正是乌克斋，因不好上前招呼，只低了头。乌克斋看见了他，倒欠了欠身，让道：“别耽搁了，就随着进去罢。”

公子进了贡院门，见对面便是领卷子的所在。他此时才进门来，那一身家什已经压得满头大汗；正想找个地方歇歇再上去领卷子，看了看，那梅问羹还在那里候着，又有乌大爷的兄弟托诚村并两三个少年，都在墙脚下把考篮聚在一处，坐在上面闲谈。他也凑了大家去，把考篮放下。梅公子先合他说道："我方才悔不听你的话，只管进来，这半天卷子依然不得到手，竟没奈他何；不信，你跟我看看去。"说着，拉了安公子挤到放卷子的那个杉槁圈子跟前。只见一班八旗子弟，这个要先领，那个又要替领，吵成一片。上面坐的那位须发苍然的都老爷，却只带着个眼镜儿，拿着枝红笔，按着那册子，点一名，叫一人、放一本。任你吵得地暗天昏，他只我行我法。

正在吵不清，内中有个十八九岁的小爷，穿一件土黄布主腰儿，套一件青哦噔绸马褂子，褡包系在马褂子上头，挽着大壮的辫子，骑在那杉槁上，拿手里那根照入签把那御史的帽子敲的拍拍的山响，嘴里还叫道："老都，喂！你把我那本儿先给我找出来呢！"

那御史便是十年读书，十年养气，也耐不住了。只见他放下笔，摘下眼镜来，问道："你是那旗的秀才？名官叫作什么？"他道："我不是秀才。我们太爷今年才给我捐的监，我叫绷僧额。我们太爷是世袭阿达哈哈番，九王爷新保的梅楞章京。我是官卷。你瞧罢，管保那卷面子上都有。"

那御史果然觑着近视眼给他查出来看了看，便拿在手里，合他道："你的卷子却有了。国家明经取士是何等大典！况且'士先器识'，怎的这等不循礼法？不守'卧碑'？难道你家里竟没些子家教的不成？你这本卷子不必领了，我要扣下指名参办的！"

这场吵，直吵到都老爷把个看家本事拿出来了，大家才得安静，那御史依然是按名散卷。叫到那个绷僧额，大家又替他作好作歹的说着，都老爷才把卷子给他，还说道："我这却是看诸位年兄分上，只是看你这等恶少年，领这本卷子去，也未必作得出好文字。"那位少爷话也收了，接过卷子来，倒给人家"斯文扫地’的请了个安。公子在旁看了，叹息一声，便合托二爷说道：“诚村，看这光景，你我益发该三复古人‘乐有贤父兄也’的这句书了。”

一时，他几个也领了卷，彼此看了看，竟没有一个同号的，各各的收在卷袋里，拿上考具，进了二层贡院门，交了签。只见两旁公案边坐着许多钦派稽查接谈换卷的大臣。恰好安公子那位拜从看文章的老师——吴侍郎——也派了这差使，见公子进来，便问道：“进来了？是那个字号？”

那时候正值顺天府派来的郡一群佐杂官儿，要当好差使，不住的来往的喊道：“老爷们，东边的归东边，西边的归西边。”喊得个公子急切里听不出老师问的这句话来。那大人便点首，把他叫到公案前，问了一遍。他才答道：“‘成’字六号。”

吴大人回头指道：“这号在东边极北呢。”只这一回头，适逢其会，看见他的跟班笔政在身后站着。原来贡院以内带不进跟班的家人去，都是跟班的老爷跟着；这位老爷的官名叫作“答哈苏”。吴大人便向他道：“答老爷，奉托你罢，把我这学生送过栅栏去。”

却说那位答老爷见本大人在人轮子里派了他这样一件切近差使，一想，看这机会，今年京察大有可望；又见安公子是个旗人，一时气谊相感，便也动了个卫顾同乡的意思，欣然答应了一声，便接过公子的考具，送出东栅栏，又说道：“大兄弟，你瞧，起脚底下到北边儿，不差什么一里多地呢。我瞧你了不了，这儿现成的水火夫，咱们破两钱儿雇个人就行了。”一面说着，招手从那边叫了个人夫来，一面就把腿一抬，又把手往衣襟底下一绰，摸着裤带上那个钱褡裢儿，掏出一把钱来要给那个人。公子忙拦道：“不劳破费。这考篮里有钱，等我取出来。”他便一手拦着公子的胳膊，说道：“好兄弟咧，咱们八旗那不是骨肉？没讲究。”说着，早把他手里那把钱递给那人。公子没法，只得谢过了他。他便把考具一切都交那个人拿上。

安公子此时卸下那身累赘来，觉得周身好不松快，便同了那人逍遥自在的迤逦向北而来；一路上留心看那座贡院时，但见龙门绰楔，棘院深沉，东西的号舍万瓦毗连，夜静时两道文光冲北斗，中央的危楼千寻高耸，晓来时一轮羲驭涌东隅。正面便是那座气象森严无偏无倚的至公堂；这个所在，自选举变为制艺以来，也不知牢笼了几许英雄！也不知造就成若干人物！

那时正是秋风初动，耳轮中但听得明远楼上四角高挑的那四面朱红月蓝旗儿被风吹得旗角招摇，向半天拍喇喇作响，青天白日便象有鬼神呵护一般。无怪世上那些有文无行问心不过的等闲得进来；便是功名念热，勉强进来，也是空负八斗才名，枉吃一场辛苦。

闲话少说。却说安公子正在走过无数的号舍，只见一所号舍，门外山墙，白石灰上大书“成字号”三个大字。早有本号的号军从那个矮栅栏上头伸手把那人扛着的考具接过去。那人去了，公子还等着给他开栅栏儿进号呢。那知那栅栏是钉在墙上的，不曾封号以前，出入的人只准抽开当中那根木头，钻出钻入。

公子也只得低头弯腰的钻进号筒子去，看了看，南是墙面，北作栖身，那个院落，南北相去外也不过三尺；东西下里排列得蜂房一般，倒有百十间号舍。那号舍，立起来直不得腰；卧下去伸不开腿，吃喝拉撒睡，纸笔墨砚镫，都在这块地方。假如不是这地方出产举人进士这两桩宝货，大约天下读书人那个也不肯无端的万水千山跑来尝恁般滋味！

公子当下歇息片刻，一样的也把那号帷号帘钉起来，号板支起来，衣帽铺盖碗盏家具吃食柴炭一切归着起来。这桩事本不是一个人干得来的事，更加他又是奶娘丫鬟服侍惯了，不能一个人干事的人，弄是弄不妥当，且只将将就就鼓捣了会子就算结了。幸喜伺候那儿间号的一个老号军是个久惯当这过差使的；见公子是个大家势派，一进来把例赏号军的饽饽钱米就赏了不算外，余外又给了个五钱重的小银锞儿，乐的他不住问茶问水的殷勤。

这个当儿，这号进来的人就多了，也有抢号板的，也有乱坐次的。还有诸事不作，找人去的，人来找的。甚至有聚在一处乱吃的，酣饮的。便是那极安静的也脱不了旗人的习气，喊两句高腔，不，就对面墙上贴几个灯虎作等人来打。

公子看了这般人，心中纳闷，只说："我倒不解他们是干功名来了？是玩儿来了？"他只一个人静坐在那小窝儿里凝神养气。

看看午后，堂上的监临大人见近堂这儿路旗号的爷们出来进去，登明远楼，跑小西天，闹的实在不象了，早同查号的御史查号，封了号口栅栏。这一封号，虽是几根柳木片儿的门户，一张木红纸的封条，法令所在，也同画地为牢，再没人敢任意行动。

公子见眼前来往的都已静了些，才把他窗下的揣摩本心里默诵了一过，叫号军弄热了饭，就熟菜吃了；才点灯，便放下号帘，靠了包袱待睡。可奈墙外是梆锣聒噪，堂上是人语喧哗，再也莫想睡得稳，良久才睡熟。一时，各号的人也都睡了，准备明日鏖战。那号军也偷空儿栖在那个屎号跟前坐着打盹儿。

却说内中那个老号军睡到三更过后，钻出来去出小恭，完了事才回头，只见远远的象那第六号的房檐上挂着碗来大的盏红灯。那老号军吃了一惊，说道："这位老爷是不曾进过场的，守着那油纸号帘，点上盏灯，一时睡着了，刮起风来，可是玩得的！"连忙跑过来，想要叫醒了他。不想走到跟前，却早不见了那盏灯，他揉了揉眼睛道："莫不是我睡得楞怔眼离了？"

恰好这个当儿，公子一觉睡醒，一睁眼见屋里漆黑，又转了向儿了，模里模糊的叫了声："花铃儿，你看灯都待好灭了，也不起来拨拨。"那老号军便打了个岔说："老爷，你老放心睡罢，没灯啊，是我的眼离了。"

公子又不曾留心他说的所以然，只想误呼作小婢，倒来个老军，不觉自己失笑，不好再提，便合他要了个火，点上灯。看了看墙上挂的那个表，已经丑正了，便要水擦了擦脸，又叫那号军熬了粥。少待收拾完毕，号口边值号的委员早已喊接题纸。

少时，那号军便给他送了一张来。连忙灯下一看，只见当朝圣人出的是三个富丽堂皇的题目，想着自然要取几篇笔歌墨舞的文章，且喜正合自己的笔路。再看那诗题，又是窗下作过的，便是第一第三文题，也像作过。静想了想，大势也都还记得起，暗喜："这可就省事多了！"忽又一转念道："不是这等。古人师友之间还要请试他题，岂有钦命题目，我自己才识云程，便这等欺心把窗课来塞责的理？父亲看了先要不喜。不可徒乱人意，不如把他丢开，另作才是。"随把题目折起，便伸手提笔起起草来。才得辰刻，头篇文章合那首诗早已告成，便催着号军给煮好了饭，胡乱吃了一碗。天生的世家公子哥儿，会拿甜饽饽解饿！又吃了些杏仁干粮油糕之类，也就饱了。便把第二三篇作起来，只在日偏西些都得了，自己又加意改抹了一遍，十分得意。看了看天气尚早，便吃过晚饭，上起卷子来。

他的那笔小楷又写的飞快，不曾继烛，添注，涂改，点句，勾股，都已完毕，连草都补齐了。点起灯来，早已又低低的吟哦了一遍，随即把卷子收好，把稿子也掖在卷袋里。闲暇无事，取出白枣儿、桂圆肉、炒糖、果脯这些零星东西大嚼一阵，剩下的吃食都给了号军，就靠着那包袱歇到次日天明。那个老号军便帮他来把东西归着清楚，交卷领签，赶早排便出了场。才到贡院头门，早见他岳丈张老，先生程师爷以至华忠诸人直挤到门槛边等他。一时见公子恁早出来，都不胜欢喜。程师爷先问了声：“得意？”他忙回道：“还算妥当。”

张老早把考篮包袱接过去递给众家丁。一行人簇拥出了外砖门。程师爷便台他同车，要文稿看，因说道：“头三两个题目你都作过的？”他道：“便是诗也作过，却都不曾用那窗稿。”因从卷袋里把草稿取出来。

程师爷一面看，一面用脑袋圈圈儿，便道：“只这前八行便有个才气发皇气象。恭喜，恭喜！”一时看完，说道：“诗也不粘不脱，大有可望。”

一时，回到宅里，公子不及别事，便叫叶通取了个小红封套把文稿折好，又亲自写了个给父母请安的安帖，封起来，打发戴勤飞马立刻给父亲送去。

恰巧戴勤走后，安老夫妻早打发晋升来接场。舅太太又叫赶露儿送了来的吃食。二位奶奶给包了添换的衣服。公子也问了父母的起居。晋升一一回答，又说：“老爷还说，爷得晌午后出来，吩咐奴才：天晚了，索性等明日送了爷进场，再把文章稿子逞回去。谁知爷已经老早的出来，倒先打发人请安去了？”公子道：“戴勤大约今日也不得回来，你依然遵着老爷的话，明日回去罢。”

说着，便有几家亲友来看，都道：“不好久谈，请歇息罢。”告辞而去。公子吃得一饱，撒和了撒和，便倒头大睡，养精蓄锐，准备进二三场。这且不在话下。

却说安老爷急于要看看儿子头场的文章有望无望；又愁他出来得晚，晋升今日断赶不回来，只落得负着双手满院里一趟一趟的转圈儿。正在走着，见戴勤来了，忙问道：“你回来作什么？”戴勤请了安，又替公子请了安，忙回明原由。

安老爷一面进屋子，一面拆那封套，便坐下伏案细看那诗文草稿。安太太只尽着问戴勤说："你瞧大爷那光景还没受累呀？没着凉啊？"戴勤回道："奴才爷很好，出来是红光满面的。程师爷说准中。"金玉姊妹听了，也自放心。

这个当儿，太太见老爷看完了文章，只默默不语，不禁问道："老爷看着怎么样？"原来安老爷看得公子的文章作得精湛饱满，诗亦清新，却也欢喜，只愁他才气过于发皇，不合那两位方公的式，所以心中犹疑。见太太一问，正待说明原由，一想，他娘儿们自然同我一般的期望，此时说出这话，倒添他们一桩心事，便道："难为他。中是竟中得去了，只看命罢。"

太太同两个媳妇听了便欢喜起来。戴勤退出房门去，两个嬷嬷又在廊檐底下截住他问长问短。那个长姐儿赶出赶进的听了个够，他倒说道："人家老爷合师老爷都说大爷中定了，还用你们老姐儿俩絮叨！"

…………

第三十五回　何老人示棘闱异兆　安公子占桂苑先声

这回书且按下金玉姊妹在家怎的个准备接场。趱回来再整安公子进过二场，到了三场，节届中秋，便有家里送来的月饼果品之类，预备他带进场去过节。又有安老爷另给程师爷、张亲家老爷送的酒，备的菜。

这些琐事都不消细讲。却讲场里办到第三场，场规也就渐渐的松下来。那时功令尚宽，还有中秋这夜开了号门放士子出号赏月之例。

那夜安公子早已完卷，那班合他有些世谊的，如梅问羹、托诚村这几个人也都已写作妥当，准备第二日赶头排出场。又有莫声庵先生的世兄同着两个人：一个是管曰枌的同乡，姓鲍，名同声，字应珂，合莫世兄是表兄弟；一个是旗人，名惠来，号远山，也是莫声庵手里中的秀才。因莫世兄谈起安公子的品学丰采，两个人想要会会他。莫世兄便顺道拉了梅公子、托二爷一同找到公子号里来。

那时号里士子大半出去游玩去了，号里极其清净。这班少年英俊，彼此一见，自然意气相投。当下几个人坐下，各道倾慕，便大家高谈阔论起来。先是彼此背诵了会子头场文章，这个推许那个一番，那个又向这个谦逊两句。

梅公子道："你众位此时且不必互相推许谦让，等出了场，我指引你们一个地方去领领教，那就真知道是谁中谁不中了。"那个鲍应珂道："吾兄讲的莫不是琉璃厂观音阁新来的那个风鉴先生?"梅公子道："倒不晓得这个人；况且这科甲一路的科名，可是那些江湖相面的相得出来的?"莫世兄道："我晓得了，你府上设的吕祖坛最灵验的，一定是扶了乩。"他又道："我家设的那座坛，不谈休咎。这个所在只怕比纯阳祖师说的还有把握些。"

安公子道："莫信他捣鬼！这个兄弟品学心地，件件交得，只有他顽皮起来，十句话只好信他三句。"梅公子道："不信由你。等出场后，我几个人订个日子同去，你却莫要耐不住，差个人来窥探。"

莫、鲍、惠三个人早已在那里问他："可好携带我们同去?"他道："都是功名中有分的，这又何妨?"托二爷说："既那样，咱们十六出场，十七就去。"他道："你就热到如此！一出场谁不要歇歇乏，拜拜客？怎么来得及?"

安公子也被他说的跃跃欲动，便说："既如此，你订日子罢。"他低着头掐指寻纹算了半日，口里还呐呐的念道："这日不妥，那日欠佳。"忽然抬头向大家道："这样罢。这个日子，我们竟定在出榜这天罢。”

大家听了，不禁大笑。安公子道：“我说他是梦话不是？”梅公子道：“我说的不是梦话，你们说的才是梦话呢！科甲这一途，除了不会作文章合虽会作文章而不成文章的不算外，余者都中得。只这桩事，单靠文章，未必中用，是要仗福命德行来扶持文章的。何况三项都有了，还要分个运会机缘的迟早。难道不等出榜，你们此时大家互相推许谦逊一阵，就算得中了不成？”

莫世兄：“这话倒是几句名言。只看今年头场便有许多闹乱子的；除那个自尽的合那亲兄弟两个一齐发了疯的，直算个显应了。此外还有一个人，说来最是怕人，并且这人我还晓得他要算八股里的一个作家。他头场好端端诗文都录了正，补了草了，忽然自己在卷面上画了颗人头。那人头的笔画一层层直透过卷背去，可不大奇！”

托二爷也道：“便是那紫榜高悬，贴出去的人也不少。那张紫榜，我倒看见了，有的注诗文后自书阴事的，有的注卷面绘画妇人双足的，就连咱们那日看见的那个绷僧额也贴出去了。”

安公子道：“那样闹法，焉得不贴！他名下是怎样注的？”托二爷道：“那一行看不清楚，想是他自己抹了去了。”梅公子道：“此公我早已晓得他一定要贴出去的。他也在官号，我合他同号，见他一进去就要拆那屎号的后墙，号军好容易拦住他。紧接着就叫号军打浆子，自己带着锯把号板锯了一块，可着那号门，安了半截子影戏窗户似的，糊上纸，钻在里头，一个人喊了会子‘掰他得’。”

莫世兄便问道：“甚的叫作‘掰他得’？”那个鲍应珂道：“他们在那里翻清话，咕噜咕噜的，我们不懂。”托二爷到底少年盛气，便告诉他道：“这是坛庙大祀赞礼的，赞那‘执事者各司其事’一开口的前三个字，祭文庙也用得着。吾兄将来高发了，升到祭酒司业，都要懂的。”梅公子又道：“否则等点了清书翰林，也就得懂了。”

安公子觉得都是一时无心闲谈，大可不必如此，便合梅公子道：“你快说那位罢。只这样闹，你怎的便知他一定贴出去呢？”梅公子道：“到了第二日，我正场卷子才写得个前八行，他从面前过去，望了一眼，便道：‘你的文章怎么也从这边儿写起呢？’我倒吃了一惊，忙问道：‘依足下要从那边写呢？’他道：‘你瞧我的就知道了。’说着，把他的卷子取了来。我一看，三道文题合诗题都接连着写在补草的地方，却把文章从卷子后尾的一行行往前倒写。我只说得个‘只怕不是这样写法罢’。他说不错的，他们太爷考翻译的时候就是这么练的。我可再不敢往下说了。”

安公子、托二爷两个听了，也不禁要笑。安公子便说道：“那位绷公是苦于不解事，不虚心，以致违式犯贴，也罢了。我只不懂这班人既是问心不过，不来此地自然也还有路可走，何苦定要拿性命来尝试？逃得性命的还要自己把暧昧供出来，万目指摘，这是为什么？”梅公子道：“这又是呆话了。他果然有个问心不过，也不作这些事了。作了这些事，弄到如此，大概也依然还不知什么叫作问心不过。”莫世兄道：“吾兄这几句说话真是一鞭一条痕的几句好文章！”

安公子道：“且莫管他，我是在家里闷了大半年了，这一出场，大家必得聚聚才好。”大家连道：“有理。”

才商量怎的个聚法，只听至公堂月台上早喊了一声“下场的老爷们归号！快收卷了！”大家便告辞归号。这号里的人也纷纷回来。

却说此日安公子交了卷出场，早有人接着，回到住宅歇了歇，吃过饭，因程师爷要出城望望出场的同乡，张老又一定要等着同华忠、随缘儿归着妥了行李才走，自己便带了戴勤、叶通先回庄园。

却说安太太到了出场这日，从早饭后就盼儿子回家；舅太太、张太太也在上房等着；正说："他头两场都出来的早，这场想来也该出来了。"

说话间，只见茶房儿老尤跟前一个七八岁的孩子——叫作麻花儿的——从外头跑进来向华嬷嬷道："华奶奶，大爷回来了！"

一时，果听得公子到家。安太太便合两个媳妇道："你们俩出院子接接，这是个大礼儿。"两个连忙往外走。恰好花铃儿、柳条儿两个都不在跟前。长姐儿便赶上道："奶奶别忙；大高的台阶子，等奴才招呼着点儿罢。"说着，便跟了金玉姊妹迎到当院里。公子已进了二门。他两个今日却得了话了，迎着夫婿，问了三个字，说："回来了？"

公子惦着见父母。也不及回答，只略一招呼，便忙着上台阶儿，这一忙，把长姐儿的一个安也给耽搁了。他进了屋子，见过父母，又见了舅母岳母。

安太太虽合儿子不过十日之别，便象有许多话要说，此时自然得让老爷开谈。便听老爷说道："回来了？三场居然平稳，很好。"

公子只有答应。老爷又道："你的头场稿子我看过了，倒难为你。二场便宜了你，本是习《礼记》专经的，五个题目都还容易作。"因问："三场呢？"公子连忙从怀里掏出稿子来送过去。老爷看着稿子。

这个当儿，太太、舅太太、张太太才问长问短。太太几乎要把儿子这几天的吃喝拉撒睡都问到了。公子一一答应，又笑道："都好将就，就只水喝不得，没地方见大秽。"太太道："那可怎么好呢？"亲家太太又问："难道连个粪缸也没有？"公子道："倒不是没有。第一场到了第三天就难了。再到了第三场的第三天，连那号筒子的前半路都有了味儿了，没法儿，我憋到出了场才走动了。”

太太啧啧了两声，皱着眉道：“你听听！敢则这么苦呢!”安老爷便道：“然则带兵呢？成日里卧不安枕，食不甘味，又将如何?”舅太太说：“不是姑老爷一说话，我就要班文儿；难道出兵就忙的连个毛厕也顾不得上吗?”

老爷只说：“一个人不读书再合他讲不清的。”因又问公子看见几篇文章。公子一一答应了。老爷点头道：“你的头场文章，几个相好的也必要看的，闲一闲抄出来，那文章却还见得人。”

…………

那时离出榜还有半月光景。这半月之中，凡是下场的，最好过也最不好过。好过的是磨盾三年，算完了一桩大事，且得消闲几日。不好过的是出得场来，看看谁脸上都像个中的，只疑心自己不像；回来再把自己的诗文摹拟摹拟，却也不作孙山外想。及至看了人家的，便觉自己场作不及他人出色。方寸中是顷刻楼台，顷刻灰烬，转消闲得不耐烦。

安公子更是个要好的人，何况他心里还比人多着好几层心事，觉得望着放榜那个日子更有个挨一刻似一夏的光景。只这等挨来挨去，风雨催人，也就重阳节近。

话分两头。书中按下这边，趱回来再整贡院里衡鉴堂那三位主考。却说他三位自八月初六日在午门听宣见，钦点入闱，便一面吩咐家中照例封门回避，自己立刻从午门进了贡院。那些十八房同考官以至内帘各官，也随着进去关防起来。紧接着便有顺天府尹捧到钦命题目。

三位主考拆了封，十八位房官一齐上堂打躬参见，就请示主考的意旨：这科要中那一路的文章，以凭尊奉去取。那位大主考方老先生便先开口说道：“方今朝廷正在整饬文风，自然要向清真雅正一路拔取真才。若止靠着才气，摭些陈言，便不好滥竽充数了。”那一位方公也附会道：“此论是极。近科的文章本也华靡过甚，我们既奉命来此，若不趁此着实的洗伐一番，伊于胡底？诸公把这话奉为准绳罢。”

那位旗员主考也随着人云亦云。众房考都晓得二方的文章向来是专讲枯淡艰涩一路的，所以发此议论。但是文章是件有定评的公器，所谓“羽檄飞书用枚皋，高文典册用相如”，怎好拿着天下的才情就自己的范围？大家心里都窃以为不然，却又一时不好空口争得。只得应着下来，依然打算各就所长，凭文取士。

不想内中有个第十二房的同考官，这人姓娄，名养正，号蒙斋，是个陕西拔贡出身，洊各项刑部主事，乃伪周天册万岁武则天时候宰相娄师德之后。他从年轻时候得了选拔，便想到他祖上“唾面自干”的那番见识，究竟欠些褒气。因此，一登仕途便有意“居乡介介，在朝侃侃”。久而久之，弄成一个执性矫情的谬品，老着那副“笑比河清”的面孔，三句话不合，便反插了两只眼睛叫将起来。因此，等闲人轻易不去傍他。他却又是专摹二方的文章发的科甲，因此听了那二位方老先生的议论，大是佩服；便高谈阔论的着实赞襄了一番。众人也不去搬驳他，各各默然而退。

只这一番，别一个不知怎样，安公子的功名已是早被安老爷料着，果的有些拿不稳了。那知天下事，阳差之中，更有阴错，偏偏的公子的那本朱卷进到内帘第十七房，是处不曾分着，恰恰分到这位娄公手里。

那日，正逢他晚餐已过，酒醉饭饱，有些醺然，跟班也去自取方便。他点上盏灯，暖了茶壶，一个人静静的把那些卷子批阅起来。请问，他那等一个宁刻勿宽失，阅起文来，岂有不宁遗勿滥的理？当下连阅了几本，都觉少所许可，点了几个蓝点，丢过一边。随又取地定本来，看了看“成字六号”，却是本旗卷。见那三篇文章作得堂皇富丽，真个是“玉磬声声响，金铃个个圆”。虽是不合他的路数，可奈文有定评。他看了也知道爱不释手，不曾加得圈点，便粘了个批语。才想印上荐条，加上圈子，荐上堂去，忽然转念一想道：“不可，一则大主考既是那等交代在先，况且这卷子又是本旗卷，知他是个甚等巨族大家的子弟。倘然荐上去，他二位老先生倒认作我有意要收这个阔门生，我的清操何在？”便把批语条子揭下来，就灯上烧了，在卷子上随意点了几个蓝点子，也丢在一边；又另取了一本，放在面前阅看。

正在看着，只听得窗外一阵风儿，扫得窗棂纸簌落落的响，吹得那盏灯青焰焰的光摇不定。他不觉一阵寒噤，连打了两个呵欠，一时困倦起来，支不住，便伏在手下那本卷子上待睡。

才合上眼，恍惚间忽见帘栊动处，进来了一位清癯老者。那老者生得童颜鹤发，仙骨姗姗，手中拖了根过头拐杖，进门先向他深深的打了一躬。他梦中见那人来的诧异，礼也不还，便问道：“汝何人也？无故到我这关防重地来何干？”只见那老者蔼然和气的答道：“正是。予何人也。”因把那枝拐杖指定方才他丢开的那本卷子说道：“此来特为着这本成字六号的卷子，报知足下，此人当中。”

他一听这话，觉得是说人情来了，便一脸秋气说道：“怎的我问你是何人，你也自道你是何人？况我奉命在此衡文，并非在此衡人。便是此人当中，文衡谁掌我不中他，其奈我何？要你来干这闲事！”又听那老者说道：“郎官不可这等执性。‘士先器识’，果人不足取，文于何有？何况这人的名字已经大书在天榜上了，你不中他，又其奈天何？”他那里肯信这话，便说道：“多讲！我娄某自来破除情面，不受请托，那个不知！难道独你不曾听得？”那老者叹了一声，道：“不想这人果的这等不明理，不近情，此事还须大大费番周折！”

他听得当面给他出了这等两句的考语，就待站起来，奔了那老者去。不想才待起身便跌了一跤。爬起来，眼前早不见了那个老者，自己却依然坐在那个座儿上。再看了看那盏灯点了有寸许长，结了两个鬼眼一般的灯花，向着他颤巍巍乱动。

他才悟道：“方才经的是番梦境！”呆了一刻，说道：“然则梦中所见的，鬼也，非人也。可见的这团浩然之气，鬼也吓得退的。不要理他，且干正经！”说着，剪了剪灯花，仍待批阅他手下那本卷子。

及至一看，可煞作怪！那一卷倒丢过一边，手下放的依然是成字六号那卷。他正在陀异，窗外又起了一阵风，这番不好了，竟不是作梦了。只听那阵风头过处。把房门上那个门帘刮得臌了进来，又闪出出去，高高的掀起。只这一掀，早从门外明明的进来了一位金冠红袍的长官。他见那位长官不是个寻常装束，不道那“浩然之气”，也就有些害慌了，连忙站起来，避在一旁，问道：“尊神何来？有甚的指教？”只听那神道说道：“你既知吾神何来，怎的还悟不到吾神的来意？也是为着成字六号这人当中。”

列公，你只看这娄公浑不浑！他见那神道也象是为找他托人情而来的！虽神道也罢，他也竟敢合他使一使那牛一般的性儿。他却绝不想“王道本乎人情，人情准乎天理”。诚为枉法营私，原王章所不宥。要知“安老怀少亦圣道之大同”，一味沽名，已不是爱名，有心干事，必不能济事。无端任怨，终不免敛怨；苦不近情，定转至悖情。自世上有这班执性矫情的人，凡是一事到手，没人从旁救补一句，他倒肯斡旋；合人共事，没人从旁赞扬一句，他倒肯培植。但向他提着一个字，他便道是托人情，这桩事，那个人算休矣！这班脚色要叫他去参政当国，只怕剥削天下元气不小！

闲话少说。却讲那个娄主政见那神道说也为着那本卷子而来，他便立刻反插了两只眼睛说道：“这事又与神道何涉，要来搀越！从来说：‘聪明正直之为神。’谓神聪明，我娄某也不蒙懂；谓神正直，我娄某也不偏邪。便是神道……”

一句话不曾说完，只听那神道大喝了一声道：“哇！住口！”他底下这句话大约要说“便是神道来说这个人情，我也不答应。”谁知那神道的性儿也是位不让话的，不容他往下说，便兜头一喝，说道：“狂徒！看你读圣贤书，司举错权，虽是平日性情失之过刚，心术还不离乎正，所以那位老人家才肯把天人响应的道理来教诲你，你怎的读书变化气质，倒变成这等一副气质来！可不是不知教诲么?”说罢，声色俱厉，二目神光炯炯，直射到他脸上来。直吓得他一身冷汗，战兢兢的道：“尊神宥我愚蒙，留些体面，待娄养正速把这本卷子荐上堂去，勉赎前愆，何如?”说着，便连连的拜叩个不住。那神道才有些颜霁，说道：“既知悔悟，姑免深求。”

他只道那神道说完这句便好走了，不想那神道不往外走，却转向里来。他爬起来，回头一看，只见方才梦中的那位老者正不知什么时候进来，早端端正正坐在那里；又见那位神道走到那老者跟前，控背躬背，不知说了两句什么话。那老者干笑了一声，道：“不想这样一个顺水推舟的人情，也要等你们戴纱帽的来说才说的成！”说着，便拄着杖站起来。那位神道倒随在身后，还持扶着他一同出门而去。紧接着便听得外间的门风吹的开关乱响。吓得个娄主政骨软筋酥，半晌动弹不得。良久，良久，听得没些声息了，才把着帘子向外望了一望，那门依旧好端端虚掩在那里。他那个跟班的却如死狗一般的睡倒在一张板凳上。

他定了定神，才叫醒了人，剪亮了灯，重新把安公子那本卷子加起圈来，重新加了批语，打了荐条。听了听，更楼上的钟鼓还不曾交得三更，打听堂上主司正在那里阅卷，他便整好衣冠，拿了那本卷子荐上堂去。主考接过来，不看文章，先看了看是本汉军旗卷，便道："这卷不消讲了，汉军卷子已经取中得满了额了。"那娄主政见不中他那本卷子，那里肯依，便再三力争，不肯下堂。把三位主考磨得没法了，大主考方公说道："既如此，这本只得算个备卷罢。"说着，提起笔来在卷面上写了"备中"两个字。

列公，你道这备卷是怎的一个意思？我说书的在先原也不懂，后来听得一班发过科甲的讲究，他道：凡遇科场考试，定要在取中定额之外多取几本备中的卷子：一来预备那取中的卷子里，临发榜之前，忽然看出个不合规式，不便取中的去处，便在那备卷中选择一本补中；二则叫这些读书人看了，晓得榜有定数，网无遗才，也是鼓励人才之意；其三也为给众房官多种几株门外的"虚花桃李"。

这备卷前人还有个譬喻法。他把房官荐卷比作"结胎"；主考取中比作"弄璋"；中了副榜比作"弄瓦"；到了留作备卷，到头来依然不中，便比作个"半产"。

他讲的是一样落了第，还得备手本送贽见去拜见荐卷老师，便同那结了胎，才欢喜得几日，依然化为乌有，还得坐草卧床，喝小米儿粥，吃鸡蛋，是一般滋味。倘有个不肯去拜见荐卷老师的，大家便要说他忘本负恩，何不想想那房师的力量止能尽到这里，也就同给人作个丈夫，他的力量也不过尽到那里一个道理。你作了榜外举人，落了第，便不想着那老师的有心培植，难道你作了闺中少妇，满了月，也不想那丈夫的无心妙合不成？这番譬喻，虽谑近于虐，却非深知此中甘苦者道不出来。

然则此刻的安公子已就是作了个半产婴儿了！可怜他阖家还在那里没日没夜的盼望出榜高中！这便是俗语说的"世间没个早

知道”也。

话休絮烦。却说这年出榜，正定在九月初十日这天。前两天内外帘的主考、监临便隔帘商量，因本科赴试的士子较往年既多，中额自然较往年也多，填榜的时刻便须较往年宽展些，才赶得及。因此到了九月初九这日，才得辰刻，便封了贡院头门，内外帘撤了关防。预先在至公堂正中设了三位主考的公案，左右设了二位监临的公案，东西对面排列着内外监试合十八房的坐次，又另设了一张桌儿，预备拆弥封后标写中签，照签填榜。当地设着一张丈许的填榜长案，大堂两旁堆着无数的墨卷箱。承值书吏各司其事。还有一应委员房吏差役以至跟随人等，拥挤了一堂。连那堂下丹墀里也站着无数的人，等着看这场热闹。那贡院门外早屯着无数的报喜的报子；这班人都是老早花了重价买转里面的书办，到填榜时候，拆出一名来，就透出一个信去。他接着便如飞去报，图的是本家先一天得信，他多得几贯赏钱。

不一时，预备齐集，点鼓升堂。主考才离了衡鉴堂，来到至公堂合监临相见，各官三揖。参谒已毕，便有内帘监试，领了内帘承值官吏，把取中的朱卷送到公案上，先把五魁的魁卷放在当中，又把第六名以下的中卷一束束挨次摆得齐整，然后才把那束备中的卷子另放一处。向例填榜是先从第六名填起，全榜填完了，然后倒填前五名。这个原故，只在这《儿女英雄传》安老爷中进士的时候已经交代过了，此时不须再赘。

当下只见那位大主考归坐后，把前五魁魁卷挪了一挪，伸手先把那中卷里头一本第六名拿起来，照号吊了墨卷，拆开弥封。拆出来大家一看，只见那卷面上的名字叫作马代功，汉军正白旗人。

原来这人的乃翁作过一任南监掣；他本身也捐了个候选同知。其人小有别才，未闻大道。论他的才情，填词觅句，无所不能，便是弄管调弦，也无所不会，是个第一等轻薄浮浪子弟。却正是那位汉监临大人当日未发以前来京就馆时候教过的一个最得意的阔学生。如今见第一卷取中的便是他，不禁乐的掀须大叫道："易之中了！这人正是我的学生，聪明无比！他家要算个大族。他的表字易之，别号叫作篑山。不惟算得他们旗人中第一个名家，竟要算北京第一个才子。三位老前辈今日取了这个门生，才叫作'名下无虚，主司有眼'，可称双绝。不信，等他晋谒的时候把他那刻的诗集要来看看，真真是李、杜复生，再休提什么王、杨、卢、骆。"

恰好这卷正是那位娄主政荐的，那位大主考方公取中的，听得这话，也十分得意，便道："这所谓文有定评了，可见我这双老眼竟还不盲。"

说着，那位监临大人便把他的朱卷捧在手里，吟哦他那首排律的诗句。这个当儿，那边承书中签的两个外帘官早已研得墨浓，蘸得笔饱，等着对过朱墨卷便标写中签。不想得那位监临大人看着那本卷子，忽然地嚷起来道："慢来！慢来！为僗了！他这首诗不曾押着官韵呀！"

方老先生听了，也觉诧异，说："不信有这等事。想是誊录誊错了，对读官不曾对得出，也不可知。"急急的把墨卷取过来，亲自又细细的对了一番，可不是忘了押官韵了是什么呢？怔了半日，倒望着大家道："这便怎样？僗偏偏的又是个开榜第一人，不但不好将就，而且不便斡旋。此时再要把通榜的名次一个个推上去，那卷面上的名次都要改动，更不成句说话了。不么，我们就向这备卷中，对天暗卜一卷，补中了罢。大家以为怎样？"众人连说："言之有理。"

说着，大家都站起来。那大主考便打开那一束备中的卷子，挑出几本合了号的来搁在一处，立刻秉了一片为国求贤的心，必诚必敬，望空默祝了一遍，先用右手把那挑出来搁在一处的几本备卷抖散了。他的左手还有些信不过他的右手，又用左手掀腾了一阵，暗中摸索出一本来，一看，正是那位娄主政力争不退的“成字六号”那一卷；连忙叫了坐号，吊了墨卷来，拆开弥封一对，只见那卷面之上的名字正是“安骥”两个字。

大家看了那个“骥”字才悟到那个表字易之别号篑山的马代功竟是替这位不称其力称其德的良马，人代天功，预备着换安骥来的。

只可怜那个马生中得绝高，变在顷刻，大约也因他那浮浪轻薄上就把个榜上初填第一名暗暗的断送了个无踪无影。此时真落得“为山九仞，功亏一篑，止，吾止也”了。

这等看起来，功名一道，岂惟科甲，便是一命之荣，苟非福德兼全，也就难望立得事业起。不然，只看世上那班分明造极登峰的，也会变生不测，任是争强好胜的，偏逢用违所长。甚至眼前才有个转机，会被他有力者夺了去，头上非没个名器，会教你自问作不成。凡事固是天公的游戏弄人，也未必不是自己的暗中自误。然则只吾夫子这薄薄儿的两本《论语》中，“为山九仞”一章理有无限的救世婆心，教人苦口儿。如人废而不读，读而不解，解而不悟，悟而不信何！

闲话少说。却说至公堂上把安骥——安公子——取中了第六名举人，占了先声，当下那班拆封的书吏便送到承书中签的外帘官跟前，标写中签。那官儿用尺许长寸许宽的纸，笔酣墨饱的写了他的姓名旗籍；又有承值宣名的书吏，双手高擎，站在中堂，高声朗诵的唱道：“第六名安骥，正黄旗汉军旗籍庠生。”唱了名，又从正主考座前起，一直绕到十八位房官座前转着，请看了一遍，然后才交到监试填榜的外帘官手里。就有承值填榜的书吏用碗口来大的字照签誊写在那张榜上。

此时那位娄主政，只乐的不住口的念诵："有天理！有天理！"他此时痛定思痛，想起那日梦中那位老者说的"他名字已经大书在天榜上了"这句话来，益发觉得幽暗之所，没一处不是鬼神；鬼神有灵，没一事不上通天地，煞是令人起敬起畏。

书中且言不着场里填榜的事。却说场外那一起报喜的一个个擦拳抹掌的都在那里盼里头的信，早听得他们买下的那班线索隔着门在里面打了个暗号，便从门缝中递出一个报条来；打开看了看，是"第六名安骥"五个字。

内中有个报子正是当日安老爷中进士的时候去报过喜的；他得了这个名条，连忙把公子的姓名写在报单上，一路上一个接一个的传着飞跑；那消个把时辰，早出了西直门，过了蓝靛厂，奔西山双凤村而来。这且不表。

再说安老爷自从得了初十揭晓的信息，便虑到这日公子倘然一个不中，在家面面相觑，未免难过，又有自己关切的几个学生，也盼早得他们一个中不中的确信。只是住得离城窎远，既不好遣人四处打听，便是自己进城候信，又想起太太媳妇在家也是悬望，正在为难。

恰好这班少年，从出场起便热锅上的蚂蚁一般，到了次日，那里还在家里坐得住；因是初十日出榜，先一日准可得信，便大家预先商量着在内城西山两下相距的一个适中之所找了座大庙。那庙正是座梓潼庙。庙里也有几处点缀座落。那庙里还起着个"敬惜字纸"的盛会，又存着许多善书的板片，是个文人聚会的地方。是日也约了安公子一同在那里疏散一天，作个"题糕雅集"，便借此等榜。

公子回知了父亲，安老爷也以为可。他到了重阳这日，早起吃了些东西，才交巳正，便换了在随常衣裳，催齐车马，见过堂上，回明要去。安老爷嘱咐他道："你只顾去大家谈谈，倒好消遗。家里得了信，自然给你送信去。倘然你那里得了信，就即刻回来。如果两地无信，象你这样年纪，再多读两年书，晚成两年名，也未始非福。”公子也领会得这是父亲虑到自己不中先慰藉一番的苦心；只聚精会神答应，不遑他顾。倒是安老爷只管说着话，耳轮中却听得二门外一阵人语嘈杂；才回头要问，只见张进宝从二门跑进来，华忠、随缘儿父子两个左右架着他的膀子，他跑得吁吁带喘，晋升等一干家人也跟在后面。

安老爷正不知什么事。只见张进宝等不及到窗前，便喘吁吁的高声叫道："老爷太太欢喜！奴才大爷高中了！"

安者爷算定了儿子这科定不得中的，便是中，也不想这时候便有喜信；听了这话，也等不得张进宝到跟前，阿了一声，站起来发脚就往院子里跑，直迎到张进宝跟前，问道："中在第几名？"

那张进宝是喘得说不出话来。老爷便从他手里抢过那幅大报单来打开一看，见上面写着"捷报贵府安老爷，榜名骥，取中顺天乡试第六名举人"，下面还写着报喜人的名字，叫作"连中，三元"。

安老爷看了，乐得先说了一句："谢天地！不料我安学海今日竟会盼到我的儿子中了！"手里拿着那张报单，回头就往屋里跑。

这个当儿，太太早同着两个媳妇也赶出当院子来了。太太手里还拿着根烟袋。老爷见太太赶出来，便凑到太太面前道："太太，你看这小子，他中也罢了，亏他怎么还会中的这样高！太太，你且看这个报单。"

太太乐得双手来接，那双手却攥着根烟袋，一个忘了神，便递给老爷；妙在老爷也乐得忘了，便拿着那根烟袋，指着报单上的字，一长一短念给太太听。还是张姑娘看见，说："哟！怎么公公乐的把个烟袋递给婆婆了?”只这一句，他才把公公婆婆说倒了过儿了。

何小姐这个当儿，积伶听见，连忙拉了他一把，悄悄儿的笑道：“你怎么也会乐的连公公婆婆都认不清楚了!”张姑娘才觉得这句话是说拧了；忍着笑，抟过头去，用小手巾握着嘴笑，也顾不得来接烟袋。

何小姐早连忙上去把公公手里的烟袋接过来，重新给婆婆装了袋烟。他不想比张姑娘拧的更拧，点着了，照旧递到公公手里。安老爷道：“我可不接了。”他这才大笑。

一时，大家乐的就连笑也笑不及。老爷还在那里讲究，说怎的十名以前难得有一两个旗人，而且这第六名便算个填榜的头名。太太同两个媳妇听着，只是满脸堆欢，不住口的答应。

…………

第三十六回　满路春风探花及第　一樽佳酿酾酒酬师

…………

却说安公子见金玉姊妹已经把家里整理得大有眉目，自己的功名却才走得一半途程，歇了两日，想到明年会试，由不得不急着用功。

恰好一日安老爷偶然走到书房里，见他正在那里拟了几个题目想要请老爷看定依课作起文来。安老爷看了看，说：“题目倒都拟的是，只是要作会试工夫，却比乡试一步难似一步了。乡试中后，便算交过排场，明年连捷固好，不然，还有个下科可待。到了会试中后，紧接着便是朝考，朝考不取，殿试再写作差些，便拿不稳点那个翰林。不走翰林这途，同一科甲，就有天壤之别了。所以凡有志科甲者，既中了举，那进士中与不中虽不可预知，却不可不预存个必中之心，早尽些中后的人事。这人事要怎的个尽法呢？只对策，写殿试卷子，这两层功夫从眼下便得作起来。我的意思，每月九课，只要你作六课的文章，其余三课，待我按课给你拟出策题来，依题条对。凡是敷衍策题，抄袭策科以至用些架空排句塞责却来不得的。一定要认真说出几句史液经腴，将来才好去廷对。你的字虽然不丑，那点画偏旁也还欠些讲究。此后作文便用朝考卷子誊正，对策便用殿试卷子誊正，待我给我阅改。非我见你既中了个举，转这等苦口求全责备，也虑着你读书一场，进不了那座清秘堂，用个部属中书，已就'失之毫厘，谬以千里'了。再要遭际不偶，去作个榜下知县，我便是你的前车之鉴，不可不知。"

列公只看这位安老先生怕作知县算到了头儿了，卫顾儿子也算到了头儿了；但是也须有卫顾儿子的本事学问。倘我说书的也有个会试的儿子，却叫我合他讲些什么来？

闲话少说。却说安公子遵着父亲的教训依然闭门用起功来，准备来年会试。

这书有话即长，无话即短。捻指之间，早又到了次年礼闱临近了。安老爷正想着这次不知是那几位主司进去，不想得了信，这次的大总裁又熟人过多了。原来那时乌克斋已升了兵部尚书协办大学士兼内务府大臣；莫学士也升了侍郎；吴侍郎又升了总宪。三个一齐点进去，正是安公子的两位先生，一位世弟兄，不消关节，只看他的路数笔气，那卷子也就是亮的了。何况他还是个门里出身的真实艺业，此番焉有不中之理？

看看到了场期，那安公子怎的个进场出场，不烦重叙。等到出榜，又高高的中在十八魁以内。老爷一家的欢喜热闹，更不待言。紧接着朝考，入了选。便去殿试。

那殿试策题问的是经学、史学、漕政、捕政四道。安公子经安老爷这几个月的造就工夫，那本殿试卷子真真作得来经经纬史，写得来虎卧龙跳，钦派阅卷大臣把他优定有前十本以内。城里有乌、吴、莫三位这等一班最关切的人，还愁安老爷得不着信不成？当日就早先得了个密信，暗暗放心，说："只要在前十本，无论第几，这二甲是拿得稳的，编修便可望了。"

却说到了升殿传胪的头一天，读卷大臣先进上前十本去，恭候御笔钦定那鼎甲一二三名——状元，榜眼，探花——，二甲第一名传胪，以至后六名的甲乙。上去之后，那班新进士都在保和殿后左门外的候旨，预备钦定下来，那个占了前十名，立刻就要预备带领引见。

这个当儿，除了那殿试写作平平，自分鼎甲无望的不作妄想外，但是有志之士，人人跂足昂头在那里望信，想这个前十名，更前那前十名鼎甲的三名。

内中只有安公子此时不但自知旗人格于成例，向来没个点鼎甲的，便是他在前十名也早密密的得了信儿了。心里暗想："便是取在第十名，也还在二甲里。此番回家，上慰父母，所不待言；连我那萧史桐卿那个'插金花''饮琼林酒''作夫人'的三个难题目我也算交过两篇卷了。"因此，他只管在那里一样的听信，却比众人心里落得安闲自在；闲中无事，只靠在后左门旁边望着大院子里看热闹。

只见那座宫门的台阶儿倒有一人多高，正门左门掩着，只西边这间的门开着一扇，豹尾森排，雀翎拱卫，只不听得有个高声说话的。看院子里那些预备带领引见的官员都在乾清门阶下伺候听旨。又有这班新进士的同乡同年，至亲本家，这日有事无事都各各借桩公事来关切探听。还有一班好事些的，虽然与他无干，也要知道这科的鼎甲是谁；又有那些跟班的笔政爷们，更要窃听个消息，预备在大人跟前当个鲜明差使。一时，那大院子里，千佛头一般挤挤擦擦站了一院子人，都扬着脑袋向那乾清门上望着，那门上站的一班侍卫公不住的在那里吆喝“积扐汗”。

积扐汗者，清语声音也。恐其人多声众，虽圣人远在深宫，一时听不见，防得是御前大臣碰见，普化天尊般的一声雷，那些侍卫公便持不住。

大家正盼望，见一个奏事黄门官从门里出来宣了状元榜眼探花传胪的名次。人多地方敞，一时有听的真的，有听不真的。还有站得远些，挤在后面的许多人，一个个矮身欠脚，长身延颈，半日还不曾打听明白状元是谁，又彼此探问。传说了会子，才知那一甲一名——状元——姓奚，江苏人，名叫奚振钟；一甲二名——榜眼——姓童，浙江人，名叫童海晏；一甲三名——探花——便是正黄旗汉军人安骥；二甲一名——传胪——却是个姓马的，叫作马行显。

那状元榜眼传胪的一班亲友听得，个个欢喜，所不待言。只忽然听得本科探花点了个旗人，人人惊异，都说：“这实在要算本朝破天荒的第一人了！”纷纷纳罕。

那知我大清兵民畏法，官吏知法，大臣执法，圣天子神明乎法。原来那日进上前十本殿试卷去，圣人见那第三本虽然写作俱佳，只是策文靡丽而欠实义，字体姿媚而欠精神，料不是个远大之器。及至看到第八名安骥，这本不但写得黑圆光润，那策文的经学史学两条对得本本源源，漕政捕政两条对面得来条条切中利弊。天颜大喜，便从第八名提向前来定了第三名，把那原定的第三名改作第八名。因此安公子便占了个一甲三名的探花郎。

却说后左门的那班新进士见宫门一阵簪缨乱动，知是卷子下来了。时候离得越近，心里望得越紧。紧接着便是那班带引见的官如飞而来。

忽然见一个胖子分开众人，两只手捧着个大肚子，两条腿踹落踹落的跑得满头是汗，张着张大嘴，一上䠥䠷便叫："龙媒！龙媒！"众人又不知龙媒为谁。他一眼看见安公子便跑到他跟前只说了个"恭喜"两个字，便扶了安公子的肩膀喘个不住，可再说不出话来了。

安公子出其不意，倒被他唬了一跳；定睛一看，才认出是何麦舟。这何麦舟便是安公子当日上淮安的时候同管子金两个来帮盘缠的那人。

安公子见他这个样子，只问说："怎么了？"他才喘吁吁的伸了三个指头说："龙媒，恭喜！你点了一甲三名——探花——了。"

安公子只是不信。这个当儿，早听那班带引见的官儿一名一名叫到他的名字，果然一甲三名叫得是安骥。安公于此时惊喜交集，早同了那九个人一个个跟着来到乾清门排班。

大家围着一看，只见状元清华丰采；榜眼凝重安详；到了那个探花，说什么潘安般貌，子建般才，只他那气宇轩昂之中，不露一些纨绔，温文儒雅之内，不粘一点寒酸，真真是彝鼎圭璋，熙朝人瑞；就连那个传胪也生得方面大耳，一部浓须，像是个干济之才。众人不胜叹赏。

那知这班草茅新进初来到这禁御森严地方，一个个只管是志等云飞，却都是面无人色。十个人一班儿排在那里，只口中念念有词，低着头，悄默声儿的演习着背履历。

不一刻，只见黄门官站在那高台阶上，说了句"引见"，便鱼贯而入的带上去引见。下来名次不动，静候次日升殿传胪。

却说安公子回到宅里，想到这番意外恩荣，诸事不顾，一心只想飞回去见着父母，正不知二位老人家当如何欢喜；无如明日便是传胪大典，紧接着还有归大班引见，赴宴，谢恩，登瀛，释褐许多事，授了职便要进那座翰林院到任，事不由己，无法，只得先差人回园代躬给父母叩喜，就禀知所以改点一甲三名的原故。

……

却说安老爷连日在城内拜完了客，又把公子的事一一布置指示明白，便吩咐他索性等诸事应酬完毕回庄园；又给他看定了个归第的吉日。公子一时得了主意。安老爷便先回双凤村，闲中商量起儿子归第的事来。

一天，老夫妻两个同着媳妇正计议家事，只见舅太太合张太太过来。舅太太坐下便道："姑老爷，我有句话要合姑老爷商量，可是张亲家的事。亲家公是怵着碰你个钉子不肯说；亲家母呢，他说他是个锯子嘴的葫芦，还说你说的话，他听着摸不着，叫我瞧着咱儿说咱儿好，还带管说，务必替他说成才好。前儿个我合我们姑太太商量了会子，姑太太也拿不稳你老的主意。我这里头可受着窄呢。你可不许合我闹一大车书，你就请出孔圣人来也不中用。这件事总得给人家弄成了。"

论安老爷这个人，蹈仁履义，折矩周规，不得不谓之醇儒；只是到了他那动称三代起来，却真也令人不好合他共事。不知这位舅太太怎的一眼把个生克制化的道理看破了。只要舅太太一开口，水心先生那副正经面孔便有些整顿不起来。也搭着这位老爷的近况正是身静心闲，神怡兴会，听舅太太说了这阵，便笑道："夫商量者，商其事之可否，互相商酌而行之谓也。你如今话不曾说，先说请出孔圣人来也不中用，然则还商出些什么量来？"

舅太太道："我不管这些，你只说应不应罢。"安老爷道："益发大奇！你就叫我看篇文章，也得先有个题目。如今文章倒作了大半篇，始终不曾点出题来，却叫我从那里应起？"

舅太太又道："姑老爷常说的呀：孔夫子的徒弟，谁怎么听见一样儿就会知道两样儿：又是谁还能知道十样儿呢。姑老爷这么大学问，难道我说了这么些句话你还听不出个四五六儿来吗？"

安老爷道："阿！《论语》要这等讲法，亦吾夫子之厄运也！"

安太太道："你们可怄坏了人了！这到那一年是个说得清楚啊？等我说罢！"因说道："张亲家的意思是因为玉格中了，要给他热闹热闹。"

才说了一句，安老爷早一副正色道："要是打算唱戏作贺，可断使不得，这却不敢奉命。"舅太太道："不是；不用唬得那么个样儿，等我告诉姑老爷。张亲家说的是他们外省女婿中了状元都兴丈人家请游街夸官；就是咱们城里头，我也还赶上过老年，还兴这个热闹儿，姑老爷想来也赶上了。讲到你中举的时间，我们家可没请过，我先说了，省得你回来又比出个例儿来。如今张亲家想着等女婿回来这天打发人远远儿接出去，给他弄分新执事，也给他插上金花，披上红，把他接了家来。一则是个热闹儿，再者，一个小孩子中了会子，叫他兴头兴头。姑老爷说使得使不得罢？"

这个当儿，不惟安太太、金玉姊妹望着老爷庆贺罢，连长姐儿都不错耳轮儿的听老爷怎么个说法。只见老爷听罢，哑然大笑，说道："我只道是怎么个难题目！原来为此！何须辞费到如此？此亦不读书之故也。听我讲：那花红不消费心，有朝廷的恩赐，赴'琼林宴'这日一榜新进士都要领的；却只有榜眼、探花、传胪一定要披戴起来，才成得这个盛典。至于执事，国初的时候，官员都有例用的执事，只翻出《会典》来看，上面载得明明白白。如今玉格既点了探花，自然该有他应用的仪仗。这事便是真个请教孔夫子，孔夫子也没个不许可的理，有什么使不得的！"

安太太见老爷难得有这等一桩俯顺群情的事，也自高兴；便闲谈道："真个的既是例上有的，怎么如今外省还有个体统，京里的官员，倒不许他使呢？"安老爷道："是不能也，非不许也。

你们既不博古，焉得通今？这可就要知‘因地制宜，因时制宜’的道理了。我朝以弓马取天下，从不晓什么叫作图安逸。国初官虽乘马的多，坐轿的少，那班世家子弟都是骑马，还有骑着骆驼上衙门的呢！渐渐的忘了根本，便讲究坐轿车。渐渐的走入下流，便讲究跑快车。渐渐的弄到不能养车，便讲究雇驴车。渐渐的连雇驴车也不能了，没法，虽从大夫之后，也只得徒行起来了哇！何况一路还要到鼻烟铺里装包烟，茶馆儿去喝碗茶。这要再用上分执事，成个什么体统？如今既是亲家这等疼孩子，我也不好故却，待我着个人替他照那《会典》上载的，不奢不俭，置办一分起来，何如？”

张太太听了半日，听这句话头儿仿佛是应了，便合舅太太说道：“我合你说侈话儿来着？人家亲家老爷，凭侈事儿，你给他说在理下，他没个不答应的不是？”舅太太道：“说了半天，敢则孔圣人就在这儿呢。”大家一笑而罢。

却说安公子传胪下来，授职用了编修，接着领宴谢恩，登瀛释褐，一切公私事宜应酬已毕，便打算遵着安老爷给他定的那个归第吉期，收拾回园叩见父母。他未回家之前，那恩赏的旗匾银两，早已领到。安老爷先在庄园门外立起一对高大朱红旗杆。那庄门外本有无数的大树，此时正是浓阴满地绿叶团云的时候，远远的望着那“万绿丛中一点红”，便有个更新气象。庄门上高悬一面粉油大字“探花及第”的竖匾。迎门墙上满贴着泥金捷报的报条。出入往来的那班家丁倍常有兴。里边两位当家少奶奶早吩咐人在当院里设下天地纸马香烛香案；又扫除佛堂，上着满堂香供；家祠里也预备祭筵。安老夫妻又叫在何公祠也照样备办一分供献。

是日，安老爷因是个喜庆日期，兼要叩谢天恩祖德，便穿了件纵线打边儿加红配绿的打子儿七品补子的公服；安太太、舅太太都是钿子氅衣儿；张亲家老爷先两日早回了庄园，新置了一套羽毛袍套；亲家太太又作了一件绛色状元罗面月白永春里子的夹纱衫子，穿的纱架也似的；金玉姊妹此刻是钦点翰林院编修探花郎的孺人了，按品汉装，也挂上朝珠，穿着补服。两个人要讨婆婆的欢喜，特特的把安太太当日分赏的那两只雁塔题名的雁钗戴在头上。事有凑巧，恰值何小姐前几天收拾箱子找出何太太当日戴的一只小翠雁儿来，嘴里也含着一挂饭珠流苏，便无心中给了那个长姐儿。他这日见俩奶奶都戴着只翠雁儿来，也把他那只戴在头上，“婢学夫人”，十分得意。

这日天不亮张老便合亲家借了两个家人，带了那分执事，迎到离双凤村二十里外——便是那座梓潼庙——等候。那执事是一对开导金锣，两对“赐进士出身”“钦点探花及第”的朱红描金衔牌，一对清道旗，一对朱花旗，一对金瓜，一把重沿蓝伞。

公子那边从头一日收拾妥当了，次日起早带了家丁便回庄园而来；半路到了梓潼庙，吃些东西，换了衣服，一路锣声开导，旗影摇风。公子珠挂沉檀，章辉鸂鶒，头插两条金花，身披十字彩红，骑一匹雕鞍金埒的白马，迤逦向双凤村缓缓而来。一路也过了四五处烟村，也过了两三条镇市。那两面锣接连十三棒敲的不断，惹得那些路上行人，深闺儿女，都彼此闲论说：“这读书得作官的果是谁家子？”

一程一程，来到临近，公子在马上望着那太空数点白云，匝地几痕芳草，恰遇那年下半年有个闰月，北地节候又迟，满山杏花还开得如火如锦，四围杏花风里簇拥他白面书生的一个探花郎，好不兴致。近山一带那些人家早就晓得公子今日回第的信息，一个个扶老携幼，抱女携男，都是来夹道欢呼的站在两旁看这热闹。内中也有几个读过书的庞眉皓发老者扶了根拐杖在那里指指点点说道：“不知这位安水心先生怎样自修，才生得这等一位公子！又不知这位公子，怎样自爱，才成了恁般一个人物！”

话休絮烦。须臾，公子马到门首，一片锣声振耳，里头早晓得公子到了。公子离鞍下马，整顿衣冠，抬头一望，先望见门上高悬的“探花及第”那四个大字。进了大门便是众家丁迎着叩喜。走到穿堂又有老师程老夫子那里候着道贺。他匆匆一揖，便催公子道：“我们少刻再谈，老翁候久了。”

公子让先生进了屋子，才转身步入二门，早见当院里摆着香烛供桌，金玉姊妹在东边迎接；一群仆妇丫鬟部在西边叩见。

公子此时不及寒暄，便恭肃趋锵上堂给父母请了安；见过舅母岳母。安老爷此时已经满面的“祭如在，祭神如神在”了。公子才得请过安，安老爷便站起来望着公子道：“随我来。”便把公子带到当庭香案跟前。

早有晋升、叶通两个家人在那里伺候点烛拈香。安老爷端供焚香，炷在香斗里，带领公子三跪九叩叩谢天地。退下来，前面两个家人引着，从东穿堂过去，到了佛堂，佛堂早已点得灯烛辉煌，香烟缭绕。

安老爷回来到佛堂，不准妇人站在一旁，敲磬的那个伺候佛堂的婆子老单，早躲在一旁去了。家人敲了磬，老爷带领公子拜了佛出来，仍由原路出了二门，绕到家祠。因公子在城里早在宗祠里磕过头了，便一直的进了祠堂，在他家老太爷老太太神主前祭奠。

行礼已毕，出了祠堂门，安老爷向来“行不由径”，便不走那座角门，仍从外面进了二门，来到上房。公子待父亲进房归坐，便要给父母行礼了。只见安老爷上了台阶儿，回头问着晋升、叶通道：“我吩咐的话都预备齐了没有？”

两个答应了一声“齐了”，便飞跑出了二门，同了许多家人抬进一张搭着全虎皮椅披的大圈椅，又是一张书案来。你道安老爷一个家居的七品琴堂，况又正是这等初夏天气，怎的用个虎皮椅披呢？原来那汉宋讲学大儒，如关西夫子、伊、闽、濂、洛诸公，讲起学来，都要设绛帐，拥皋比。安老爷事事师古，因此自己讲学的那个所在也是这等制度。不想今日正用着他抬进来，老爷亲自带了家人把那椅子安在中堂北面。椅子前头便设下那张书案。

这个当儿，张老夫妻是在他家等着接姑爷呢，只有舅太太、安太太、金玉姊妹并一班丫鬟几个家人媳妇在那里。见安老爷回到上心，且不坐下受儿子的头，先这阵布席设位，诸女眷只得闪在一旁，舅太太先纳闷儿道："怎么今儿个他又'外厨房里的灶王爷'闹了个独坐儿呢？回来叫我们姑太太坐在那儿呀？"

安太太见老爷脸上那番"屏气不息，勃如战色"的光景，早想到定是在那位神佛跟前许的什么愿心，便在旁问道："老爷不用个香炉蜡台么？好到佛堂请去。"只见老爷摇摇头道："那香烛都是那班愚僧误会佛旨；今日这等仪节，岂是焚香烧烛亵渎得的！"当下不但诸女眷听了不得明白，连公子也无从仰窥老人家的深意，只得跟着往来奔走。

一时设毕，安老爷又吩咐："就上祭罢。"只见众家人从二门外端进四个方盘来。老爷便带了公子一件件捧进来摆在案上。

大家一看，右手里摆着一方锡铸的朱墨砚台，又是两只朱墨笔，挨着砚台摆着一根檀木棒儿，一块竹板儿；左手里摆着却是安老爷家藏的几件古器，一件是个铁打的沙锅浅儿模样儿，底下又有三条腿儿，据安老爷平日讲说，是上古燧人氏教民火食烹饪始兴时候的锅，名曰"燧釜"；一件象个黄沙大碗，说是帝舜当日盛羹用的，名曰"土铏"；一件是个竹筐儿，便是颜子当日箪食瓢饮的那个"箪"。那个黄沙碗里装着一碗清水；那两件里，一个装着几块山涧里长的绿翳青苔，俗作叫"头发菜"；一件装着几根海岛边生的乌皮海藻，便是药铺买的那个“咸海藻”。

把这分东西供得端正，然后安老爷亲自捧了一个圆底儿方口儿的铁酒怀，说那便是圣人讲的“觚不觚，觚哉觚哉”的那个“觚”；杯里满满盛着一杯清酒。老爷兢兢业业举得升空过顶，从东边献到座前供好了，座旁三揖而退，才退到正中带领公子行了个四拜的礼，立起身来又从西边上去撤下那杯酒，捧着作了个揖。出了院子，早见叶通捧过一束白茅根来，单腿跪着，放在阶下。安老爷才望空一举，把那杯酒奠在那白茅上；进来又站在那书案的旁边，问公子道：“你可知我今日这个用意？”

列公，你看安公子真算得了他老人家点儿衣钵真传，他会明白了；只听他控背答道：“西边这几件自然是‘丹铅设教，夏楚收威’的意思。东边这几件想是‘涧溪沼沚之毛，蘋蘩蕴藻之类，筐筥锜釜之器，潢污行潦之水’。那箪食瓢饮，正是至圣大贤的手泽口泽。——只不知那奠酒为何要用着白茅根？”安老爷道：“这个典，你只看‘尔贡包茅不入，王祭不供，无以缩酒’的几句注疏就晓得了。”

公子道：“祭的是那位古圣先贤？”安老爷道：“古圣先贤怎么好请到我内室来。”因指着何小姐道：“这便是他的祖父，我那位恩师。当年我不受他老人家这点渊源，却把甚的来教你？你不经我这番教诲，又靠甚的去成名？这便叫作‘饮水思源，敢忘所自’。你要晓得这等师生却合那托足权门垂涎外任的师生是两种性情两般气味。”

安老爷将说完这话，舅太太便叫：“得了。收拾收拾，两位快坐下，让人家孩子磕头罢。我也家去等着陪姑爷去了。”

这里众人忙着收拾清楚，安老爷、安太太便向正面床上双双归坐。公子才肃整威仪，上前给父母行礼。

列公，你从那他头上两朵金花，肩上十字披红，朝珠补服，肃整威仪的情形里头回想他三年前未曾见过生眼儿的人，先脸红，未曾着点窝心的事儿，先撇嘴的那番光景，可不是大妞妞似的一个公子哥儿来着吗？才得几天儿，居然金榜题名，玉堂学步，成了人了。只这膝前一拜，你叫他那双父母看着怎的不乐？

只见他老夫妻，一个拈须含笑，一个点首堆欢，两边站着那班仆妇丫鬟望着老少主人，也都是展眼舒眉，一团喜气。

这个当儿，就把个长姐儿忙的又要伺候老爷、太太，又要张罗两位奶奶，已经手脚不得闲儿了。他还得耳轮中聒噪着探花，眼皮儿上供养着探花，嘴唇儿边念道探花，心坎儿里温存着探花。——难为他只管这等忙，竟不曾短一点过节儿，落一点神情儿。

长姐儿尚且如此，此时的金玉姊妹便不消说是“难得三千选佛，输他玉貌郎君；况又二十成名，是妾金闺夫婿”。他二人那一种脸上分明露的出来口里转倒说不出来的欢喜，就连描画也描画不成了。

一时，公子拜罢起来，只听安老爷合太太说道：“太太，我家这番意外恩荣，莫非天贶君恩，祖德神佑。不想你我这个孩子，不及两年的工夫竟作了个‘华国词臣，荣亲孝子’。且喜你我二十年教养辛勤。今日功成圆满，此后这副承先启后的千斤担儿好不轻松爽快！”太太道：“是虽说是老爷合我的操心，也亏他自己的立志。我不是说句偏着媳妇的话，也亏这俩媳妇儿帮他。”

老爷道：“正是这话。古有云：‘退一步想，过十年看。’这两句话似浅而实深。当我家取这两房媳妇的时候，大家只说他门户单寒；当我用了那个知县的时候，大家只说我前程蹭蹬。你看今日之下，相夫成名的，正是这两个单寒人家的佳妇；克家养志的，正是我这个蹭蹬县令的佳儿。你我两个老人家往后再要看着他们夫荣妻贵，子孝孙贤，那才是好一段千秋佳话哩!”这正是：

如花眷作探花眷，小登科后大登科。

…………

——选录自《儿女英雄传》，文康著，岳麓书社 1998 年

日记类

翁同龢日记

〔清〕翁同龢　著

春闱随笔：同治元年（1862）三月、四月

元年三月初六日，命工部尚书倭仁为会试正总裁；兵部尚书万青藜，大理寺卿郑敦谨，户部左侍郎熙麟为副总裁；内阁侍读学士王拯，左庶子孙如仅，翰林院侍讲延煦，修撰翁同龢、孙家鼐、钟骏声，编修钱桂森、王师曾，侍讲杜联，赞善钱宝廉，司业马寿金，给事中赵树吉，御史钟佩贤、高延祜、刘毓楠，户部郎中刘堃，礼部员外郎王维珍，内阁中书范鸣龢为同考官；内监试：御史官亮、郭祥瑞；收掌官：曹炽、昌全；知贡举：侍郎桑春荣，阁学绵宜。辰刻传宣。自静默寺小寓得信。拟大人谢折。巳初到贡院门见查职名御史，至公堂见知贡举，至聚奎堂见四总裁。入至会经堂，孙燮臣、范鹤生先在。余住堂西南向第二屋，行李随至。申刻诸君到齐，总裁来拜，随会齐各房诣总裁处答拜，一揖而退。诣内监试、内收管，并诣各房，供给官顾承惠送酒及食物至，公堂送锅碗等来。夜与辛伯饮于树南斋中，盖例给四簋，每三人为一桌，谓之下马宴也。是日晴和。夜坐，思源、翰两侄回避不能入场，为之邑邑。

初七日（4月5日）　午初上堂掣房签，余掣得第十八房。昨日入闱红青褂，今日青褂矣。煤甚少，不敷用，又未带猪油，

遂以三吊钱托内监试买猪油并索煤。是日进双供给，明日后日均不开门也。求书者坌集，盈几堆案。夜集莲西斋剧谈。是日阴寒，申正大风，雨洒洒然，入夜一更许雨止，风益吼，寒不可支。

一房钱桂森辛白，二房王师曾省斋，三房赵树吉元青，四房杜联莲衢，五房范鸣龢鹤生，六房王拯少和，七房马寿金介樵，八房刘毓楠南卿，九房延煦树南，十房钱宝廉湘吟，十一房王维珍莲西，十二房孙家鼐燮臣，十三房孙如僅松坪，十四房钟骏声雨辰，十五房刘堃古山，十六房钟佩贤六英，十七房高延祜亦仙，十八房翁同龢。

初八日（4月6日）　卯初传鼓，知礼部堂官赍书来矣，新例乡试会试皆由上发书三册，考官即于此册命题。辰正监试到聚奎堂。封堂后门刻题。此次题纸由总裁写刻，未尝请房考襄其事。亥正题纸出，监试入始知题目。是日大风，重绵尚有寒色，日光淡薄，晚风止，夜月好，仍有风。

头题：“此谓唯仁人为能爱人能恶人”。

二题：“子曰谁能出不由户　一节”。

三题：“乐民之乐者　六句”。

诗题：“千门万户皆春声”。得“莺”字。

初九日（4月7日）　竟日为人作字，头晕目昏。晚诣元卿、少和处谈，两君比屋而居，清如二鹤，见少和和“深”字韵诗二首，极清婉。夜与辛伯饭树南斋中。是日晴朗，微有风，夜月好而寒如故，翦灯静坐，百感交赴。

初十日（4月8日）　辰初开门，进呈头场题纸，松坪所书也。作字手腕欲脱，书吏有以巨纸求书者，墨书酬之。是日暖，大风，薄暮止，夜月好。王少鹤以诗见示。

王少鹤用坡公监试呈诸试官韵一首：

释褐星再周，忝禄粟逾廪，与时重摩厉，识士贵异禀。簪橐本非才，欲休怀几稔，何期东阁诏，三窃南宫饮。年时曾抱璞，风味屡啜湩，登朝皆少壮，当轴争流品。戎马十年间，农田半蓬荏，屠沽尽除授，学术况研窗。陵夷百事隳，兹弊谅尤甚，譬如同杼机，良女出鲜锦。佳庖千金馔，讵可杂沙碜，明良在得人，往事嗟狂踸。嗣皇伏工兜，百揆气为凛，宫中尧舜出，四海息波沴。从来蠋宿桑，自尔鸮栖椹，仁贤悉正笏，蛮獠自端衽。夙闻老司空，道在启沃朕，诸公各艰试，泾渭亮心谂。绨绣气光华，膏果味宜饪，折衷在周孔，作枝岂潘沈。日月丽重霄，妖邪必逃寝，惟蒙早懵学，文字癖雕锓。一朝遘棘难，计绌口先噤，拥谷冀曹邱，神锟儅宵枕。

十一日（4 月 9 日） 午刻刊二场经题，昨日奏题目、安折，今晨发回。闻知贡举桑朴斋前辈卧疾，煤水均绌，颇费筹划。初七日寓中曾送水来，阻不得入。晨诣少鹤，晚叩元卿门与语，元卿畏俗客如仇，余访之不已，九踵门而一得见。清晨晴朗，少顷风大作，尘土蔽空，夜止微月。辛伯、亦仙两前辈均有和少鹤作。见少鹤叠韵一首。

经题：“初九拔茅茹以其汇征吉”“德惟一动罔不吉”“有渰萋萋，与云祁祁，雨我公田，遂及我私”“夏叔孙豹如晋襄公四年”“张弓尚筋，驰弓尚角”。

十二日（4 月 10 日） 内监试于会经堂刻三场策题，湘吟前辈书二场进呈题纸，而以余书三场进呈题纸；纸涩字多，自未初落笔，二更方毕，殊苦。哺时少鹤来索和诗。少鹤亲炙上元梅先生最久，于桐城师友渊源，能得其意，其学问固不可及也。诣树南斋中啜苦茗。天气晴朗，午后大风，旋止，夜月色如昼，数日来无此清景也。内帘煤绌，比舍皆伐树为薪，监试郭玉麓欲劾办供给官。

十三日（4月11日）　晨起校对策题交内监试，辰正同人先后上堂，见主试各一揖，就坐。时分卷未毕，待良久始得卷十二本，巳正多矣。内荐四卷，不甚惬意。傍晚又分十九卷，见河南一卷极高老，拟明日再荐。曛黑将卷入箱，粘本房封条，加收掌封条，将卷箱交收掌房内，同人皆散。竟日晴和无风，夜月朦胧。肝气作痛不能寐。

荐四卷：

珠拾捌直隶，稼伍陆浙江，珠捌肆直隶，稼柒贰浙江。

是日分得直隶七本、浙江五本、河南十一本、江西六本、贵州二本。

十四日（4月12日）　黎明即上堂，已有两人在焉。将昨所阅河南、江西卷呈荐。辰刻分得十卷，巳刻又得十五卷，内中又荐八卷，曛黑散。竟日手不停批，腕欲脱。午后大风，尘土满堂，夜风甚，云气斑驳，殊无雨意，奈何。子初发三场策题。荐十二卷：

文肆捌直隶，正拾玖江西，明拾叁云南，形拾捌直隶，茂肆玖河南，恭拾捌江西，克拾贰贵州，克贰壹贵州，形捌柒直隶，形拾叁直隶，形叁拾直隶，形贰玖直隶。

是日分得直隶十四本、云南二本、河南二本、湖北五本。

策题：一问经学，二问史注，三问书法，四问田赋，五问兵制。

十五日（4月13日）　卯初上堂，艮峰先生已到。竟日所阅无甚惬意者，例荐而已。湖北、四川、山西各卷亦无出色者。艮翁发杜莲渠前辈处一卷，孙燮臣处一卷。头篇付刻杜卷，疑是陈文孙卷，三比无甚精蕴也。竟日大风，寒甚，重裘。夜月好，风定，子初就寝。见松坪所得四川一卷甚高浑。是日分卷三次，凡五十六本。荐卷十二本：

江西恭陆伍，直隶艺叁肆，湖北问叁陆，河南茂叁贰，直隶形捌捌，山东州玖柒，山西宾肆陆，山东州贰壹，山东州陆拾，山西恭柒陆，安徽熟拾，直隶艺叁叁。

是日分得直隶十九本、山东十二本、山西十本、四川六本、湖北五本、安徽四本。

十六日（4 月 14 日）　卯正上堂，复检昨日各卷，昏昏无所得，饭后欲卧。陆续分到五十二本，头场卷进完矣。广东佳卷最多，满洲、汉军亦多佳者，惟湖南则多敷词藻，陕甘则喜用套头耳。陕甘有一卷诗有寄托，意者其谢麐伯乎。午后大风而暖，夜月皎洁。访元卿，读其诗，真杰作也。辛伯、树南、亦仙来谈，夜分始去，倦极。是日考官进三场题；接宗室题书本，闻明日五更刻题纸。荐卷十二本：

山西荷贰肆，山西荷贰伍，四川兹陆捌，直隶艺柒壹，广西道伍陆，直隶艺玖柒，湖北洞贰，山东州叁伍，汉军静叁柒，山东门伍柒，满洲吉叁柒，山东门伍捌。

是日分得广西七本、山东四本、直隶四本、汉军四本、满洲六本、福建一本、湖南三本、广东十本、陕甘十三本。

申正开门，头场卷已进完。

十七日（4 月 15 日）　卯初二刻上堂。是日五鼓刻试宗室题。黎明题纸出，故诸公皆在坐阅卷矣。进呈三场题纸。昨所递安折回。竟日昏昏欲睡，又腕僵目涩，困顿殊甚，午后归舍少休，旋出。陕甘石叁柒号一卷，已摈落不荐矣，误以岫柒贰一卷批语粘入，竟尔呈荐，此卷若中，信乎祥金跃次；又浙江稼柒伍一卷乃十三日所落，今日从箱底寻出复阅，甚善，遂拟荐之，眩眼风花，有如是耶？夜云阴，暖。荐卷十二本：

陕甘凤柒贰，福建紫拾玖，广东璿伍壹，广东璿伍贰，广东工肆柒，广东工叁壹，陕甘石叁柒，陕甘石肆捌，陕甘岫柒贰，广西道伍柒，湖南亩贰柒，广东工叁贰。

十八日（4月16日） 卯初上堂。昨日头场卷已进完，计四日中分得一百六十五卷，共荐至六十卷，搜索已尽矣。申正退，徜徉以疏其气。夜与松坪饮树南斋中。晴暖，重绵犹躁。宗室会试题："德为圣人"；"赋得龙池柳色雨中深"。得"深"字。

荐卷八本：

四川兹陆，湖北庸叁陆，浙江稼柒伍，山东云柒柒，广东瓘捌，直隶富伍，直隶珠捌，江西恭叁壹。

古寺荒台宿草深，年时洒酒一登临，薄寒又过清明节，残梦空依簷葡林，霜鬓朱颜春冉冉，风帘官烛夜沉沉。

十九日（4月17日） 卯正上堂，将落卷逐一点阅，又得满洲一卷；计先后阅荐六十一卷，摈落百有三卷，遗珠之泣岂能免乎？今科实到人数除不到及贴去外，凡二千九百六十三人。是日申正进呈宗室中式卷，于十八人中取二名，折用黄面，以明日值万寿节前三日也。钟雨辰、马介樵、刘古山昨日已竣事撤堂。是日始分二场卷廿三本。荐卷一本：满洲吉柒壹。

二十日（4月18日） 卯正二刻上堂，常服不挂珠，将落卷分省归束。续收二场卷伍拾柒本，先将荐卷二场检阅加圈，阅十余卷而止，申刻撤堂。是日同人皆在，惟马、钟、刘三君未到。第十六房钟六英刻一卷，头篇"明仁人法天命"竟作三股，辞极古雅。方传观时，内监试郭雨麓适排比书籍，过钟君案头，匆匆一阅，及还坐而延树南荐卷，因偶有舛误，雨麓展卷，则即见六英处发刻文也，白总裁扣去。一卷福建，一卷广西，而雷同不易一字，又发于一刻之顷，假手于内监试，噫异矣。宗室中卷发还。天气奇暖，竟日日光淡薄，昨晚黄沙漫天而无风。换戴凉帽。宗室中二名，昆纲、桂昂。桂君，余壬子同年也。各房将头场卷箱携归。

廿一日（4 月 19 日） 竟日阅二场，无惬意者，大抵广东、湖南、浙江为佳，江西多泛而长，最下者直隶、河南、陕甘也。同人多有刻荐卷者，孙燮臣刻一全卷、又刻三篇为最盛；辛伯刻一全卷、又一篇；古山、莲衢、少鹤、省斋、树南皆各一篇。是日阴，巳初大南风，夜止，晴。雨麓、松坪、燮臣、树南、辛伯、莲西、雨辰至余斋剧谈，夜分罢去。是日分二场卷八十四本，并前为一百六十四本，分毕矣。

廿二日（4 月 20 日） 竟日点二场荐卷，手腕欲脱，中忡忡然不能持。近例：荐批必端楷，圈必圆整，非余所习也。同人刻卷益多，纷如落叶，余独寂然。晴暖，午大南风。

廿四日（4 月 22 日） 黎明堂吏来，白总裁已肃衣冠将行礼矣。比同人齐则已辰初，于聚奎堂正中设香案，总裁率监试及同考官行庆贺礼。昨日准礼部文，由知贡举知照万寿节，是日百官穿补褂朝珠行礼，前后三日常服挂珠。总裁于昨日递贺折。黄面黄里。收三场卷一百六十四本。二场卷阅毕交内监试，陕西凤柒贰荐卷与凤贰柒落卷舛误，撤回更正。夜饮树南斋中，雨麓、松坪、辛白在坐。树南善昆曲，令人有越吟之感。前占牙牌数，繇曰："若蹈虎尾转忧成喜，不入虎穴焉得虎子。"今日复占之，曰："疑是复疑非，忧谗更畏讥，星回岁转后，雌雉亦高飞"。竟日微阴，晚渐霁。闻外场砖门御史之仆有口角毙命之事。

廿五日（4 月 23 日） 阅三场，荐卷二十余本，目昏头旋不止。广东，两湖尚有实对者，北省卷每用长策冒，所谓"博士买驴，书卷三纸不见驴字"，可怪也。晨云气蒙蒙，午后大风，扬沙蔽日，夜止。暖甚，榆荚放青矣。

廿五日 阅三场，荐卷三十余本，疲乏不堪。各房中卷皆发刻者。傍晚熙少农发一篇，余不记何日所荐并何省卷，此等文车载斗量，何足道哉。余最得意者直隶形贰玖、艺叁肆两卷，今不可问矣。见范鹤生处直隶形肆柒一卷，二场沈博绝丽，三场繁称博引，其文真《史》《汉》之遗，余决为张香涛。钟六英处山西卷头场三艺发刻沉思独往，三场策于小学贯串靡遗，余决为王霞举。得士如此，可羡也。总裁尚未撤堂，诸公其谓敬事矣。暖甚，可袷衣。晨阴，午后大风，晚止，晴。

廿六日（4 月 24 日）　晨起将第三场荐卷送内监试。复阅头场落卷一过，无所得。申刻准至公堂文；陕甘补复试，考列四等举人扣除。会试试卷内有石字肆捌一卷，余已阅荐，比撤回则墨圈如串，熙逸云所激赏者也，遂将河南茂陆壹一卷加阅补荐，此等所谓弟兄卷，无足重轻。夜点落卷，得浙江稼伍贰一卷，经文多古义，策长于训诂小学，急检头场，则沉晦万分，字句之疵百出，再三读之，则有风骨有议论，非凡手所能，同人皆以为哭，余批其卷曰："意謇于词藻，掩其骨正；如朔管夕引，涩而弥深"，二、三场加长批，力荐之。竟日困顿，昨夕未能睡也。午后大风霾，向夕黄沙犹涨满庭际。至公堂知照：初九日揭晓，初十日午门谢恩，常服挂珠。

廿七日（4 月 25 日）　为辛伯圈荐卷，饭后改山东州贰壹卷，即前日熙君所发，今始查明也。晚与夔臣谈。夔臣沉潜好学，服膺阳明之书，立志甚远，余欲兄事之。黄昏传鼓，始得各省中额数。二更总裁将十八房房首卷发各房磨勘，余得四川兹陆壹为房首，虽非极得意者，较山东州贰壹卷霄壤矣，此系倭艮翁所取，并将首篇交改。统观各房卷，惟松坪、亦仙处房首可抡元。晨起将浙江稼伍贰卷交监试补荐万藕翁。竟日黄沙濛濛，风时作时止，晚晴，雨意更远矣。

各省中额：满洲六名，蒙古一名，汉军三名，直隶二十名，奉天二名，江苏十三名，浙江九名，安徽七名，江西十四名，山东十六名，山西十一名，陕甘二十四名，四川七名，福建三名，广东八名，广西十一名，湖南五名，湖北九名，河南十七名，云南六名，贵州四名。

廿八日（4 月 26 日） 辰正总裁发广东璿捌一卷为余房首，将昨所发四川兹陆壹卷易去。两卷相较，璿号为优，以思力深沉、二三场有书卷气，必少年好学之士也。饭后点落卷，改璿捌卷头篇。同人多补荐卷，余搜得广西道柒拾卷，通幅平顺，前以三艺后比漏遵海字摈之，念其远来，姑与一荐。阴，午后风晴，二更后微雨数点。树南小恙。

廿九日（4 月 27 日） 清晨将璿捌卷头篇交倭艮峰先生处。各房房首卷磨勘讫，是日定进呈十本。午正总裁请辛伯、松坪上堂缮批语，少顷退，知会元直隶人，辛伯所荐；次松坪之江西卷；次元卿之山西卷；次湘吟之江苏卷；次六英之山西卷；次雨辰之山东卷；次树南之广东卷；次夑臣之满洲卷，满洲向有一名在七八九，俗谓之旗魁是也；次鹤生之山东卷；次莲西之云南卷。总裁具奏折于明日呈递。辛白屡得吉梦，曾以告余，得士抡元，固宜有此嘉兆。是日元卿补荐三卷。统计二十撤堂后各房补荐三十余卷，向来所无也。清晨云气濛濛，夜星斗粲然，盼雨甚切。点二三场落卷，细检头场尚有广东工肆捌卷颇佳，因后比用字稍杂置之，经艺细腻熨贴，令人有遗珠之感。

三十日（4 月 28 日） 竟日点落卷。午刻辛伯补荐一卷。余阅三场，至晡时忽得山东门贰伍一卷，虽亦条对，而有旁证，复检二场，语语矜练，以头场微疵，竟未荐也。商之监试郭雨麓，急粘荐条补荐，盖援辛伯之例，而雨麓亦可谓不没人之长者矣。余少年通籍，此中甘苦未能深尝，不知抹却几许人材，愧汗沾衣，悒快万状。申刻开门，进前十本。是日云阴往来，连日极暖，今日凉，疑他处有雨矣，风。

四月朔（4 月 29 日） 天未明起，检阅三场，至午毕。统观各艺，惟汉军有二卷，后场有功夫而未荐；直隶有一卷，以头场首艺略廓未荐；又一卷以次艺中有语疵未荐，不无向隅；广东一卷则翻阅五六次而不果荐，殆有数矣。午后为人作书。巳刻进呈十本发回。照原定名次。昨夜梦至一处，山水清华，余作诗一章，有“一场容得两高僧”之句，旁有客解之曰：“两高僧乃苏司业、郑司户也；一场犹云佛祖开道场说法耳。”余笑而醒。闻宗室复试有写错易卷者，为监试贵臣所弹，诏勿问。树南犹未愈。夜访同人谈。晨阴，午后晴风。

初二日（4 月 30 日） 翻阅落卷数十本。点灯时中卷发各房，余仅八名，最多者辛白、树南皆十五本，次松坪十四本，次燮臣、莲西十三本，次鹤生十二本，余皆不多不少，介樵九卷，南卿、少鹤、省斋皆七本，此固房运，余深咎目迷五色，冬烘之诮不能免也。松坪、辛白各以浙江卷拨余，不可却。燮臣仅中湖南一卷，必欲拨余，亦受之可愧耳。八卷中广西二、广东一、云南一、贵州一、四川一、山东一、浙江一，但能得佳士便足，不在科目词华也。少鹤有福建一卷，久发刻矣，熙少农点易数句，少鹤深不惬意，提板令勿刷，而熙公深护前事，摘三场微疵，竟撤去之。噫！此谓两失之。夜雨声点滴有声，甚快人意。

初三日（5 月 1 日） 昨竟夕细雨，清晨周步庭除，新绿如画，雨萧萧不已，午止，约寸许矣。磨勘中卷六本，写白折一开。访沅鹊。与燮臣谈，燮臣凝厚而开展，余兄事之，冀其有所箴益。昨以中卷太少，不能无觖望，平品思之，可发一大噱，此鸡虫得失尚动于中，其它无论矣。傍晚云阴往来，有风，星见。

初四日（5 月 2 日） 磨勘中卷。山东卷后场佳，有书味。燮臣所拨湖南卷，真是隽材，尤长于词藻。辛伯所拨浙江卷，后场浓丽，头场三艺空疏，松坪所拨浙江卷，头场清老，后场则空。竟日未停笔，甚倦。夜然烛写批语。雨辰为我复勘三卷，雨麓为我复勘四卷。晴朗微寒，无风，拟试帖诗一首交去。

初（四）［五］日（5月3日） 晨起复阅中卷一过，交监试。改荐条讫，交去。饭后检落卷数十本，同人闲闲，余尚汲汲，拙可知矣。少和先生以诗见示，盖林颖叔有种花聚会经堂前之饮，少和诗以促之。少和房首文又为熙君所易，少和怒，又收板不许刷印矣。余与同人聚谈。开字条交监试，饬车仆等初九日寅正到贡院门等候。磨勘之例最重直书庙讳御名，同考官未经抹出，革职；如书偏旁不缺笔，同考官降一级调。此次各卷“率”字“弦”字最多，如扫落叶。午大风南来，暖。傍晚闻草榜已定，少和先生既撤魁卷板，监试调停其间，于是并撤钟六英房首板以作陪笔。六英，少和门人也。

初六日（5月4日） 检阅落卷讫，装箱交内收掌，共九十九套。午初偕辛白、松坪、莲衢、湘吟、树南、夔臣、雨辰上堂写名次，皆便衣。藕翁颇与余周旋。熙君来语，刺刺不可解，盖为龙壁山人而发也。郑小翁落卷未阅毕，故未见。并写誊录卷面共四十多名，尚空十名在小翁处，此三十名内余得六人。晚藕翁发来落卷十二套，批甚细。直隶艺叁肆一卷，三艺均批好，不知何缘见摈。湘吟前辈蓄一研，背刻褚《兰亭》缩本，极精，后款奚铁生手笔，假归，拓之不甚可辨。夜饮辛白斋中，树南邀饭也，树南大愈。前所见鹤生处直隶肆柒卷，在郑小山处，竟未获隽，令人扼腕，鹤生为之竟夕永叹。晴，有风。

初七日（5月5日） 倭、熙两总裁发落卷来。评语以倭为正；熙多纤仄，非朝廷取士之意。午正郑筱珊以誊录十卷交辛白写卷面，第一卷即鹤生处最得意之卷也，鹤生欲以本房他卷往易，为监试所阻。闻辛白广东一卷已中定，因将付刊，嫌其后比一二虚字，欲易不得，遂忽忽置之矣，誊录第六即此卷也。申刻郑处落卷始发来，录批后即汇送内收掌，共四十九套。总裁到各房道谢，常服挂珠。各房及监试、内收掌到总裁处，见于聚奎堂，各一揖而退，四公之来，少鹤闭门不内，沅鹊便衣一揖而已，均未答拜。半日之间妙拟神仙，周视庭除绿意袭人襟里。夜开条要闱墨六十本，又例送十本。开卷则少鹤房首及六英者均在焉。检书籍。阴，有雨气，凉。

初八日（5 月 6 日） 黎明起，饱餐。卯正上堂，知贡举、外监试、提调、钤榜大臣等入，各一揖。总裁居中，钤榜大臣居左，知贡举居右，皆南向，提调、内外监试北向，同考官皆东西列，坐定。待少和、元卿到，辰初二刻矣。拆封陆续填榜，至正午二刻一百名毕，酉正一刻填毕。饭于聚奎堂，四人一桌。戌正入坐，拆五魁，三刻而毕。同人皆散，过朱钤印，房考不与闻也。第五名经策最佳，余决为王霞举，至是果然，本房钟君为之叹服。余所荐八士，杨先莱最快意，张家骧写得好，于腾、况桂森、周德润、童德中、简宗杰亦平平，房首则广东顺德县何赉高，年四十矣。许星叔庚身、朱逌然、九香先生少子。龙湛霖，此拨来三人，皆珠玉矣。会元李庆沅，通州廪生，戊午乡榜。亥正二刻传点，闻击鼓呵殿声，榜发矣。树南先出，余以乏故，假寐待旦。竟日阴，午刻傍晚细雨洒尘，夜云气斑驳，新月娟娟。

初九日（5 月 7 日） 待龙门开，辰初出。

初十日（5 月 8 日） 卯正赴午门前率同新贡士谢恩，鸿胪寺官赞礼，御史监礼。各官常服挂珠。

出闱前一日赏：时银价每两十二吊左右。内监试家人二处，每处四吊，收掌家人每处两吊，礼部供事四吊，乡厨三吊，大茶房一吊，剃头两吊，听差一吊，刻字匠每发刻文一篇二吊，计刻文多少酌给。

——选录自《翁同龢日记》第一册，陈义杰整理，中华书局 1989 年

能静居日记

〔清〕赵烈文　著

咸丰十年（1860）八月十一、十二日

整理家藏制义读本，凡数千首，删去重复，合为一集。以为斯艺萌于宋，盛于明，极于本朝。成、弘、正、嘉之文，似苞甲未拆，精义覃覃而外不可见；庆、历、天、崇如花始舒，光采微露；国初至于乾、嘉，如花方盛，绚烂盈目，而精实已输；至道光以来，则断红零落而已。此中变化升降之故已穷尽无余，后来取士之方，恐将易辙矣。

——选录自《能静居日记》第一册，岳麓书社 2013 年

同治三年（1864）六月初八

……

见邸抄五月初八日上谕：古今治乱得失之源，圣贤身心性命之学，莫备于经，君临天下者所当朝夕讲求，期有裨于治理。着倭仁、贾桢选派翰林十数员，将《四书》《五经》择其切要之言，衍为讲义，敷陈推阐，不必拘泥排偶旧习，总期言简意该，仿照《大学衍义》体例，与史鉴互相发明。将来纂辑成书，由掌院学士装帙进呈，以备观览。钦此。

按：帝王之学，经义毕该，惟选择敷陈，恐使圣言转晦。自邱文庄《衍义》一书，识者已议其狭陋，况今日呫毕之士，欲使之窜谟典邪？朝臣皆章句陋儒，所陈亦尘羹土饭，其不足以辅植圣资可见之矣。

——选录自《能静居日记》第二册，岳麓书社 2013 年

同治六年（1867）九月十八日

张笛帆来候，本年同考官也，言两主考荒陋，世所罕见。批语白字连篇，“圆熟”“圆健”字皆书“园”字，解元卷上批“仅见之作”误为“佟见之作”，此类甚多，余不复详忆。文卷不必论，卷差稍平正，即不蒙赏。云云。江南文运至此，非佳事也。到市中购衣物数事，归后坐未定，涤师（按：指曾国藩）邀入内久潭。师微恙，余属避风节食。师出两主考所送楹帖见示，语句陈腐，字尽拙笨，落款“通侯”误“通候”。师曰：“江南二百余年，殆无此等主考。”余告以张笛帆所说，曰：“此亦佟见之作也。”师为之挢舌不下，又良久出……

——选录自《能静居日记》第二册，岳麓书社 2013 年

南韶日记

〔清〕文廷式　著

清光绪十九年（1893）八月

八月初一日，庚戌，大风雨。巳刻到江宁，泊舟旱西门外，知府以下皆来请见，辞之。未刻登岸，地主设行馆于昆卢庵，曾忠襄募建之佛刹也。供给所总办知府罗章云，有事乞见。与东甫前辈同见于舟中，亦无甚事也。监临奎乐峰中丞俊，亦以是日到宁。

初二日，晴。行馆无事，读《南华》十数篇，视窗前日影已过午矣。来问候者多人，晚阅门簿，乃始知之。

初三日，晴，热。读《南华》毕，读《朱子文集》数卷，《答吕伯恭书》云："董氏诗，建阳有板本，旦夕托人寻访纳去。其间考证极博，但不见所出，使人未敢安耳。"（卷三十三）近人辑三家诗者，颇疑董氏，不知朱子已先疑之矣。

初四日，早阴，午后晴。仍甚热，且多蚊。北方天气信优于南方也。读《朱子文集》数卷，写对联十余副。

初五日，阴雨，稍凉。略检书籍，得读《庄子》数篇，如闻鱼山梵音矣。

初六日，晴。巳刻赴江宁府署，督抚学政以下跪请圣安毕，稍坐，同人望阙叩头，又略坐。司道以下参堂毕，偕徐东甫前辈入闱，内监试、收掌皆来见。未刻掣签分房，申刻各房官来见。

内监试林文炳（号质侯，福建人，甲戌进士）。

房官吴镜沆（镇洋县知府，河南光州人，庚午顺天举人，粤生）。

龙璋（江苏知县，字念先，湖南攸县人，丙子举人，砚仙）。

梁涛观（安徽知县季沅，四川大竹人，己卯举人，癸未进士）。

顾仲安（安徽知县，山东聊城人，壬午举人，壬辰进士，篪庭）。

葛祥熊（江苏知县，宿迁知县，浙江人，壬午举人，庚寅进士，豫斋）。

郑保清（定远县知县，湖北黄冈人，丙子举人，癸未进士，德夫）。

汪懋琨（甘泉县知县，山东济南人，丙子举人，丙戌进士，瑶廷）。

王庆埏（江苏知县，浙江会稽人，戊子举人，壬辰进士，履安）。

徐树锷（江苏知县，湖南长沙人，丙子优贡，乙酉顺天举人，定生）。

戴朝普（安徽知县，湖南长沙人，乙酉举人，丙戌进士，秉召）。

孙友萼（江苏知县，山东郯城人，癸酉举人，壬辰进士，花楼）。

陈瑜（安徽知县，贵州贵阳人，壬午优贡举人，壬辰进士，豹初）。

蒋子（蕃江苏知县，浙江奉化人，癸酉拔贡举人，曾随使日本，茉卿）。

黄金钺（江苏补县，广东顺德人，癸酉举人，癸未进士，祐伯）。

柯劭（憼江苏知县山东胶州人，乙亥举人，已丑进士，敬儒）。

邓暹经（江苏知县，湖南武冈州人，壬午举人，梓琴）。

陈熷（江苏知县，四川酉阳州人，己卯举人，庚寅进士，榕庵）。

张祖纶（江苏知县，湖南长沙人，壬午举人，坦臣）。

钱锡宾（内收掌，浙江仁和人，乙亥举人，高邮州知州，鸿士）。

初七日，阴。回拜各房，斟酌头场题目，皆例行事而已。读《参同契考异》一卷。

初八日，阴雨，午间止。刊刷题纸，一万九千余纸。晚见监临，知应试者实到一万七千九百余人，以恩科人数较少，南数省例然。（南省凡应试者，或本县有宾兴费，或祖祠有考试费，皆计三年所入，仅供给发。每遇恩科，则或减半，或竟不发，故寒士往往因此不能赴试。）

闻顺天乡试考官消息。

以《古今姓氏书辨证》所引邵思《姓解》，核对古佚丛书刊本，皆今本所有，信北宋以来旧帙也。

初九日，晴。为房官作联扇十数事；读《能改斋漫录》数卷。晚得《沪报》，知友人中张巽之、刘静皆、朱艾卿、刘葆良、吴颖芝诸同年，皆分校顺天乡试。

初十日，晴，热。稍歇半日，仍应酬写扇对，夜四更始睡。

十一日，晴。卯刻发五经题，仍得房官写十份，刻板刷二万张许。是日忌辰，至夜三鼓始发题纸，与监临各疲乏矣。闻闱中尚安静，可喜也。第九房徐定生和余出都诗，余提笔复和一首，虽不甚佳，而自喜其敏，姑录于后："壮才飞辔策天吴，郑重论文字似珠。肯让君家老骑省，还依故事小长芦。瑶光焰聚英灵在，沧海波回士气疏。重向东南话畴昔，元龙豪兴未应无?"

十二日，晴。夜睡稍迟，目力微觉耗乏，此前数年所未有也。

十三日，阴，午后晴。江南今年天气早晚甚凉，午间辄热，殊觉不适。始有试卷，坐堂上与房官同校，是日所荐不及十卷。

自道光朝专尚墨卷，其时以排字诠题坚卓为上；咸丰间略重尤王派，词藻炜如；同治及光绪初年则低吟密咏，其清者妥帖铿锵，不清者则肤烂满纸而已。十年以来，又复一变，不拘格律，是风气之佳处，而不能切题，渐流于廓与杂；而文理不清，则亦士人心术之忧也。

阅卷以后，不写日记，其有可记者，略录数则于后。

自十三阅卷至二十三，已荐来头场卷七百二十三本矣。大约近时八股风气最杂，其言说文及别解者，皆向来所有，不足为奇；而大致总多以圣人防后世立论，于是题为美尧舜，而文则皆作维春秋，及防封神，停纂窃等类，不一而足。次题，"上纬天时"，则言电线、气球。三题，理境题也。而体者则言驱夷狄、攻异教者，十卷而七；而且其词大半吐露，而不蕴籍，以此知江南北人眼光心力，犹有可用，亦复可虑，在于当位者之善为裁成而已。

八月初五日止，共阅第一场卷八百七十本，末一本乃第十三房荐，恭字八十九号，甚佳，即取中矣（三场合荐，而第一场文字已甚玮丽）。有发字十九号一卷（下江），属弃而屡取之，及三场对策，颇详博，而每道必总笼数语，则多不甚合。午间复阅，总校其第一、二场，均繁富；又策已对十之八，姑仍取之矣。及置案头，则十八房所荐三场卷适到，取阅之，第一卷为发宇五十一号，则五策与发十九卷字字雷同，遂撤去发五十一卷。第一、二场本不取，其策謄字极劣，亦必不能细阅，而恰于此时相值，致此卷不能取中，亦不可谓非怪事也。

自九月初六日余各房补荐三场，于是忙不可解。凡阅三场卷至千余，而不自以为倦，可谓喜事者矣，一笑。

九月十六日，知五弟廷梼中式江西榜第十七名举人，为之稍慰。

十月初三日，登舟，行十余里泊下关，江安轮船拖行。

初四日，晴。行六十里，泊西洲头（早起轮船上煤，未行）。

初五日，晴。午过西梁山。

途中与迪光弟、味琴侄谈萍乡家事，深虑不才之子弟颇有其人。欲整顿家中义学祠费，为教养之地，惜力尚未能也。

——选录自《南轺日记》，章伯锋、顾亚主编《近代稗海》第十三辑，四川人民出版社 1989 年

许宝蘅日记

〔清〕许宝蘅 著

光绪二十四年（1898）五月十四日

……接李君致镜芙书，知初五日奉上谕，自下科乡、会试始，以及岁、科各试，向用四书文者，一律改试策论。四书文自明代用以取士，历传几五百年，一旦改弦更张，朝廷可谓勇决。惟乡曲学究，自童至老于高头讲章中求生活者，累然失矣。然窃虑吾圣人之业由此而废者多矣，非必谓八股制艺足以传圣道也，第新学日兴，旧业必废，当今之世，谁能守遗经而不坠者？余日望之。

——选录自《许宝蘅日记》第一册，中华书局2010年

回忆录类

齐如山回忆录

齐如山 著

儿童时代

我三岁尚未学认字时，便跟着老太太们学数嘴儿，数嘴者即是学民歌民谣，我会的很多，约有好几十套。先父见我颇聪明，而所学的歌谣，都没有什么意义，乃特为我编了些套教我念，因系有韵，念着顺口，所以学得很快。兹写一两段如下：

“列列列列场啊（此乃吾乡小儿常说之语，乃转圈之义），打了麦子打高粱啊，高粱满地红，麦子上蒸笼，吃的饱饱的，穿的好好的，梳头洗脸早早的。吃饱了干什么？到书房上功课。”又有“推梨儿，让枣儿，爹娘夸我好宝儿”等等的这些话，不必多写了。

我从三岁上，就从着先父在枕头上认字号，并带着学念诗，是光用嘴念，不认字。彼时的风气，书香家的小儿，多数学念的诗，如“床前明月光”“三日入厨下”等等这些五言绝句，尽因绝句短而易记也。热中功名的人家，教小儿念诗，多是“斗大黄金印，天高白玉堂。不读万卷书，安得见君王”，或者是“学成文武艺，货与帝王家”等等这些句子。我们家中教小儿念诗，则稍微两样，大致多是“锄禾日当午，汗滴禾下土。谁识盘中餐，粒粒皆辛苦”“昨日入城市，归来泪满襟。遍身绮罗者，不是养蚕人”等等这类的诗。

说到认字号儿，也与他家不一样，跟现在学校的单字也大不同。现在初级小学认字，是预备将来写白话文的初步。从前之认字，总须与后来读经求学问有关，所以给我写的方块字号，起首固然也都是笔划少的或数目字，以后就都是检择经史中要紧的字眼，如：六书、九数、八音、六艺、十二律吕、四季、二十四节，以及四维、八德等等的名词，历代的国号、年号，全国省名，十三经、念四史等等，无不写在方块上教认。初认时，只稍微讲解，仿佛没什么意义，到后来读经史时，可就有省力的地方了。四岁上才上学，从前初上学的规矩，先洗净手脸。这“洗净手脸”四个字，诸君或者以为值不得一说，其实不然。在南方水多的地方，沐浴是算不了一回事，在北方乡间水源少的地方，全靠井水，农人每日农忙之外，还要抢空挑两三担水，备家中应用，三担水不过三十个加仑，一切饮食洗濯，及牲畜饮用都靠它，家家都节俭用水，沐浴便成很大的问题。读书人家的儿童，固然每晨多数都要洗洗脸，农人家小儿，每日洗脸的就是少数了。至于洗澡一层，说来更是可笑。吾乡一带洗澡，只有在大坑中，南方名曰水塘，且须伏天雨水多的时候，否则坑中无水。然洗者仍是一般稍微不规则之人，若稍文墨之人，多不肯洗。再者就是小孩，但长者恒加禁止，恐淹死也。似此情形，沐浴用水，安得不成问题？平常洗脸，除赶上落雨，可以随便用水外，平时大多数都是几个人用一盆水，这样的洗法，脸还能洗的干净吗？大多数都不洗脖子。从前有讥讽小孩洗脸的民歌，就是说的这个情形。歌曰：“一天到晚只贪玩，洗脸梳头不耐烦，脖比车轴还要黑，多年小辫擀成毡。”从前读书人或商人等等，都是五天梳一次辫子，十天剃一次头发。农人则不一定，小儿虽然三天两天梳一次，但小儿的头部与他物磨擦的时候较多，更容易乱，往往辫子会拆不开喽。以上这些情形，都是极平常的事情，所以未上学之前，洗净手脸，也仿佛值得大书特书的了。

初入学都有应行的礼节。各书房中都供有至圣先师孔子之神位之木牌，或用红纸照写贴在墙上，先生烧上香，自己先对神牌作一揖，及一跪三叩首礼，起来再作一揖。然后学生对牌位也照样行此礼，再给先生行此礼，礼节才算完成。行完礼稍微休息就开读，从前不曰上课，而曰“开读”。念过几年后，先生才为讲解，此即名曰“开讲”。再念几年，学做文章，此即名曰“开笔”。这是从前读书人三个大的阶段，初上学先念《三字经》，书香人家小儿认字较早，有先认字号，再念书的，平常则多是先念《三字经》，因为没有人给写字号，彼时又没有印出来的，先生更不能代写，所以先念《三字经》。所以先念《三字经》者，一因它有括论经史的意义，二因此书印字较大而松，每半页总是六行，每行总是六字，小儿容易分出个儿来，若四书五经，则行紧而字密，初上学的农家小孩，便分不清哪是一个字。所以从前有一首诗形容此事，曰：“一行一荡尚分清，字字相离太欠松。试问书行何所似，一畦韭菜一畦葱。”虽然言之太过，也确有这种情形。我们读完《三字经》，即念唐诗绝句，认篆字，读说文，然很浅，不过是《说文建首字读》及《文字蒙求》之类，后即读《四书》《诗经》《书经》《易经》《礼记》《孝经》《周礼》《左传》，到十七岁，才读完《尔雅》《公羊传》《穀梁传》。

在这十几年之中，除读了子、史、古文文选、古唐诗之外，又带学天文（也就是认识三垣二十八宿，及诸位恒星而已）。算学则先学珠算，后学筹算（劳乃宣所著之《古筹算考释》），最后学笔算。彼时学笔算，跟现在是有两样的地方，就是现在横写，彼时还须直写，例如加法，直着写两行或多行（应加之数），再于最右边画一直线，把应加所得之数，直书在右边。这种写法，现在看着极不顺眼了，可是彼时是万不许横写的，假若横写，便是大逆不道。光绪中叶以后，考秀才时，也偶有算学，倘若横写，必受申斥无疑。庚子前后，就松多了。地理则不过《瀛寰志略》《海国图志》等书，此外尚无较佳者。至于做八股、写小楷等，虽然不能说是白费了工夫，可是以后用处也就很小了。

在这十来年之中，我有三次很得意的事情，都是对对子。彼时小学生对对子，乃是念过一二年书之后，最初步的功课。

北方的小饭馆饭铺卖高粱酒，都是二两为一壶，北京也是这个规矩，总是以二两为单位，比方一二人吃饭要喝酒，想要四两，但平常都不说四两，总是说两壶，或曰俩二两，或吃完饭后，有人问喝了多少，则必答曰喝了俩二两，此惯例也。一次我们书房中来了几位客，都是举人、进士、拔贡、廪生等等，大家谈天，我舅父出了一个对，请大家对，曰“俩二两”，盖三字之义，皆为二也。大家想了两个钟头，没有对上，我忽然灵机一动，说对上了，大家问以何为对？我说：“一个幺。”盖一固然是一，而个十百千万之个字也是一。当时在座之人，有说个字不能算一者，阎瑞庭先生者进士也，他说《康熙字典》注中说：个，数也；既可做数字解，当然就得算一。我说开宝摇摊，常说开了一个幺。于是大受夸奖，彼时我才七八岁，并赏了我小制钱五百钱。五百小制钱，不过合现大洋二角余，数字不算大，但彼时若以之买点心，如烧饼油条等等，够吃好几个月的了，安得不得意呢？

又一次是先严给我讲文选，赋中有“佳禾垂颖而顾本”一句，先君训余曰：“凡事不可忘本，佳禾尚且如此，况人乎？”那两天我念的诗中，正有“野凫眠岸有闲意，老树着花无丑枝”二句，我也是灵机一动，问曰：“佳禾垂颖而顾本，不正好对

‘老树着花无丑枝’吗?”先严亦颇嘉奖，云虽有一二字对的不工，然也是很好的一副对联。彼时我才十一岁，也赏了一百钱，约合现大洋不到五分（半角），然彼时在小儿手中已算极大的数字，除过新年之外，难得有这么一次。

又一次是看昆弋班的《义侠记·武松杀嫂》回来，先严说，此戏当然是由《水浒记》编来，《水浒记》在这一段文字中，有三句很好的文词，就是“有泪有声谓之哭，有泪无声谓之泣，有声无泪谓之号”。当时，因为我前两天查过《康熙字典》之“哕”字，下边注有三句，与此情形大致相同，曰“有物有声谓之呕，有物无声谓之吐，有声无物谓之哕”。我说这三句正好对上三句，先严亦大夸奖，此时我已约十二岁，没赏我钱，赏了一块白手绢，即是现在之白洋纱手绢。现在是人人皆有，当然不是什么新鲜东西，在彼时可就新颖多了。因为彼时乡间尚无此物，北方只北平有之，且用者多系极时髦之人，北平卖此者，只有交民巷祈罗弗洋行一家，所以不但新鲜，而还特别珍贵。且乡间尚没有手绢这个名词，都只说绢子，男子用者，名曰手巾，都是粗布，女子用者名曰绢子，多是洋绉或绸子制成，各种颜色都有，且绣花，就是没有白的。提起女子用绢子来，更是特别，平常没有人用，只有过年或有婚丧事时用之；新娘子则非用不可，自己没有，也要借一个，稍贫者只有一个，用手攥着，多者用三个，第二个便用以围脖子，第三个则系于袖口上，以便行路时，摆来摆去，袅娜美观，这种情形，现在是没有的了。当时太太们听说我得了一块绢子，每人见了我，都要问我，听说你得了一块外国绢子吗？拿给我看看？看了之后，有说真是白、真是漂亮的，有说白的太不吉利、不应使的，不多几天，我那块手绢，被大家看脏了。

一次偶检书架，见有一部书名曰《草字汇》，系初印本，很精美，我便放在桌上临摹。先君看见说：“你不必学这个，因为不但考试用不着，将来公事也用不着，写此者不过供人欣赏，然将来楷书写有根基后，再想写它也还可以，童子时代并不需要。再者草字许多靠不住，尤其是明朝末年，很风行草书，但有许多人，都是随意为之，不足为训。李笠翁在他《凰求凤》传奇中，有一支曲子，即是讥此，曲曰：‘学他道士书符样，连挥一阵笔头忙，从来草字易包荒，纵然写差也难查账。蝇头凤尾，故将怪装，蛇首龟身，好将拙藏，这是书家的秘诀从来尚。’这些话虽然开玩笑，但大部分也是实情，由此可知，若想学此，还得大费一番工夫。”因此我便未接着学习。

最有意思是在村塾读书的时候，十几个小孩童，都是七八岁到十二三岁，在一间屋中读书，大家掖开嗓子，一喊就是一天。曾记得《随园诗话》载有一首诗曰：“漆黑茅柴屋半间，猪窝牛圈浴锅连。牧童八九纵横坐，天地玄黄喊一年。”袁子才还批评这首诗末句趣极，北方乡间小书房，十之七八都是如此。我所入的村塾，比这个虽好一点，但也好不了许多。它为什么这个样子呢，也有它的原因，因为这种童蒙小学（现在名曰初级小学），花钱都极少，每一学生，每年不过小制钱五百文，合现大洋两角五分，凑十个学生，共五吊钱，最多者也不会过十吊钱，约合五元。以这几个钱，请外村的先生，是很不容易请到的，只得请本村的人，这种人除教书外，还有许多旁的事情，都要料理，举例如下：

一、他须管自己家中过日子（管家务，从前名曰过日子）。

二、他得照管庄稼，每天总要到田园中去看看，到耕种锄耘的时候，更是离不开。

三、他既认识字，村中有婚丧事，他总要去帮忙写帐等等。

四、凡先生多为人尊重，村中有小的竞争口舌等事，总短不了他去说和。

五、麦熟秋收，在乡村中更是非放学不可。

六、乡间总是五天一个集，多要去赶集，南方曰趁墟。

七、过年最少放假一个月。

请看以上这些情形，每年除年假一个月及麦秋两季最少一个月之外，共总剩了三百天，这三百天之中，总有一百八十天不常在书房中，对于儿童怎能好好的教导呢？他每逢出门之时，便指给各学生，由什么地方念到什么地方，念熟之后，他回来再背书。当然也有一部分小孩不那么规规矩矩的念，所以先生出门时，往往托付邻居，代为暗听所有儿童果然都念了没有。学生们知道这种情形，更要用大力来念，以便邻居听的到，常常喊哑了嗓子，结果先生回来太晚了，无暇背书，就放了学了。这可以说是喊了半天，等于白喊。一年的工夫，念不完《千字文》的学生很多，他的“天地玄黄”安得不喊一年呢？以上说的这种学校，可以说是最低级的，也可以说是相当腐败了。

还有一种比这样好一点的，其中就有读四书的了。从前也有一首诗是形容这种学塾的，曰：“几阵乌鸦噪晚风，儿童齐逞好喉咙，赵钱孙李周吴郑，天地玄黄宇宙洪，三字文完翻鉴略，百家姓毕理神童，就中有个超群者，一日三行读大中。”这首诗大家当然都懂得，但当时的详细情形，恐怕就有许多人不十分明了了，所谓“一日三行读大中”者，“大中”二字，指《大学》《中庸》也。所谓三行者（行音杭），从前小孩念的四书，大致总是一行十七个字，平平常常的小孩，每次上新书，总是以三行为律，三行念背过后，再学三行，念背过再学三行。最聪明的小孩，每天可念七八十行，但这样的很少，大致每天能念四十行的，就算很聪明了。所以从前长者们议论某小孩聪明与否，都说每天能念多少行书，问人也是这样问法，你家小孩能念多少行书哇？此定例也。除此之外，没有第二种言词可以形容小孩聪明之程度。最笨者一天三行都不熟，所以他说“一日三行读大中”。我在这种学塾里，停留了二年，也算受罪，也算有趣。到七岁就在家塾里读书了，读书之外，学对对联，学做诗。做诗最初不过四句。现在能做诗的人还很多，能做这种诗的，恐怕不多了，这种名曰试帖诗，有特别的功令、特别的规定，必须要押官韵，必须要点题字。比方随便举一例，清朝人有很出名的一首诗，题目是“赋得大田多稼得多字”，诗题必须要这样的写法，题上冠“赋得”二字者意思，是赋诗偶得此题也。“得多字”者，以“多”字为韵也。如此则多字便是官韵，非押此字不可，不但用此字，而且前两韵便必须用上，倘不用它，名词就叫没押官韵，那任凭你文章诗作多好，也不会进秀才的。举人进士，更是如此。点题字一层，也很要紧，在前四句中必须把题字都点出来，有时少点一字，亦未尝不可，但总算毛病，而且必须分开点，不能连用，不得已两字连用尚可，若三字连点，便算骂题。兹将原诗，录出前四句来，诸君一看就明了了。

“大地如云涌，秋高欲纳禾。公田原上上，我稼益多多。”

多字是官韵，题目之“大田多稼”四字，都在前四句中了，所有作试帖诗者，都得如此。

再进一步，就是做文章，即是做八股，这便名曰“开笔”，凡做此者，就算是大学生了。未做八股之前，当然得先念八股，初念的八股文，总是山西路润生先生他们编纂的《时艺引》《时艺阶》等文集。从前管八股都叫做时艺，间乎也念小题折字这类的集子。从前读书人都说八股的文字，乃发挥经义。其实这句话，可以说它靠不住。若按明朝的天崇文集（即是天启、崇祯年间的文章，亦名曰启祯），南方金正希的文章，北方路润生的《时艺核》等等的集子，都还可以说是与经义有关，就清朝乡会试的文章，也还可以说是有的有些经义在里头，这说的是好的，若平常墨卷之中，就难看到经义了。至于小考的八股（从前管考秀才，叫做考小考），那真可以说是与经义风马牛不相及。说起来，倒是乡会试的文章还较为容易做，因为乡会试的题目，多至一章，少至一节或几句，最少也有一句，可以照题发挥，不但经史中的意义可以容纳在里头，就是当时的国政、社会中的情形，都可以引证来用，借题发挥，借以匡正政治之得失。至于小考的题目就不然了，整句的题就不多见，有时候只一个字，最奇怪的是截搭题。什么叫做截搭题呢？就是把上一节的末一句，搭上下一截的头一句，比方说："不亦乐乎有子曰其为人也孝弟"，这便是截搭题。其中还分有情截搭及无情截搭。上下两句，意思有点关联，便算有情的截搭，一点相联的意思也没有，便叫做无情截搭。最普通者为截下题，就是出一句书为题，而要紧的意思在下边。比方出题为"学而时习之"一句，而本句的意义，则在下边的"不亦说乎"一句，这种题的做法，是只可以说"学而时习之"，不能说到下边之"说"（悦）字，可是文章句句的意思，不许不含着下边的意思，倘不含下句之义，便算没做到题之真义，倘用上下边之"说"字，便是漏下，是极大的毛病，绝对不能进秀才的。这种题文的做法，在下边可以举一个例。相传乾隆朝有一官员引见，乾隆问他能做文章否，答以做过。乾隆说，这有一个题，你可以做一破题，题为"周有八士到季随"，该员正在思索，乾隆说，朕代你做了一句，曰"记周士而得其七"，该官答曰："皆兄也。"乾隆大悦，盖如此即照顾到第八人了，此曰"照下"。再一次我们在学塾中作文，先生出了一个题为"虽小道"，题只三字，但重要的意思在下边，是"必有可观者焉"一句，我们学生都没有做好，先生给做了一个破（八股头二句名曰破，接着三五句名曰承，亦曰破题、承题），曰：

“道而小焉，小亦道也。”这“小亦道也”四字之中，便有了“可观者焉”的意义在内。而“可观者焉”四字，都没明写，此之谓“照下”，倘明着用上这四个字，便是“漏下”。小考时做此题之文，有此破题，则准秀才无疑，因为小考中看卷子，只要能看过前两行，便有取中的希望，否则看一个破题，不合意他就扔掉不再往下看了。以上所说，都是书房中的情形，普通的章程，都是五天做一次文章，此名曰“窗课”，因为书房二字，偶尔也说“窗下”，故谚语中有两句话曰：“窗下莫言命，场中莫论文。”此层当在后边再略谈谈，以下即谈到考试的情形。

考试情形

提到考试，就更有趣了。从前的考试，种类虽多，但正途的考试，可分三种：一是考秀才，二是考举人，三是考进士。考进士名曰会试，永远在北京会考，主试看卷者名曰大总裁，领衔的总裁名曰正总裁，必须用尚书阶级的人员。考举人名曰乡试，在各省考之，主试者名曰主考，须用二人，一为正，一为副，文风较优之省，则用侍郎或九卿阶级之人，其余则用翰林。考秀才名曰小考，在各府考试，主考者名曰学政，各省亦用翰林，如直隶省则必用侍郎阶级之人。小考共分三个阶级，一是县考，由本县主持；二是府考，由知府主持；三是院考，由前边所谈学政主持。县考府考，又都各考五次，我考的很晚，十八岁才出考，这是读书人考试的第一步。凡应考者，都称文童，俗名就叫做童生，进了秀才之后，便称为文生，永远不进秀才，永远称文童，考到七八十岁的人，各县中都往往有之，然也仍然得称文童，所以从前有一副对联曰：“行年七十由称童可云寿考，到老五经犹未熟不愧书生。”

不要小看这文童二字，他也有他的地位价值，这里无妨随带谈几句。在前清时代（明朝更重要），有功名与没功名，可相差太多，比方说：

进士，凡进士都是官员，故见了本县知县，都是平起平坐，以客礼相待。

举人，虽然不是官员，但是国家取中的功名人，给本县知县写信，都自称治愚弟，见县官也是平起平坐。

秀才，见知县时，虽然得称禀见，但与知县谈话时，也是有座位的，遇到打官司，写呈子时，文字称文生，自己口称生员，见官不用跪。倘有罪过须责罚，知县不许打，得行文本县教官，嘱其责罚，亦不许打屁股板子，只可打手心，这个名词叫做打戒尺。再有重大罪过，则须先由知县禀明布政司（俗称藩台），先行革去秀才，方能动刑。并且可以免出几亩地的官租，从前想进秀才的人很多，就因为这些缘故。

文童，文童虽然不能算是一种功名，但也算是民间的一种阶级，比方打官司递呈子，民人则只可称“民”或“民人”，而文童则写时称文童，自称童生，可穿官衣戴官帽，见官虽然也跪，但官则总有一点另眼看待，非不得已时，绝对不肯打屁股。倘因有事见知县的时候，童生可以有座，商人则绝对没有，与知县有钱财关系的商人，也常常让座，但国家的规定则不许。《聊斋》中说“我花钱买盐吃，何物商人敢与官长分庭抗礼”云云，即是此义。类如清朝时代，在北京有婚丧等事，来宾入座饮食，商人与官员绝对不能让在一桌，而童生则可，虽然也算是抬举，但不能算是越分，此从前童生之情形也。所以未出过考的人，不得谓之童生，任你念上十年书，未经考过，名字之上，不能加文童二字。

考的时候按规矩须穿官衣，可是谁都不穿，但官帽则非戴不可，说起来也真可以说是受罪，没有官帽绝对进不去考场，但是在乡间，哪里去找这许多官帽的呢？于是就有人用旧式宽边毡帽，顶上糊一层红纸，作为帽缨子，也可以混得进去。至于考试用的桌凳也得自己预备，谁能够由乡下运去呢？都是由城中借用，借不到干净桌子，则小饭铺的油桌，厨房的案板，旧棉花的架子等，都可以将就着用，有的县中有预备现成的桌凳，但是也不多见。其实各县都有书院，书院中不但房子现成，且多有桌凳，但因知县每日还得打道前去，太不方便，所以都是在县衙门中大堂上考试，大堂上当然没有这些桌凳，所以每逢考试，都是闹的笑话百出，记得有关此事之民歌，亦曰竹枝词，兹录两首如下：

"三年一考久曾经，永远缨冠借不成。到日仍将毡帽替，糊层红纸替红缨。"此咏考童者。

"国家考试太堂皇，多少书生坐大堂。油板压车为试案，考终衣服亮光光（谓沾一身油）。"

诗中所谓坐大堂者，现在也有许多人不知道了。从前州县衙门都有三个堂，第一为大堂，堂极宽敞，堂前即大院，坐堂问案时，任人观听，但平常问案，都不在此处。因为在此处问案，都得庄重，州县官得袍褂齐整，一切排衙的规矩，得应有尽有，官吏衙役等等，一点也不能随便，所以在此处所问之案，都是极大的案子，或年终录囚等事。第二为二堂，在大堂之后垂花门的里边。州县官在此问案，虽然也须穿官衣，但较为随便多了，比方说他可以一边问着案，一边喝茶吃点心，在大堂则绝对不许。一切民事案子，都在此处问理，亦可任人观看。第三曰三堂，亦名花厅，在二堂之后，或旁边，一切不重要的小案子，或较文墨的案子，及有关个人名誉的案子等等，都在此处审问，此处问案，绝对不许人观看，问案的情形，可就随便多了，一应吏役人等，用不着的，就不必站班，问官可穿便衣，有时也可请师爷代问。

此大堂二字之所由来也，大堂多是五间两卷，共是十间，当然很宽敞，所以考试多在此处，类似这样的诗句还很多，可惜我不大记得了。

县考共分五场，每场都是天未亮点名，进场做一篇八股一首诗，便是完场，不许点灯，这个名词叫做“不继烛”，但遇到宽点的知县，有时也可点一会灯。交卷后出场，够十个人就开门放出去，这个名词叫做“出头牌”，前三牌出时，都有吹鼓手吹打，这是给早出场的体面，以后就不吹打了。五场之中，四场都是做八股，其中一场是做古文古诗赋序等等，如做律诗，则多是四首，此即名曰古场，每场当然都有前十名，前场的前十名，次场即特别召人衙内另一房间或书房坐落，此名曰挑堂，特别给饭吃，名曰优待，其实是特别监视。而且每场前十名，都有县中官吹鼓手来报喜，到寓所吹打一阵，非赏钱不可，多者五百文，少者也得二百文（五百文约合现大洋二角五分）。各场第一名，都名曰草案，没什么大关系，末一场第一名名曰首卷，此则必进秀才，总之县首卷府首卷二人，都是必进的，倘无特别大错，虽院考文章不好，也是必要取中的，否则于知府知县面子太难堪也。

这种考试，帖榜的写法，不许直排也不许横排，都得按车轮形式写录，这个名词叫做“轮榜”，意思是尚未规定，须候皇上派人来考，院考才算规定也。五十个人为一轮，姓名头都朝外，末了不足五十人者，则松动写之，其形式亦须一圈。比方各省有驻防旗人者，也都与汉人合考，但都是另贴榜，他们往往不过几人或十几人，也因为他们进秀才没有定额，每三人考，准有一人进秀才。所以他们的榜，往往三个人一圈，其实就是写成三角形，头也都朝外，倘只两人，则一上一下，是第一名头朝上，第二名头朝下，这个名词叫做“打通腿儿”。以上所谈是县考。

县考之后，就是府考，比县考就好多了。府考都有考棚，因为皇帝派出考试的钦差，都是每府一考，各直隶州因管县较少不值得钦差前去，则亦归并在就近之一府城内考试，比方易州直隶州连他所管的涞水广昌二县，就都在保定府考试，所以各府城内，都有建筑的考场。这种考场，虽然是为院考而设，但府考当然也就在这里了。考场建筑，等于衙门，两旁辕门内有大院，乃被考者群集等候点名之处，院中有许多卖零星食品的，北面便是穿堂大厅，学差点名即在此处。过了穿堂大厅，是一很大的院子，正面就是大堂，为学差率各官员监临之处。院中东西两大敞棚，约各十余间至二三十间不等，敞棚中设有长条桌条凳，其长与敞棚等，与前清北京戏馆子之桌凳一样，每距离二尺一人，下边放一黑瓦尿盆。府考一层，其章程与县考可以说是一样，不必再说，以免重复。兹只说院考，院考可就比府考严多了。

院考者乃皇帝特派专人主试，前边已经说过，他的官衔则是钦命提督某省学政，比方河北省则写钦命提督顺天等处学政某人（只写姓不写名）。凡被考的士子，都得求妥廪生作保，本县教官再给派一位，自己求者为正保，派者为副保。考试之日，半夜就得起来，到考场等候点名，每次总是四个县的人同考，点某县考童之名时，便有一个长约三尺，宽约二尺的大灯牌，上写点某县，立于院中，考童一看点到自己县了，便都向前听点。再者点某县时，则某县之教官及廪生，都立于学差之后，帮着监视检查。点到某生，则某生应名趋上过厅，即高喊：某人保。保该童之廪生，听到喊自己作保，自己一看不错，便也高喊某人保，则该童便领卷子进场。倘有抢冒顶替，不是本人，该廪生看着不对，便不搭声，则该士子必要被拘，或枷罚治罪，这也是往往有的事情，不过这种枷很轻，大约不过十几斤，戴着枷跪在考院门口，几时考完，几时才放。点了名进场，还要被搜，不许带夹带，事前做好的文章，固然不许带进去，而书籍如四书等亦不许带。如在上身搜出四书，没收了之后，还可入场，若在下身搜出，照国家的规定，不但不许入场，还要挨戒尺，即打手心，以其侮辱圣贤也，不过向来很松，虽在下身搜出，也就马马虎虎了。搜时永远是以一手插入头上官帽之下，然后再搜全身，搜时虽这样严，但带夹带的人，还多得很。从前都是自己用蝇头小字抄录，后来上海石印局，印出了小题三万选、十万选等书，有许多人就兼带这些书了。我考试时，是只带两管笔一个墨盒，来考试最要紧的，就是知道所出之题目出自某书，上下句都是什么，也就够了，四书是自幼念背过的，而出题又不许出四书之外，何必还要把四书带进去呢？可是搜检之人（名曰搜子）总愿搜出点东西来，显着他能干，本来搜检也很难，有的把夹带蒸在馒头里头，有的烙在烧饼里头，种种办法，样子很多，也真难搜检。搜子搜我，没搜出什么来，不高兴，讥讽了我一句曰：“你真饱学呀。”我说：“背过四书，就算饱学，那是你们县里的文风。”旁边人听着也都乐了，但他对我也没有法。

进场之后，都并坐于大凳之上，几几乎是不许动。每条凳头上外边，有各县教官一人，坐于大高凳上监视，如果考童彼此交谈，他便禁止，说：“好好的做文章。”据说有一次学差极严，用一长纸条黏于各生之官帽上，使每行士子都联贯起来，一人一动纸则必断，便将该士子提出，不许再考，后有一人说了一个笑话，大家一乐，头一动，全场纸条都断，学差也没法子。但这种严法，恐怕也出乎考规之外。这还不要紧，最可笑的是不许大便，只准小便。小便则每人座下有一小瓦盆，即尿在里边，如果非大便不可，亦可到厕所，惟事前须把自己之考卷，交于堂上，事完再取回来仍可接做，但在卷面上印上一颗黑图章，这个章名曰屎戳子，此卷乃另放一处，决不再评阅，是任你做多好，也断无进秀才之希望了。因为这种情形，有许许多多士子就不离座，然有时非大便不可，则往往脱下自己之袜子来，即便在里头，自己带着出场，或丢在场内。这样的大便法，坐在前后左近的人当然受熏而不高兴，这本可以喊监场教官，勒令他出去，但大家都念三年才考一次，好容易才入了场，倘离座大便，则这次等于白来，想进秀才，还得等三年，所以大家也都同情他，只好自己忍受，不肯告发。这总算是众人的仁慈，但是试场内可就脏污多了，可惜现在装肥料的纸袋，彼时尚未发明，倘彼时有此，则方便多了。不但大便，连小便也都是洒一地，安得不骚臭难闻，所以第一场考还好，以后一场比一场难闻，这不能不算是一种虐政。

倘取中进了秀才之后，那可很够光荣的，各县之各乡，都有跑报的团体，因为院考都是冬天，农民无事，身体强壮且能快走之人，聚集十余人所组成，专与秀才家报喜。第一人当然在府城内，其余则散布沿路。一看榜上有本乡之人，立即用红纸条写一报单。大致总是贵府少爷印某今蒙钦命提督顺天等处学政某（只写姓），取中第多少名，特此报喜。手持此条赶快就跑，跑到第二人处把报条交给他，他就接着跑，一直到秀才之家门外大喊报喜。秀才之家遇到这种大喜，虽在半夜，也都得起来，大家庆贺。进秀才之后，还要复试，复试之后才算确实，待复试确定之后，本家还要到各亲友家报喜，报喜的方式，是用整张梅红纸写，捷报贵府令亲（如外甥、姻侄、表弟等等）或令友令门生等等某人今蒙钦命提督学政某取中第多少名秀才等等这些字样，并随带小牛角炮或三眼枪，到各亲友家去报。到门先放三声炮，把报交上，得报人家总要赏一二百文。凡当此差者，都是本家穷苦人，这也算是一笔意外之财。

考完之后，所有新进的秀才，都得等着恭送学差，学差走后，方各回家，回到家必要祭祖，到坟地与三代祖父叩头，这是告祭的意思。贫寒之家，只自己一家吃一顿较好的食品，稍阔者则请几桌客，大有钱之家，也有演戏大请客的，但甚少。祭祖时所穿的衣服，则很特别——按清朝的规定，进士才许戴金顶，举人则戴银顶，也是圆的，秀才则戴雀顶，乃用银质铸成雀形，但大家都是戴金顶，早就不照这规矩戴了。可是祭祖这天总要戴雀顶，不穿袍褂，而穿襕衫。襕衫本明朝的制度，大约都是淡蓝色，宽袖，周身有蓝宽边，腰际有腰阑，其形式有点像戏中太监所穿之衣服，又像清末民初北京马车夫所穿之衣服，祭祖所以穿此者乃不忘明朝之义，故从前书香之家，都存有这件衣服，舍下至今尚有存者，且有雀顶。平常人家无此，于进秀才祭祖时，也要借人家的一用。这种情形，在光绪庚子以后就不见了。

以上说的是文考，还有武考也可以随带谈谈。从前是文武并重，自光绪甲午以后，废止武场，到今年已整整过了一周甲子。前一个甲午年生的人，已经六十一岁，甲午年进的秀才，无论进秀才多早，也有八十多岁，从前十几岁进文秀才的人还有，二十岁以前进武秀才的，就极少了。因为如此，从前的武秀才，现在存在的人很少了，我没有考过试，但我也学着拉过弓射过箭。考武的情形与考文一样，考法不同就是了，也分县考、府考、院考，各级考试都分四场，一是步箭，二是马箭，三是弓刀石，四是文字。

步箭，共射三箭，三箭都射中者，进秀才的希望就很大，只中一箭，倘别的场都好，也可以望进。诸君不要小看射箭，也有特别的技术。我乡有一武举人姓郭，老年已双目失明，然射箭还是每箭必中，他先射一箭，问旁观者，此箭离鹄子有多远，或上或下，或左或右，别人告诉他，他再射第二箭，倘不中或还差多少，第三箭则必中矣。既中之后，再连射多少箭，也是必中的，因为他执弓之手，极有力量，不会摇动的，这足见人之智慧，是怎么用就怎么有，只若能专心便妥。

马箭，各县在城外，都有预备的马箭道，道旁设立三个鹄子，上马加一鞭，马即飞跑，在马上射之，鹄旁即设有鼓手，射中则击鼓。有人能左右开弓，马道两旁，都设鹄子，共六个，左右射之，但此是特别技术，不在应考的范围之内，不过能此者，则别的场虽软，亦可望进秀才。

弓刀石，考试这种公事，是归礼房管理，各县都有吏户礼兵刑工六房，弓刀石等器则归兵房置办。弓分头二三号，以几个劲为一号，若干斤为一个劲，详细的规定我记不清了。试验几个劲的法子，是把弓背吊起，再系几百斤的石块于弦上，以把弓坠圆了为度，这种弓不是为射箭用，而是专为引拉练膂力的，所以特别硬，即名硬弓。刀乃生铁所铸，最重者为头号，大致是三百六十斤。平常练武功之处，名曰武学，学中买不起这种刀，都是用木杠两头各穿一圆石替代，此即名曰双石，一直到现在国中存留着的还很多。我最健壮的时候，可以举起一百二十斤的刀来，石则长方一块石头，两旁抠手，最重者五百多斤，刀非举起来才算，所以较轻，石则提起来就算，所以较重。

文字场，考文字的场，用不着做文章，都是默写《孙子》一段，但也常闹笑话。从前考武的童生，认识字的人绝对到不了百分之三十，连自己的姓名都写不上来，在县中写姓名三代的时候，多是求人写，我就替人写过。问他的姓名，他还说的上来，但是哪一个字，也弄不清，一问三代，不用说多是一直脖子，有的知道的，也都是乳名。我问一人他父亲叫什么，他说叫狗儿，这种名字，实在不便写到履历上，再同他商量，他心眼更活动，他说请你随便写罢，或者找几个吉利字就成了。所以从前考武的童生三代，有许多都不一样，头一次考，就进了秀才，那他的三代便只这一种，便算规定了。倘不进下次再考，上次造的三代，他不记得，只好另造，考几回换几次，这不能不算是一种笑谈。这种程度的人，使他默写武经，他怎能写得上来呢？大致都是求人或雇人写，有考武会写字的人，这也是一笔进款。到光绪年间的卷子，至少得写三行，否则便算交白卷，这种默写，说起来本极容易，应写哪一段，府衙门的礼房，早偷着把它印出来，卖与考武之人，到场里照抄就是了，好在这种卷子，永远也不会看，写上三行也就够了。看卷的师爷们虽不看，但礼房先生则必须过目。这种卷子的名词，叫做黑白卷，有三行字便算黑卷，简言之曰黑的，无字者便是白卷，简言之曰白的，两样卷子，须各捆着，以便上司调看。比方两捆卷子在一起，有人问，则说哪一捆是黑的，哪一捆是白的，不说卷子二字。据官场人云，最早这卷子是都要看的，乾嘉以前，凡进了秀才的卷子是都要看的，后来光看前十名的卷子，到光绪年间就都不看了。吾高阳县有一考武之人，名叫王一鳌，身材很魁梧，马步箭、弓刀石都不错，学校很想提拔他，问他识字否，他说不识字，问他能写自己名字否，他说可以写。前两个字倒是都写上来了，第三个字写了半天，也没写成，回到寓所同乡亲们说，我当初就叫做王一多好呢？这虽然是一件实事，可以说真够笑谈的了。这话又说回来啦，不止秀才如此，往高里去说，武举人，武进士，不认字的人，也多的很。

考试还有一种特别的情形。考文的点名簿上，只注三个字曰“身”“面”“须”，如身中、面白、须无等等，学台一边点着名，一边看所注之情形与本人合不合。

武士子的点名簿上，每一人名下边，除上边三字外，还印着四个字，这四个字是“用”“月”“日”“气”。凡高宽之人则注“用”字，在点名时，学台见其高宽，则在“用”字上点一点。

细高者为“月”字，矮小者为“日”字，不正者为“气”字，这是与文考不同的。文考所注“身”“面”“须”三字，大致都是注身中、面白、须无，如太高则应注身高，有麻子则注面麻，有须则注须有，不过这些地方，都归士子自己填注，所以都不认真。武士子也有如此，但多前四字，这大概是因文人身材没有大关系，武人则身材便是很重要的条件了。

考的时候，已有上述的这许多麻烦，倘取中进了秀才之后更麻烦。本县教官有许多剥削之处，如钱给不够，他就不给出结。遇到寒苦人家进了秀才，他无法剥削，还容易办；遇到有功名的人家，如家中有举人进士等等，他不好意思，也不好勒索，更容易办；倘遇到土财主，或新发户，那就该他发财了，甚而至于作保廪生，也帮他合伙，共同敲人家竹杠，尤其是对于武秀才，更勒索得多。因为考武秀才者，多是有钱之家，从前读书想中举人进士的人，自然也有，但多半是为进了秀才支持门户，所以进了秀才就很知足，永远没有乡试过的人（考举人）总占十之七八。有许多人家有钱，怕人欺侮，而子弟中又没有能读书之人，于是便考试，进了武秀才，虽然不及文秀才被人恭维，但见官不跪，遇打官司被传问时不许锁，这在乡中就是不得了的身分了。所以有钱人家，都要使子弟巴结一个武秀才。

说起前清的考试法来并不公道，因为各县管的地方不一样大，人口也不一样多，所以分大中小县，亦分大中小学。大县当然就是大学，然也有时例外，大学每县每次取中秀才二十一二人，中学十六七人，小学十三四人不等。但各县文风不一样，有的每县每次考试，有多至四五百人者，有的只有二三十人者。比方吾高阳县，乃是中县，而学则为大学，但应考的人，总在四五百人之上，有时多至七八百人，而得中秀才者不过二十一二人，有许多县，得中者十六七人，而应试者不过三四十人。更有山僻小县，则应考之人，往往不及应进秀才之数目多。曾记《两般秋雨庵随笔》中有一段记载，一位知县所用的车夫忽来告假，问何事，答以去应考，该知县有记此事诗一首，中有“靴换鞋兮笔换鞭”之句，原诗记不清了。此事并不新奇，乃恒有之事。请看以上这些情形，有的二三十个人之中，才有一个得进，有的考的人还不足应进秀才之额数，这算公道吗？说到这种情形，是旗人较为公道。旗人无定额，每三人就有一人进秀才，前边已经说过，他还有便宜的地方，比方倘只有五个人考，则只能进一个，若再添一人，即可进两个，于是这五个人，可以共同出钱，另雇一人下场，有此一人便可有二人进学，不过这件事情也很难商量，大致总是五人之中最好的两位出钱较多，因为他们进秀才之希望大也。不过其中也有可笑的事情，就是被雇的这个人，也许可以进秀才。因为考场里头，是极没有准稿子的，所以谚语中有两句话曰“一财二命三风水，四积阴功五读书”，最末了是读书，足见读书之不重要了。为什么成这个情形呢？关于考试的情形，在《聊斋志异》中就说的最详细，此处不必再赘。在这种小考的场中，与举人进士又不同，学台一考就连着好几个月，一定相当疲乏，而一两千本卷子，又须一日看完，哪还能细看呢？所以考秀才的卷子，倘能看过三行，则可以说是必进，都是看两句（破题），不好就丢掉了，看了破承，再往下看，那就很有进的希望。俟取中之后，再找补着看看后边，前十名则一定把全篇都看完了，其余就马马虎虎了，这种情形，当然是难免冤屈人的。

以上所说，只是童生应考秀才，到进了秀才之后，每次考试童生之时，他们也还得被考，此名曰岁考。这种考，可以告病假，或游学假（游学假者，往他处去求学，赶不上回来考试也），但最多可以告假两次，至第三次，则非考不可，否则便要革去秀才。据老辈传说，完全是怕读书人有不规则的行动，或怕造反，所以如此之严。这种考试，应考者情形分两种，一种是较为有点学问，或平常也很用功的人，则很认真，希望名列前茅，可以补个廪生，原名廪膳生，行文亦曰食饩，是每年由国家给钱粮之意，但从来这笔款，都归教官入了腰包，廪生们就得不着了。其余平常不用功的秀才，每逢这种考试，都是敷衍了事，然也须过得去，因为考得不好，也可以受刑，也可以革去秀才。这种考大致分五六等，第一等当然是很好了，二等三等也还平常，有许多秀才，只盼考得二三等，也就很满意了，因为考四等就得受申饬，五等六等便要挨戒尺。所以有许多秀才也很怕，他们进学之后，一年之中，不见得摩一次书本，一到考期，可就忙了，天天得温一温四书。所以李笠翁在他剧本里头有四句诗，曰："书生本是秀才名，十个经书九个生。一纸考文传到学，满城书是子曰声。"（北方平常念曰字，总是用阳平声）此虽是讥讽，亦系实情。

因为我考过小考，所以拉拉杂杂写了这许多，至于乡试、会试，则另是一件事情，就不用另写，且《儿女英雄传》中，对它写得很详细，此处更不必赘述了。

——选录自《齐如山回忆录》，辽宁教育出版社 2005 年

科场回忆录

钟毓龙　著

科场定有条例，各省遵行，而应试情形，自来文人无详记之者，以年年举行，人人所知，无庸赘也。今距科举之废，已数十年，虽谈历史者，犹知在昔有以科举取士之事，而于应试时之情形，则年五十以下者，殆已无人能知其详矣。余虽忝乙科，未至礼部，会试时情形所不知。其他若小试，若岁科试，若乡试，皆尝亲历其境。垂老支离，杜门无俚，辄就所经历而犹能记忆者，信笔书之。辛卯长夏钟毓龙。

甲、小试

小试俗谓之考秀才，盖本系童生，考而获选，则称秀才。

明清之时，学子之应小试者，虽发已颁白，仍称童生，不限于童子也。相传有某生，年已七十，犹往应试，宗师举经书之句以问之，不能对，乃为偶语以嘲之曰："行年七十尚称童，可云寿考；到老五经还未熟，不愧书生。"可见昔时年至四十、五十而犹称童生应小试者固有之，然余则未之见也。民气刚强之处，每届考试，恃其人多，时或肇祸，人皆惮之，而有童天王之称。"秀才"之名，汉代已有之，东汉避光武讳，改曰"茂才"，故"秀才"亦曰"茂才"。

考试之地，就杭州而言，分四处：一曰旗籍，由驻防旗营主之，受试于何署，余不知；一曰仁和籍，受试于仁和县署；一曰钱塘籍，受试于钱塘县署；一曰商籍，受试于分司署。

商籍之制起于明。明制设科之法：士子起家，应童子试，必有籍。籍有儒官民军医匠之属，咸分别流品，以试于其郡，不得就他郡试。边镇则设旗籍、校籍；都会则设富户籍、盐籍，或曰商籍。士或从其父兄远役数千里，岁岁归就其郡试，实不便，则令各以其家所业闻箸为籍，而就试于是郡。杭州之有商籍，始于明天启间。其时歙人吴宪居杭，与同邑之汪文演，上书请之，于是有商籍。至清乾隆四十四年，浙江巡抚王亶，因他省商籍均裁，亦奏请裁去浙省商籍学额。乾隆帝不许，谓浙省商籍，与山东长芦等处不同。该省人文本盛，应试人多。本地之人，借商籍登进者，十居七八，其中人才辈出，颇有用至大僚者。是浙省商籍，即仁钱士子进身之一途。若一旦全行裁汰，名为严核商籍童生，实则暗减杭城学额，寒畯不免有向隅之叹云云。故杭州商籍，至清季犹存，而为仁钱两邑学子优越之权利。

廪　保

余钱塘人也。先君子即系钱塘县学附生。余应受试于钱塘县署，然父老以余年幼木讷，且初次观光，虑有蹉跌，适有周东伯、仲文两昆季考商籍，年长多阅历，遂令与偕，借资照拂，故余考商籍。考商籍之法，须冒认一盐商为同族，余所冒认者，为徽商钟某，而自称系其侄孙。

童生应试，必先觅一廪保。廪保者，以在学中之廪膳生为之，犹今学校学生之保证人。所保者有四事：

一曰身家清白。凡倡优隶卒之子孙，均不得应试。倡者娼妓，优者优伶，隶者皂隶。据闻昔日县府署中，有皂隶二种，戴红而圆之高帽者为皂，戴黑而圆之高帽者为隶。然皂隶虽连称，而皂高于隶，皂之子孙可应试，隶之子孙则不能，以其执杖扑人臀，为执役中之贱者也。卒者，军中执役之人，非指兵士。凡此四种，均谓之身家不清，必待退免三世之后，始得与平民等。盖旧时考试，为士子进身之阶，考取之后，乡试会试，飞黄腾达，例得褒封三代。倡优隶卒而受褒封，谓之有玷名器，故不许其子孙考试，以杜绝其根本。其他若长随司阍等之子孙，薙头剔脚者之子孙，喜娘轿夫之子孙，皆谓之身家不清白，不得应试。惟女佣乳媪之子孙，不在此例。浙省宁绍等处有堕民，其子孙亦不得应试。杭州皋园主人舒晚山，其初为某宦家馆僮，后成进士，则馆僮亦可应试也。

二曰并非冒籍。冒籍者，非本县之人，而来本县参加考试也。每县学，每次录取几人，各有定额，而投考之童生，则各县多寡不同，额少人多者录取难，额多人少者录取易，故额少人多处之童生，往往思就额多人少之县参加考试，以期易取。又旅居之商人寓客，令其子孙回原籍应试，路远费多，亦往往思就近考试，以图简便，此冒籍之所由来也。然外籍之人多取一名，即本籍之人少取一名，妨碍学额，故为定例所不许，如有廪保卖情，或受贿而保送考试者，准考生或他人检举，谓之攻冒籍。吾友何酉生敬煌，谓曾记某府院试时，有考生向学校检举冒籍，学使者李姓，牌示云：东晋衣冠，盛于吴越；渡江名士，半属寓公。某主着准其应试可也。余按此事必有特殊原因，否则学使者将受嫌疑，而以后各地纷纷援例效尤，纠纷必多矣。

三曰并无枪替情事。枪者倩人代作，替者倩人代考也。以前未有照片，无从对验。是否本人，惟廪保知之。故廪保之一，名曰认保，责任最重。

四曰并无匿丧情事。父母之丧服未满，而出应考试，谓之匿丧。盖在丧服之中，例不准考试也。如被人检举，即除名扣考，而廪保受处分。

廪保觅得之后，报名纳卷，皆令学中之门斗为之。

县试（分司试）

商籍初试，在嘉松分司，地在奎垣巷，其日期与仁、钱二县司，约在阴历二月间。

考试之前日半夜，即须前往。其时，署前灯烛辉煌，分司高坐于大门外之台上，两旁胥吏分立，按册唱名、授卷。但童生应点者，胥吏不许其称“到”，必令其称“有”，不知何故。余受卷而入，卷上虽印有坐号，然并不检查，相识者尽可联接而坐。卷用弥封，卷面书姓名处，贴以浮签。缴卷时，则揭去之，而携以归，防阅卷者之徇请作弊也。其后运司考，学院考，皆如之。点名既毕，封门出题。例为二文题，一诗题。文题首题有已冠、未冠之分。已冠题，年二十岁以上者作之；未冠题，年二十以下者作之。实则不拘，任人自择而已。运司考同此。

昔有嘲老童生之诗曰：“县试归来日已西，老妻扶杖下楼梯。大声附耳谆谆问，未冠今朝是甚题？”可见虽老，亦可作未冠题矣。

余此次已冠题曰“嘉善”，未冠题曰“以松殷人”，盖表明“嘉松分司”也。余年十六，遂作未冠题。场规极宽，无人监督，往来交谈皆自由。例不给烛，然至黄昏未毕者仍多，故考篮中，纸砚笔墨之外，兼备烛也。午膳，家寒者自备干粮，否则如面食蛋炒饭之类，随时可购，惟价较昂，为署中人生财之一道。下午约三四时放头牌，鸣炮开门，已缴卷者先出。薄暮放二牌，以后则随缴随出，不复闭门矣。余初次应考，年幼胆怯，闻放二牌，心为焦急，六韵之诗，有一联竟駄顺风旗。幸经同考之周君察出方改正，否则于例应贴出。

考试后数日揭晓，其式为圆图形。每图为五十名，自右而左数之，故俗谓之出图儿。所以用圆图者，以尚须一覆再覆，名次尚未定也。至末覆之后，名次确定，始出正榜，不用圆图矣。不取者，图上无名，谓之“闷将军”。以后不能参加府院试，须俟下届矣。府试时之“闷将军”亦然。故凡童生年幼，初应试而胆怯者，亲友万不可以“胆大做将军”之俗谚慰之，是所忌也。一覆再覆，递有淘汰，其人数渐少，最后一图，或不足五十名，或仅十余名，称为蟹图。然此种逐渐淘汰之人，与并不参加覆试之人，出正榜之时，仍将其名列入，一体可以参加府试，惟名次在后耳，府试情形亦同。

图儿出后，不必亲往观看，例由门斗来报。是次余名在十二，友人多以非土地堂为慰。土地堂者，第十一名，俗谓于学院试多不利，甚忌之。然吾友何酉生，则谓山阴县之说，凡大案第十一名，谓之土地菩萨，院试必获隽。此亦各就其所经验而言之耳。

分司考及县考正场后，均有初覆、二覆、末覆三试。余以费绌，未往参加，盖可以不参加也。此三次覆试中，最优秀之前数名，竞争第一，名次忽高忽低，末覆日，人数已无多，主试官备筵席以享之。此等考生，异日如领乡荐，成进士，必刊此主试官之姓名于朱卷中，谓之受知师。运司考府考亦同。末覆之第一名，列正案第一，名曰“案首”，亦曰“县批”，亦曰“批首”。府考运司考同。其值与乡试之解元，会试之会元等，一则一省一国之魁，一则一县一府之魁也。县试府试院试皆第一，谓之小三元。

府试（运司试）

县试后一月或两月，有府试，合仁和、钱塘、海宁，富阳、余杭、临安、于潜、新城、昌化九州县之童生（清代海宁为州），会考于杭州府署。署在外龙舌嘴，俗称府前街，南宋时即为临安府治，光复后废为陆军同袍社。其时附近居民，多有腾让其所居之屋，召寓外县投考生，收租息以取利者。实则来寓者，不仅童生，各县之廪膳生、增附生，皆偕以来，为作认保，或参加岁科试也。准旗籍童生，仍在旗营受试。余考商籍，亦不于府署而于运使署。

运司考与分司考，大略相同，惟有殊异者三事：

一、认保之外，更添一挨保。认保者，认识童生之本人，责任最重，然犹恐其有弊，所保不实，故添一挨保以防制之。挨保亦廪膳生。其挨法，先将全府学县学之廪膳生，以资格排成次序，再以县试正案童生之名次比附之，故谓之挨。挨保不必与此童生相识，而既负连带之责任，则对此童生，考察不能不详，认保不致作弊矣。余认保为朱觐五世兄用宾，业师绅甫先生锡荣之子也。此次挨保何人，已不记忆，记曾馈以制钱三百文。此为廪膳生每逢岁科考时之一宗收入，盖所认所挨之童生，不止一二人耳。

二、夜半入场，须备奇异之高脚灯笼。盖府试人数，较县试增加十余倍，昏夜之中，送考者，或相约同坐者，一经挤散，即无从寻觅。有奇异之高脚灯以为标志，则可以一望而知。故其时杭府署前灯笼形形色色，光怪陆离，仿佛上元灯夜。惟运司考限于商籍，人数不多，异灯亦少。

三、抢号。试场以署中之大堂或花厅为之，运司考人数不多，惟用大堂，而分为东西，层层密排。在后者黑暗无光，在前者又苦风日，故以中间之数行为佳，人人之所欲得者。卷上虽亦印有指定之坐次，然考生不之遵，官吏亦不之禁，此诚历来之恶习也。抢号之法，使送考者先持其考具，立于大门之外，俟大门一启，即疾走而入，以考具置于案上，即为占有。无考具者，不得占也。迨考生受卷入内，与占坐位者互易，而抢号之事毕矣。但考生既多，人人如此，则抢亦不易，非强有力而又敏捷有经验者，虽抢亦不能得佳座。余无送考之人，同考之周东伯昆季，则皆有送考、而为之抢号者。因属余携考具随入抢号，而代余应名接卷。余年幼拘谨，且无经验，以为应名接卷，岂可倩代，万一失误，将如之何？因之不如所属。岂料入场之后，人已坐满，即求黑暗之坐位亦不可得。徘徊无计，适遇世丈陆莲叔先生，以盐商在内执事，为余特设一案，宽舒爽朗，因祸得福矣。

此次已冠题为“商也”，未冠题为“则天下之商”，皆所以表明商籍也。余仍作未冠题。一切放牌、给烛、出图、覆试等等情形，均与分司考同，余名次降至二十七，仍不参加覆试。

有不必参加县府试，而直接即可参加院试者，为各府县学丁祭时之乐舞生，亦曰佾舞生，简称佾生，俗谓之半个秀才。

各府县学，均有孔子庙，每年二月八月，均须祭孔，其日期规定为上旬之丁日，故谓之丁祭。祭时，殿外陛上陈列乐器而奏之。舞主则在陛下之两旁。舞器有文武两种，文执羽籥，武执干戚，各依陛上之乐声节奏，俯仰屈伸以作舞。初用六佾，为三十六人。后升大祀，为六十四人。选取佾生之法，由州县官会同学中之教官，考选院试录遗之童生充之，呈报学政，学政得取其文理通顺者，充补。免其州县两试，此清代会典所载也。科举既废，祀典仍存，乃以各学校之学生赞襄祀事。师范生掌陛上乐器之事，各中学生掌殿上及两庑司帛司爵等事。而文武两舞，则遴取各小学生为之。事毕，由丁祭局分送各生以肉票或笔墨等，以为酬劳。至民国十六年后，始废去祭孔之礼。

院　试

学使按临，是曰院试，俗谓之学台考，时间约在阴历四五月。然以他故，迟早亦不一定。光绪壬寅年科考，即在十一月间。明代学使，以道员主之，名曰督学道，故其考试名曰道考，清代康熙二十三年，郑重其事，改派翰林以上之官为之，其制为钦差，其衔曰钦命某省提督学政，与巡抚部院同，故称院试，然至清季，杭人犹有呼为道政者。

在考之前，又须更换挨保。运司考前挨保之情形，余未预闻，故不知。此次则由各廪膳生，率领所保之高籍童生，群集于荐桥西首之鹾务公所，而决定之。其挨法与前不同，以考生之名次为比例，曰仁钱府、仁钱府、仁钱府，十名之中，仁钱廪膳生各挨得其三，而府学廪膳生乃得其四。是否因府学廪膳生较多之故，不可知也。余此次挨得者，为徐善伯世兄际元，先君子门下士。馈以制钱四百文，受之而仍璧还，因世谊，且知余贫也。

此项馈送，名曰保结费，因保人须具结也。其数多寡，视家境丰啬。余以赤贫，故止此戋戋。认保始终止一人，考毕后总酬之，然觐五世兄亦不受。

入场　考试之前半夜，仁钱九州县及旗籍商籍之童生，群集于学院前。院在杭州府署之东，亦名外龙舌嘴，本明代都司卫之故署也。其时学院前，应考者，送考者，售食物者，观热闹者，无虑千百人。奇异之高脚灯，密如繁星。自辕门至大门点名处，约数十丈。先期，以竹木搭厂，两旁翼以阑干，中可容二三人并行，曲曲折折，名曰九龙厂。点名次序，先旗籍，次仁和，次钱塘，次商籍，再次为海宁、富阳、余杭、临安、于潜、新城、昌化各籍，皆有序进牌。牌为横方形，空其四周，而中燃以烛，一面贴纸其上，以朱书考生姓名。每牌十名，牌下有木杆，以人擎之而行。昏夜之中，一望瞭然。应考者但认明有自己姓名之牌，立于其下，随持牌者入厂，缓缓曲折以行于厂之间，厂尽而点名处已至。此整齐秩序之一法也。

点名时，学使坐于大门之内，大门一启，提调官（例以杭州府为之）与两首县、各学老师及廪保，均入参见。司仪者高呼提调官进，免礼打躬，学使者起立答礼，再呼两首县及各学老师进，亦如之。最后各廪保进，则不起立矣。

点名次序，向以府、运试最后一场正案之名次为先后。余乙未年应试，大宗师徐季和先生致祥，忽变更其法，改为以廪保为单位。一廪保所保者有几人，皆并在一起。点名毕，则易一廪保。如此则考生应点时，认保皆能目见其人，所以防顶替也。余至点名处，见无数廪膳生，皆衣冠聚立于暗陬，独余之认保朱世兄肃立于前。余应点后，伸手欲接卷，而胥吏则持卷吝不与，喝令唱保，余未之前闻，茫然不解。胥吏又连促之，余始悟，应之曰："认保是朱用宾。"于是朱世兄在旁，亦高声唱曰："朱用宾保!"

徐季和宗师，江苏嘉定县人，以会元入词林；其侄颂阁，名郙，以状元入词林。故一门之中有会状两元也。

文场分东西，其坐号即印于卷上，然接卷后，不及细看，随给卷之胥吏所指，指东则东之，指西则西之。余由点名处东转入旁室，见其间烛灯辉煌，突有人前来，将余之考篮攫去。又有一人来，摸索余之身畔，始知为搜检处也。无所得，则已；有怀挟者，亦仅予以没收，不处罚。

考篮之中，除笔墨外，定例只可带干点食物，片纸只字，均不许携带。《圣谕广训》之小册（详见后），其初亦在禁止携带之列，不知何时乃不禁止。怀挟之法，以最薄之纸，写最细之字，钞成文于其上，或藏于衣之夹层中，或藏于定制之考篮夹层中，或藏于糕饼瓜果之中，种种不一。然一部四子书，出题之范围甚广，岂能将所有成文，一一钞录而怀挟之？不能为文，而以此求侥幸，即不为胥吏搜去，其能幸获者亦鲜也。昔有学使，遴选有学问之士子，充搜检之事，凡考生所怀挟者，如系平日用心摘成之札记，准许携带入场；若专钞成文者，则没收，一时传诵其事。

东西文场，相对各五间，间之方广约三四丈，横列案席各十行，皆以厚板联接而成。其下分支以石条，下入地中，而上嵌于板，故牢固而不可动移。案之直径约二尺，席之直径半之。前后无门窗，而限以短墙，高仅及肩。一面为院墙，一面为木阑干，而有短门，考生毕入，则锁之。阑之外为走廊，监试者往来之地也。间与间之间，均为等大之院落，故极明爽。每间阑干门之上端，悬有壁灯，标以字号，书以红色。每案上相距若干尺，皆粘有号数，俾考生得按照卷上所印之某字第几号，寻得之而就坐焉。东西两走廊之间为甬道，上覆以明瓦厂，故较暗。

试题 点名毕后，封门，宗师退入大堂，然后出题。其时天尚未明，考生各以所备之烛燃置案上，四望荧荧如列星。题目亦书于灯牌上，胥吏持之，以行于东西两走廊之间，俾各生钞录。然坐近墙壁之考生，观看不明，则一拥而至阑干附近，秩序为之一乱。

文场每间之中，各籍生均有之。如题目不同者，则于牌上注明某籍某题。余此次通场同一首题，曰“咻之虽日挞”，盖所谓“截搭题”也。分司考之“以松殷人”，亦为“截搭题”。

“截搭题”者，取书中之一句，截去其上半，而又搭以下句之上半，故名“截搭”。所以用此等题，防钞袭也。以四子书中之章句命题，已数百年。无章无句，无不有成文可以钞袭，阅卷者岂能尽知之？用“截搭题”，则无句不可“截”，无句不可“搭”，而钞袭难矣，且阅卷亦较易，但观其是否合法耳。盖截搭题作法，为“钓渡挽”三字。“钓”者，钓下。如此题前半说“咻之”二字处，必有“日挞”之字面或意义在其内，是曰“钓”。“挽”者，挽上。后半说“日挞”处，必有“咻之”之字面或意义在其内，是曰“挽”。渡者，过渡。“咻之”之后，如何而至于“日挞”也。观此三处，而其优劣即可于一起讲中定之。盖一起讲中，已须备此三法也。然此题同在一节之中，过渡处犹易，名曰“有情搭”。更有所谓“无情搭”者，截取上章之末句，而搭以下章之首句，成为一题，两者绝无关系，实无法使之过渡。此等“截搭题”之法，明代已有之。明人尝戏作《以杖叩其胫阙党童子》题之过渡处，文曰：“一杖而原壤叫，再杖而原壤跳，三杖而原壤死矣。三魂渺渺，六魄悠悠，一阵清风，化为阙党童子矣。”此所谓渡法也。数百年来，教者以此教，学者以此学，实不知何所用。夫以四子书中之章句命题，原冀其能明孔孟之道，所谓代圣贤立言。此种文字，去圣贤之道万万里，不知起于明代之何时，亦不知创自何人，乃相传数百年，奉为圭臬，莫之或非，且惟以此困苦童生。以后岁科试、乡会试，均不用此等题目，殊不可解也。

当时困苦年幼之童生，不仅此“截搭题”而已，又有“截上题”“截下题”“偏全题”“全偏题”“虚题”“典题”“枯窘题”种种。“截上题”者，如“咻之”二字，截去上文之“众楚人”三字，是为截上；截下题者，如“虽日挞”三字，截去下文之“而求其齐也”五字，是为截下。截上题须先说“咻之”二字，然后补出“众楚人”，方为合格。若从众楚人说到“咻之”，是为连上，不合法矣。截下题，但能说到本题为止，如“日挞”之中，含有“求其齐”之意，是为犯下，不合格矣。(不论何题，凡下文所有实字，上文未有见过者，文中如用之，皆为犯下，不仅截下题而已。)所谓“截搭题”者，即合“截上”“截下”两题而一之也。“偏全题”者，如“诗书执礼，皆雅言也”二句，仅以“执礼皆雅言也”为题，上面“执礼”二字是偏，下面“皆”字是全。作法：做“皆”字时，须先说“执礼”，后再补到“诗书”。若顺次序说，又是连上，不合法矣。“全偏题”者，如“子以四教文行忠信”二句，仅以“子以四教文”为题，上面“四教”是全，下面止有一“文”字是偏。做上句四字时，颇难著笔，止能虚写而已。“虚题”者，如《论语·颜渊篇》之“何哉”二字。《孟子·梁惠王篇》之“无以”“如此”等二字，无义理可说，止能描写虚神而已。典题者，如“鼋鼍蛟龙”，或四字，或一二三字，皆可命题。非胸中有此四种之典故无数，不能成一篇也。“枯窘题”者，如同治八年，杭州院试，宗师以一“螬”字命题。此“螬”字典故极少，而又不能打空腔，真所谓枯窘。不知当时各童生何以完卷，且能获隽也。故高才能文之士，视小试为畏途。有钱者或捐监生，径赴乡试以避之。昔有某公，小试入泮后，适遇乡试，联捷入词林，作一联曰：“县考难，府考难，院考尤难，四十二年才入泮；乡试易，会试易，殿试尤易，一十五月已登瀛。”所以迟至四十二年才入泮者，正为此等题目所困也。

盖起讲戳 首题既出，考生方咿唔构思，约二三小时，忽焉阑干锁启门开，多数胥吏一涌而入。一则查号，防其乱；一则盖戳，防枪替掉卷也。故八股文考试时，首题既出，必须先将起讲做好，并连题目一总誊真于卷上，以备其来，俗谓之盖起讲戳。若其时卷上无文字，即犯规矣。前此县府试之首场亦如此，以后秀才之考岁科试亦如此。八股废后，改为策论，亦必先写数行于卷上，以备盖戳，惟不称为盖起讲戳耳。

起讲戳盖毕，次题与诗题俱来，仍用灯牌，而中无烛，盖天已大明矣。此次通场亦同一题，曰“数年虽日挞”，考生无不叫苦，盖一个“日挞”，已极困难，何堪再也。

宗师有宽有严，严者终日堂皇，禁止考生谈话，禁止吟哦，甚或禁止回顾。宗师既严，则各学老师亦巡回于东西两廊之间，不敢休息。此次徐季和宗师于次题出后，即退堂入内。于是各老师亦群聚杂谈，梭巡顿懈，而各文场中谈话之声顿起。有离座而就他人之位者，甚或至短墙边，与隔院文场中人大声问答者，其情形与后来学校中之学生无以异。

恭默《圣谕广训》 两文一诗完毕之后，尚有一事，为县府各试所无者，曰恭默《圣谕广训》。其大纲凡十六条：一曰敦孝弟以重人伦；二曰笃宗族以昭雍睦；三曰和乡党以息争讼；四曰重农桑以足衣食；五曰尚节俭以惜财用；六曰隆学校以端士习；七曰黜异端以崇正学；八曰讲法律以儆愚顽；九曰明礼让以厚风俗；十曰务本业以定民志；十一曰训子弟以禁非为；十二曰息诬告以全善良；十三曰诫逃匿以免株连；十四曰完钱粮以省催科；十五曰联保甲以弭盗贼；十六曰解仇忿以重身命。此十六条大纲，为康熙帝所定，雍正帝演说其义为十六篇。篇各七八百字，共约万字。以晓谕全国军民人等。定制，此十六篇之文字，考生均须熟读，故诗题之后，即附以恭默《圣谕广训》题。于十六篇之中，任取一篇中之数十字，标举其首尾各二字，曰自某某至某某，令考生默写其中全文。盖欲验其平日之是否熟读也。想此制初行之时，考生必人人熟读。不知何时，变成具文，黄面小册印成之《圣谕广训》，可以携带入场，不在搜检之列。于是考生不但不熟读，并其书亦未之见。临考之时，始购取携以入场，翻查而钞之耳。照章默写全文，不得有脱误。脱误者，贴出。但脱误亦不妨，只须字数不差，即其中文理因脱误而不通，亦不妨。切忌添注涂改，若添注涂改，必贴出矣。场中阅卷者，或不注意及此，即注意及此，亦谅之。此等无谓之具文，殊属可笑。在专制之积威下，无人敢提议废之耳。

补稿　此事自县府试以及其后生员之岁科试，皆有之。盖定例，考生入场，不许携带片纸只字。起稿之纸，即附于卷后，故其卷甚长。在前者红格，为誊写正文之用，在后者白纸，为起草之用。名曰卷后起稿，然卷后起稿，誊真时且翻且誊，不但不便，且大费时。故考生仍携带空白纸入场，而另行起草。所谓不得携带片纸只字之规条，亦具文耳。然卷后之白纸上无稿，亦为犯规，故于诗文等誊真完毕之后，仍须将草稿大略，补写于卷后之白纸上，故名补稿。惟此种补稿，不必完全，甚则不必与誊真之文字相符，故有于题目未来之先，先将别种文字，拉杂写于其上，以免补稿之烦者，知阅卷者必不阅及此处也。然亦有阅及之者，先族叔登甫先生世培，中式光绪乙亥科副榜，次年丙子得正榜。当乙亥年科试时，题为“我四十不动心”，先叔戏撰数语，以告同考之友人曰：“化日光天之下，万两黄金；更深人静之时，一双美女。试问大宗师之心，动乎不动?”友人曰：“汝敢书之卷上乎?”先叔少年负气，应之曰：“有何不敢?”即书此数语于补稿之纸上。且续写曰：“动动动……”接连三十九个动字，明四十则不动也。不意竟为阅卷者查出，宗师大发雷霆，择日传召父师，开堂发落，将加斥革，幸学老师以先叔夙有才名，恳切代求始免。可知卷后之稿，有时亦阅及之。

放牌　未至日晡，即放头牌。不久，又放二牌。不得给烛，薄暮不缴，则抢卷，较县府试严厉多矣。（道光时，滨州杜石樵侍郎堮，督学浙江，特许给烛，不恒有之事也。）日中惟自备干粮，食物无从购买，并茶水亦无之。

放牌时，鸣炮三响，考生仍循九龙厂而出，其时各考生之舆夫，以及亲友之接考者，群集厂口，故极拥挤。余方寻觅舆夫，忽有人来问题目，余茫然无以应，苦思不得，归寓始忆之，想见此一日中用心之至。

提覆 正场考后，例有覆试，然殊不重。所重者为提覆。据吾友何酉生言，提覆之起，殆在同治光绪间。同治初年，尚无此例也。正场出案，不用纸写，而写于牌上，名曰提牌。人数较额定人数多出四五名、十余名或至一倍，皆不等。提覆之题，不必作全篇，或试以起讲四个，或试以中后比两比，较为简单。故应提者，天明而往，不必半夜；午后即出，不必至日晡也。不提者，业已淘汰，须俟下届矣。正案在前十名者，坐之堂上而面试之，谓之提堂号。徐季和宗师，前此按临宁绍，均有提覆。试中后两比者，且限以百字以上一比之字数。此次按临杭州，忽免除之，故余之入泮，仅分司一场，运司一场，院试一场，三场而已，诚侥幸也。

八比之名，始于元仁宗时之王充耘，其定法：首为破题，共两句，道破全题之要义。其下接以数语，曰承题，伸明破题之意。又其下曰起讲，浑括题之大义。其下又接以一二语，或多数语，谓之讲下。又其下曰提比，亦曰起比。又其下曰中比。又其下曰后比。又其下曰束比。谓之比者，两两相对，字数不得参差，平仄声亦不能失协也。第一比谓之出比，第二比谓之对比。起比中比后比束比各有二，合称八比，亦谓之八股。然其后亦不一定，仅四股六股亦可，或仅两大股亦可，或多至十股十二股亦可。初学之时，先作破题承题，后加至起讲，渐加至起股中股等而成篇，此一定之次序也。

八股文不满三百字者不合格，逾七百字者亦不合格。两比须各有意义，出比与对比同一意者，谓之合掌，亦不合格。又题中无孔孟等“曰”字，而其语为孔孟等之言者，则须合其口吻，所谓代圣贤立言也。即非孔孟之言，而为其弟子之言，或如梁惠王、齐宣王等之言，亦须各合其口吻，方为合格。若有“曰”字者，则系记载者之口气，亦须合之。均不得用其后之人名与史事，止能隐指而已。

报喜 提覆揭晓，则如县府试之用圆图，而写坐号，不写姓名。然名次一切均已确定，不再更改。图上无坐号，即已淘汰。故学中胥吏，即探得其姓名，分县分籍以木刊之，印以红色，汇成一册，而分送各生，谓之红案，亦曰黉案。余之红案，久已失之。先君子同治间之红案，则劫后幸存，将来或亦稀见之物。

各县学府之中，大门之内，棂星门之前，均有半圆形之大池，以桥跨之，名曰泮池。泮者，半也。故学宫亦曰泮宫，童生获取后，始得来此，故取中秀才，亦曰入泮。六十年后，其人尚存，有重游泮水之典礼。各学中有明伦堂，遍悬各种关于科名之匾额，如状元、会元、解元之类，重游泮水，即其一种。凡本府本县之重游泮水者，皆镌名其上。

出红案之日，各考生纷纷至学院前探望，或就近至各门斗处探听。其时，各门斗乘飞舆，上至江干，下至湖墅，往其所承办而获隽之考生家报喜。其后又补送报单一纸，纸为红色，长约三尺，广约二尺，上书“捷报贵府少爷某某，蒙钦命某某（官衔）几品顶戴提督浙江学政某姓，取中某某年岁试（或科试）第几名入泮，乡试联捷”等语，不但考生家分送此等报单，即考生之母家、妻家、业师家、至亲家，亦往往报喜分送，皆所以邀赏也。此种赏格，称家有无无一定。前之送红案者，亦必与之酬谢。

科举废后，以中小学堂之毕业生，比附以廪增附生之名，故其时外县外乡，仍有以此种格式之报单，更改其中之名称，而往各毕业生报喜者，至民国后犹有之。

入泮　商籍无专学，仁和籍者拨入仁和学；钱塘籍者拨入钱塘学。定额录取五十名，以十五名拨仁和，十五名拨钱塘，余二十名拨府学，余拨钱塘学第十五名，盖殿军也。榜上于每县之末一名，例以朱笔画其下作乙字形，以示终止，俗谓之“钩儿”，亦曰“坐红椅子”，余坐红椅子矣。

拨入府学，各县皆有之，不只商籍。其标准则有两说：一说，以成绩为主，在前者拨府，在后者拨县；一说，亦以成绩为主，而在前者留县，在后者拨府。由前之说，则留县者尽属下驷；由后之说，则拨府者尽属下驷。似皆不可通。又考商籍者，仁钱两县之人皆有之，每届考试，其投考之人数，与考生之成绩，是否必能相当，假使有一县投考之人独少，或其成绩之及格者独少，将如之何？是否按照五十名之定额，仁和必取十五名，钱塘必取十五名，余者不问其籍之为仁和为钱塘，均以拨府，亦未可知也。然余同考之周君兄弟，院试名皆前列，而皆拨府，则似以前说为是。又府学中之老师曰教授，其资格高于县学老师，以成绩在前列者拨府，亦优待之意也。又查先君子同治五年补行乙丑岁试红案，商籍拨入府学者三十一名，拨入仁和县学者十四名，而拨入钱塘县学者无之。是年科试，则商籍拨入钱塘学者三十名，而拨入府学、拨入仁和学者无之。时当兵燹之余，流亡未集，投考者少，或合两试而并计之，故有此参差，然无从咨考矣。

府县学中之学官，俗称教官，有一正一副，所谓学老师也。童生入泮，亦称入学，俗称进学，盖至是始许其出入学中，而为老师之弟子也。然此等新进之弟子，尚不能称为正式之弟子，其名曰附生，犹近代学校中之附读生。必待几经岁科考之后，成绩优者，得补增生，或廪膳生，始为正式之弟子。然寻常通称皆曰生员，盖古之所谓博士弟子员，老师即古之博士，为国家指定之老师。故童生一闻录取之信，即须具衣冠，至学中拜谒老师。其时冠上尚不得有顶，空绾而已。余当时不知老师有二人，但向上一拜，老师命坐赐茶，他无所言，但问填册事。余遵父老之嘱，答以另托人来，而实则不知所谓，回想尔时，真是童呆。

填册者，犹今学校中学生之注册，盖自是而学中始有其名籍也。册上所填，一为姓名，二为籍贯，三为年龄，四为三代之名讳与存殁。余五岁而父母双亡，丧乱之后，姻族俱尽。祖父曾祖父之名讳，无知之者，父老属门斗至学中，检查先君子之学册，始得之。亦可哀矣！年龄或增或减，不必真实，谓之册年。此种填册之事，本甚简单，而父老所以必另托人者，盖为册费。册费即挚仪，为古时弟子初见老师时所必备，亦即所谓束脩也。定例不知应具若干，但此为清苦之教官，每逢岁科试之大宗收入，故多少往往争论。如知为绅富之子弟，则索取必重；如为冒籍，或身家不清之子弟，则要索尤重；如历代农工，三代中无人入泮者，名之曰荒籍，亦在要索之列。往往有争论至次日黎明，而不得解决者。学官老师，计较如此，实属可叹，惟贤者能免之也。余以孤寒，请挨保徐善伯世兄前往代填，仅允援宗文义塾学生入学之例，每老师各致送银币四圆，然犹分期措缴。由徐世兄出立笔据，至次年余得有教读馆后，始缴清。

学中之有老师，使之教在学之各生员也。朔望日，老师出题，生员作文，而老师批正之。各生员亦须常至老师处受业请教，然一学中，新旧生员不可胜计，老师实不胜其烦，于是朔望课文之例，渐以废去，而生员亦可不至老师处请业矣。即如余之两老师，自此次谒见之后，不复再通闻问，并两老师之姓名籍贯亦不之知，天下竟有如此之师生，殊属可诧。

教官资格，进士出身者，任府学老师，名曰教授，其秩为正八品。学贡出身，任州县学老师者，正曰教谕，副曰训导。教谕之秩亦正八品，训导则从八品，其名刊于缙绅录，皆官也，故谓之教官。然俸给微薄，清苦已甚，俗谓之吃苜蓿饭，亦曰吃豆腐饭。尝有教官，戏作偶语曰：“扫雪呼童，莫谓今朝点卯；轰雷请客，都知昨日逢丁。”旧时，衙署中皆有书役，按期点验之，谓之点卯。教官署中，惟家童而已。丁祭后，例有胙肉可分，平日无力请客，借有胙肉，乃得一做东道。极言其清苦也。又教官除考试时有公事外，其余事务绝少，冷官之冷，无过于此。昔有教官作一联曰：“百无一事可言教，十有九分不象官”，可谓形容尽致矣。

老师可任意传生员到署受试，三传不到，可以斥革。此为老师驾驭生员之惟一方法。秀才驯良者多，但风气强悍之地、闯祸肇事者亦往往有之，而以武秀才为尤甚。其纠众抗粮，武断乡曲，欺压平民，显犯刑章而不顾者，一经犯刑，须先斥革。一则老师可以免管教不严之处分，二则秀才斥革后，始可加以鞭扑之刑也。清代定制，下属谒见上司，须长跪请安，惟老师虽止八品，但长揖而已，各长官亦以老师呼之，尊师道也。

老师亦须受宗师之考试。宗师者，师中之师也。然此例从不举行，某年某宗师，忽欲举行此制，定期传考，一时各老师咸大窘，因荒疏已久，恐不能完卷也。宗师旋亦知其困难，传谕各老师，谓如因年老目花，不能写小楷，可携带一生员入场，代之誊写，于是各老师如逢恩赦。届时，各邀请学中高才生员，偕同入场，不但代誊，兼倩代作。公开之枪替，殊属罕闻。

填册后数日，乃为覆试。此次覆试，题为“自行束脩以上，吾未尝无诲焉　两句”，盖表明已允许余等之入学矣。此种覆试，为循例具文，无关得失，或谓署中并其卷而不阅也。覆试之后，乃按照提覆时名次，书其姓名而榜之，名曰出大案。

覆试后数日，大案既出，乃定期参谒。参谒者，谒见宗师也。是日，入学之新生，皆衣冠济楚，冠顶应用银，而无其物，则代以铜。年幼家富者，则衣特制之蓝衫（明代名青衫，所谓青衿也）而戴雀顶。雀顶以银为之，作雀形，亦特制之物。上午，齐集于学使署前，并预备黑面单页之红纸手本，于其前页右方之上端细书“沐恩新进儒童某某”字样。当时余于沐恩二字，颇疑之，谓场中弃取凭文，并无私情，何恩之有？父老诏余，此系相沿旧制，不可违也。后乃知“沐恩”二字之起源，出于明代之张江陵。江陵当国时，权势赫奕，一时勋臣如戚继光、李成梁等，上书投刺，皆自称门下沐恩小底。其后沿而为武弁对上司之通称。又久之，则文士受其影响矣。鸣炮三响，正门大启，群至于大堂之中。少顷，宗师升座，司仪者高唱行礼。于是在前者跪拜，在后者以人挤之故，但俯伏其身，亦无人觉察之。宗师有训话，在后者亦远莫之闻。杭人有俪语曰：“两扇门开，众童生齐赴盂兰会；三声炮响，大宗师高坐望乡台。”盖嘲此。参谒既毕，新秀才散出，两旁鼓吹、亭中鼓吹齐鸣，所谓吹吹打打送出辕门去，冀其中有杰出之人才，尊礼之也。

参谒既散，随即拜客。刺用双页白柬，而以二寸余之红纸束其腰。柬之正面右边，写“某某顿首拜”，而其上冠以对于所拜之人之称谓。束腰之红纸上，则书所拜之人之名号称谓。所拜之人，亲戚及亲友，即泛泛者亦可往投。然除至亲外，往往辞谢不见，迟数日来答拜，则缴还此柬，而于柬腰之红纸上，写“敬缴大柬，恭贺芹喜”八字。所以缴还者，示不敢当也。惟尊长及业师则不缴还。芹喜之芹字，用《诗经》“思乐泮水，薄采其芹”之意，故入泮亦可谓之“采芹”。自拜客后，昔日之童生，人皆知其已为秀才矣。

乙、岁科试

自明以来，即规定以子午卯酉年为乡试之年，丑未辰戌年为岁试之年，寅申巳亥年为科试之年。

岁试，为防止秀才之荒废学业而设，故每三年必一试之。文字荒谬则有罚，故俗有“秀才好做，岁考难当”之谚。不能规避，连续三次不应试，则斥革。

科试，为乡试而设，录取者始准参加乡试。其不愿参加乡试者，可不应此试，不强迫也。

补廪与保优

岁科试之情形，与童生之应院试无以异。夜半入场。文题二，一为四子书题，一为五经题。诗仍六韵。其录取名次，分三等：一等为上，二等平平，三等则差矣。一等前列，有廪膳生额缺，可补廪膳生，谓之补廪。其次亦可得增生，古之所谓增广生员也。故在学宫之中，虽同一秀才，而有廪增附三等。科试一等之前列者，并可以保优，次年参加优贡之考试，名曰优生。由廪生而保优者，曰优廪生。其成绩在三等以下者，名曰落海，次年不得参加乡试矣。严厉之宗师，有分至五等六等者，大率因文字荒谬之故，尤荒谬者当堂发落责手心，余曾见之。

然亦有宗师不自行发落，而令学老师处置之者，名曰发学戒饬。其他若行止不端者，不守卧碑者，一经发觉，亦均发学戒饬，令老师处置之。但相传老师亦无法以处置，由本人馈送老师银币四圆，等于罚锾，老师但谆切告诫之而已。

落海之秀才，如仍欲参加乡试，须考遗才。遗才考试，在乡试之前一月。凡因事、因病、因丁忧、因远出而未得参加上次科试者以及本年新进学之秀才，皆有此一试，以补救之，非为落海者设也。然落海者，亦许其参加之。此种考试，其甄别甚宽，名列第一者，谓之才头。

岁科试正场之外，亦有覆试，优秀者提堂号。余于壬寅年冬间，参加科试。其时已改试论，首题为《自訾至明一再传均不利适长其故安在》，次题为《明建文帝平燕策》。余初试获第一，覆试遂坐堂上，与同试者东西相对。张燮钧宗师亨嘉，则来往其间，时或至案前伫视。此提堂号之情形也。是年科试竣事后，宗师又召余等入场，将正覆试之考卷发令重钞，云将备刊校士录之用。余因得见首场考卷之批语有曰："天寒晷短何许子之不惮烦也。"殆恶余文之冗长耳。然终获第一者，宗师亲自覆阅，又加佳评于后也。余此次以第一人之故，得补廪并保优。

贺补廪者，谓之"荣食天禄"，以其得食国家之廪米也。此种廪米，每年可得若干，余不知闻。此制起于明太祖，令在学之学生，各给廪饩，所谓养士之恩者，殆指此。其后马皇后问太祖曰："学生在学，有廪饩可食。其妻子在家，则如何?"太祖乃命亦拨廪米以赡之。由此而言，廪米可赡一家，当甚多。但不知何时，改折以银。曾记昔时有廪生中副榜者，作一联曰："说甚功名，只免得三年一考（谓岁考）；有何体面，倒少了四两八钱。"然则廪生每年所得，仅四两八钱耳。但此四两八钱之银，至后来闻仍未能入手。或谓归入学老师之橐中，或谓由门斗分取之。余虽补廪，然次年即中式，未尝与闻其事，故不知其详也。廪生唯一之收入，即在岁科试时保童生，而得其保结费。廉谨者，循例取之而已；贪婪者，或保冒籍，或保枪替，或保身家不清之人，刁难敲诈，需索无所不至。每逢岁科试之年，恒四出物色兜揽，以为生财之道也。有此生财之道，故当其应出贡时，必多方设法以图恋栈。而贪此廪生之缺者，亦多方设法，使未应出贡之人，早日出贡，而可以代其位。故科举之末，少数廪生，颇为士林所诟病。

同光间，承兵燹之后，当局者特备一款，以拯济秀才之年老而贫者，于年终发给一次，每人可得银四圆。杭州如此，不知他处亦有否。

五　贡

童生入学之后，何时始出学，则有二途，其一为乡试中式，其一为五贡。贡者，贡于京师之国子监。犹今之学生，由中学而升入大学也。其不能得贡者，终其身为学附生，无出学之时。

五贡之名称：

一曰副贡。乡试不得正榜，而得其副。如今日学校录取新生中之备取生也。然备取生有时可以递补，而此则虽连得数次副榜，仍不能作为一正榜，空名而已。所以列为副榜者，其文字本可取列正榜，以有小小疵颣，不合程式，故置之副榜之中。癸卯科，大名鼎鼎之徐锡麟，以二场策文中，绘图列说，遂抑置副榜，即其类也。然亦可以刻朱卷，与正榜中人亦认为同年，惟不能参加会试耳。每省每次取几名，有定额。浙江十八名。

二曰岁贡。每岁府学贡二人，县学贡一人，此明代之制也。其始选学行兼优者贡之，其后但取廪生年资之最深者，故廪生至多十二年，必出贡。

三曰恩贡。国家有庆典，或登极诏书，开恩科之年，则以其年应贡之贡生，改为恩贡，而以次贡作岁贡。其不值次贡之学，则以次贡作恩贡，再次作岁贡。

四曰拔贡。明代称选贡，以廪生充之。清乾隆时定制，十二年一次，每县限一人。考试之年定为酉年，由学使考取之。故拔贡于是年中式之举人，亦认为同年。

五曰优贡。明代称监贡，贡入国子监肄业也。清代定制，学政三年任满，将生员中有为有守之士，考取送部，酌量擢用。其额大省六名，中省四名，小省二名。浙江在大省之列。

恩、拔、副、岁、优五贡，俗以鱼龙龟鳖鳅拟之。得拔贡者，次年入京，由礼部奏请廷试。取入一二等者，又奏请在保和殿覆试。再取入一二等者，以七品小京官或知县教职，分别任用。取得小京官者，又可以考军机章京，俗谓之小军机。如词翰出众，得军机大臣之赏识，则腾达极易，故拟之以龙也。优贡于清同治时，许与照拔贡之例，一体朝考。上者可得知县，下者可得学老师，不取者谓之回头优贡，无所用之。拟以鳅者，殆同治以前，仅得入国子监，而未得朝考时之言耳。若副若恩若岁，此三贡，仅有得学老师之希望而已。

学政考优生，例须与巡抚会同，而实则皆学政主之。其录取，于正额六名之外，必多取至一倍以上，名曰陪优。盖考优生多与乡试相连，优生多能文之士，往往中式乡试以去，故必以陪优补之。优生考试情形，与岁科试同。余壬寅岁既保优，癸卯年遂往参加。正场题曰："五洲海权，英人尽之矣，其守直布罗陀，管地中海之锁钥也。然法人开里昂湾之新河，足以夺巨灵大峡之险，巧取苏彝士运河，扼地中海之咽喉也。然美人得散得维齿诸岛，已雄据航路之上游。试言其将来之趋势。"余覆试时，以病不到，宗师张燮钧夫子，点名既毕，犹命稍待，深感此文字之知己也。

得五贡者，如不别出他途，仍可应乡试。

科举废后，清政府以昔时之生员无出路，仍举行优贡拔贡之考试，仍有得小京官等职者。其时学政已改为提学使矣。革命后始已。

丙、乡试

子午卯酉年有乡试。光绪庚子年，以联军入京，未举行，至壬寅年始补行之。又以光绪帝三十岁生辰，例有恩科，乃并于一次行之，名曰庚子辛丑恩正并科，其取额则加倍。至次年癸卯，又为正科，自此之后，科举之制亦告终矣。

考场与考官

考试之地曰贡院，俗即名之曰贡院前，（科举废后，改为师范学堂，民国十六年后，又改为杭州高级中学。）院之基地八十余亩，本宋代仁和仓故址，明代成化年间，设贡院于此。三面环河，北抵梅东高桥，东曰贡院东桥，西曰中正桥，中有号舍一万二千数百间。甬道两旁之不足，又东西横展之。有东夹道、西夹道、新夹道等名。各省文场号舍之多，无如浙江者。甬道之中，有楼高峙，额曰明远。甬道尽处，曰至公堂。正副主考所居曰聚奎堂。其东西又有同考官等所居之室，均在至公堂之后。大门外有“天开文运”牌坊，其再对面为照墙。墙之外隙地甚广，本为民地，光绪初，购得之，临考前，盖厂十一座，为十一府士子应点前休息之地。大门外东西，又各有牌坊一，东曰“明经取士”，西曰“为国求贤”。又有“贡院”二字之牌坊，则在有玉桥边，距贡院约里许也。

有玉桥本名偶辱桥。乡试场中，士子文字有犯规者，以蓝色书其姓名，张贴于此，故曰“偶辱”，俗谓之登蓝桥，后以其名不雅，取谐音之字改曰“有玉”。

阮文达公元典试浙江时，曾撰一联曰："下笔千言，正桂子香时，梅花黄候；出门一笑，看西湖月满，东浙潮来。"切合时地，极为士林所传诵。

乡试首场，例以八月八日，故至七月中旬，各府士子已群集于贡院附近。其时居民，多空其余屋以招租，题其纸曰安寓秋元。盖其人数总在万人左右，而最热闹者，为青云街，即永宁街，以考试临时改名。凡一切考具店、书坊店，攒聚栉比，杭人相见，辄以曾否游过青云街为问询。

贡院一闭，动经三年，蓬蒿没人，荒秽可想。乡试前之一二月，则整治之，其时游人，可任意出入观览。至八月一日，则正副主试之房，监临提调、内外监试及同考官之房，皆铺陈一新，桌椅床榻帏幕等，皆用大红锦缎绣花，富丽堂皇，极为美观。

吾友何西生言，主考未进贡院以前，皆得入内游览，名曰踏秀。主考各官之房，男子只能在窗外张望，女子则可入其室内，往往有坐在床榻，作整鞋系带状者。踏秀之意，或即在此。癸卯乡试时，彼曾目击其状，殆尔时禁例少宽耳。

正副主考之来，自北京按驿而驰，例以七月晦日，抵武林门外之皇华驿，而不许见客，防有请托情弊也。同治后，皇华驿毁，而总督署空闲，遂馆之总督署中。八月初六日晨，集于巡抚署，由巡抚偕同入闱。其时两主考。及巡抚之外，有藩司、臬司、学政各大员，皆衣朝服，而坐显轿。显轿者，无顶无边，仿佛一有底盘之大椅。每员之前，则导以头亭旗锣执事等，再后则道府州县之有事于闱中者及同考官等。惟所乘非显轿，亦无旗锣等矣。其路径，自抚署出发，纵贯大街，过登云桥，而达贡院，斯时居民夹道聚观，名曰看进帘。所过阛阓，无不填溢，人山人海，为一盛事。

贡院中执事之官，正副主考外，有监临，例以巡抚为之。巡抚有事，则藩司或学政代理。有提调，有内外监试，皆以道府为之。有受卷官、弥封官、掌卷官、对读官等，皆以候补之州县及佐杂官为之。有同考官，为襄助两主考阅卷者，俗称房官，初只十三人，康熙壬午科，巡抚赵申乔奏请，增为十六人，皆调取举人进士出身而有文名之州县官为之。掌卷官，专预备三场试卷一切之事。受卷官收受考生之卷后，如发现有违式犯规处，即将其姓名贴出，次场不得参加，所谓登蓝榜也。如无违式犯规，则送弥封处弥封。试卷之前面，有姓名，有三代履历，弥封者将此数页折叠而粘之，加以钤戳，即古之所谓糊名，使阅卷者不知其为何人所作也。弥封后，即发交誊录房。誊录完毕，防其有讹，则由对读官校对之，而分送于各同考官。同考官认为不可取，则加以评语而弃之，谓之落卷。如认为可取，则加佳评，而呈之主考，谓之荐卷，俗名出房。然三场试卷，总在三万左右，同考官虽有十六人，亦难应付，则又各邀能文之士入内，以为襄助。而按定例，闱中不许有闲杂人，则青衣小帽，冒充长随以偕入焉。又誊录用朱笔，同考官用蓝笔，对读官用黄，监临用紫（即胭脂），皆所以防弊也。

流弊种种

贡院亦曰棘院，亦称棘闱。古代考试时，围墙之外遍插以棘，使内外人无能逾越，故有此称。今杭州之贡院，三面环以河，亦即此意，皆所以杜绝传递等弊也。最可笑者，监临等官，有公事与正副主考商洽，一坐门内，一坐门外，而其中隔之以帘，亦谓以防弊。主考入贡院，谓之进帘，即此帘也。然关防如此之严，颇闻场中题目在考生未出场时，外间已有知之者。在内之题目可以出，则在外枪手之文章即可以入，钱能通神，信然。

誊录者，即古之所谓易书，防阅卷者认识考生之笔迹，而用私情。誊录用朱笔，故中式者，刻印其文以送人，谓之朱卷。此等誊录之人，名曰誊录生，小楷极工整，以考取而得，入闱时加以搜检，不许其携带墨笔，防其代为改窜也。（考生文字，于每篇誊真后，必于下旁写添注几字，涂改几字，亦所以防有人代为改窜也。）

凡考生未入场之先，例须约一誊录生，酬以应酬之值，则其誊写之字，始肯端洁秀整，而不忤阅者之目，否则潦草塞责，谓之草誊。但卷系弥封，为誊录者何从而觅取其卷？则有一法，名日用襻。襻者，随举两字，约定于卷中之第几行，其上面之第几格，必用某字，下面之第几格，必用某字，如衣之有纽襻，故曰襻也。所以必用两字者，如用一字，恐其偶同，用两字则无讹矣。此等襻字，皆由誊录生所拟定，而送与各考生，名曰送襻。考生入场，必先于卷上，将此两字预填于所约之某行某格中，而随即点去之，以免遗忘。至改策论后，誊录之制始废去。

自用襻之法发明后，誊录生固得便利，而阅卷者作弊之事，亦随以生，皆可因襻而知其人矣。然亦有难处，房官欲作弊，以其卷荐之主考，而不能保主考之必取。主考欲作弊，而其卷分散各房，不能保房官之必荐。房官欲主考之取，有一法，曰抬。即将此欲取之卷，置之劣卷之中，其后又殿以劣者，而并荐之。主考阅一卷弃之，连阅数卷又弃之，阅至此卷，似乎较可，则姑另置一旁。再阅其下，又复甚劣，不能使房官所荐者一概不取，则此卷有希望矣，所谓抬轿子也。主考欲求其所欲取之卷而不得，则有一法，曰搜。即托言房官所弃去之卷或有遗珠，则将所有弃去者，再大略披阅一过，而其卷可得矣，所谓搜落卷也。（按爱才认真之主考，以搜落卷而拔出真才者，亦往往有之。）总之糊名易书，插棘隔帘，种种防弊之法，既多且严，而弊之所出，亦花样无穷，有不能尽言者。

光绪时，湖南李幼梅辅耀，高才能文，而不利场屋，薄游京师，与某翰林相契，谓之曰："君他日如典试吾省，可否赐以一襻?"某翰林诺之。时方吸水烟，即用"水烟袋"三字为襻。属其于诗中必用此三字。未几，某翰林果典试湖南，幼梅诗之首二句，曰："烟水苍茫里，人才夹袋中。"以为必售矣。揭晓后，榜上竟无名，而其二僚婿则皆入选。大异之。后乃知幼梅得此襻后，其岳母侦知之，因而其二僚婿亦知之，诗中亦有之。某翰林见有三"水烟袋"，不能皆取，遂取二而屏一，而幼梅反无分，此真所谓命也。幼梅遂报捐道员，来浙江候补。此说余闻之于世丈邹典三先生，盖其戚也。

乡试时主考之作弊，自昔有之。自咸丰戊午顺天科场大狱兴，宰相且不免刑戮，于是作弊之风稍稍敛戢。然"水烟袋"之事，则在光绪时也。但平心论之，主考之廉洁公正者，究属大多数。

考场琐记

三次进场，均在日间，不似学院试之必以午夜。是时，贡院之前，考者、送考者、观热闹者，人颇拥挤。大门外自东至西，均盖明瓦厂，密不见天，其中更直接大门。厂之下障以长约丈余之五色彩布，名曰"五色瞒天帏"。点名，初时分东西二门，后改为东左东右，西左西右，共四处。然仍有拥挤争先者，则于东西通衢要地，竖立木竿，而于其上悬挂灯笼，以为信号。规定悬一灯，则点某府；悬二灯，则点某府。十一府各有规定，使考生不必先期至门前鹄候，以免拥挤。闻此法未行以前，有因拥挤争先而致践踏以死者。

士子进场，例着短裳，无复平时彬彬之态矣。或者着行衣，行衣者，如夹袄而多其袋，殆以长途旅行人所服而名也。盖入场之后，须经两宿，始得出。凡琐琐用具，皆须携带，以备不虞，故以多袋为贵，上又加以扣，可谓谨密。然癸卯科余入场，置时计其中，点名时一挨挤，即失之。亦可见尔时人之多而品类之杂也。

考具，余儿时所见，为竹制之横方形者，上覆木板，低如低凳而可坐。中空，可以贮物。以长索系其两侧，而悬之颈际。至成童时所见，已为三四幢之高篮矣。其后则大如箱笼，下设四轮，以绳曳之而行，而其中所贮乃益多。盖从前只许略带衣毯笔墨干粮等等，其他一切，均不得携入。有搜检官极严，如有裹挟，非但不得与试，并须枷号大门以示众。故当时之考具，不必大也。不知何时起，禁令废弛，搜检不复举行，而坊间石印之大题文府，策论渊海之类，日出不穷，士子尽量裹挟，而考篮乃以愈大愈妙矣。

乡试每场住宿两夜，必须给烛。所谓给者，官厅给之，非自行携带之谓也。不但给烛，并给以烛台，台以胶泥为之，由孩儿巷泥人铺支应。

此外考具，尚有重要者二：一曰卷袋，以布为之，中衬油纸，防雨湿也。袋口有布带，悬之颈上。其袋大如卷而稍宽，点名受卷后，则纳之其中。一曰门帘，以油布为之，长广如号舍，昼则张之，而钉于对面之短墙上，其状如篷，以蔽风日。夜则垂之，以蔽风雨，且可避来往人之窥视。进号时，先卸卷袋，以钉悬之壁上，再将门帘钉挂，然后铺陈一切，殆为一定之次序。此二物，皆可于青云街购取之。门帘之色，有黄有绿，一号数十间，人人张之，自号门外伫立内望，深如隘巷，黄绿相映，亦一异景。

自大门至仪门，路甚远，考篮大而重者，提挈为难，则有人可雇。其人衣青，名曰青衣脚手，为官府所特许者。出场之时，此大群青衣者，早候于门外，争为代送以取酬。定例，送考人等不许阑入场内，惟官生，特许有仆人代为持其考具，入号铺设，完毕而出。其号舍间亦较宽，盖同一考生，亦有阶级等差焉。惟其取中，则有定额，而官生若干名之中取一名，其父须几品官阶，方得为官生，余皆弗详。吾杭吴絅斋士鉴、樊彭伯达璋，皆以官生中式，其父皆官翰林也。

场中号舍，以《千字文》之字排比之。每号之中，约二三十间，一间坐一考生。坐近号门者，最舒适，时可以向外探望，而呼吸新空气（号门以木栅为之，其上半有一大圆孔，故可以向外探望）。号之极底，则为厕所，坐近厕所者，谓之“臭号”。第一场犹可，第二场则臭气远播，实不可耐。以考生不讲公德者多，大小便不皆至厕中也。又有与炊爨之地相对者，名曰“火号”，烟熏火炙，亦不可耐，然号中如有空闲无考生者，亦可移坐以避之，不以乱号论。

号舍每间方广不过三尺。檐口甚低，长身者可打头，所谓矮屋风檐也。对面即短墙，见天不过一线。阴雨之时，亭午亦晦暗，每间之三面，均围以墙，距地约二尺，则置阔之木板二，方广如其间，而可以移动。日间作文，则取一板，悬之较高之处，以当几案，而留其一以为坐位。夜间欲睡，则恢复原状。而蜷曲以卧其上，然两足仍伸出于外，或以考篮承之，或悬索为圈而置其中。余善失寐，如此状况，更难入梦。昔时其地为泥，阴雨潮湿，殊苦蒸泞，后乃易以石板。

入场三次，每次须两宿。其膳食，有官府所雇之人司之，名曰“号军”（昔称监军）。每号约三四人，定例，米菜皆官府供给，然米尽粗粝，菜等草具，不堪下咽。故考生皆自带米，而令号军炊之，菜则亦自携带，大率制成之物，或令号军温之耳。饮料其初取之院外河中，甚恶浊。光绪初，巡抚梅启照，以西法引西湖之水，至院外，以高台输之闱中，于是饮料始洁。有盛饭之碗，盛菜之盘，亦由官府发给，然既粗且小，考生仍不用之，而自备带。凡此种种供给，想定制之初，必不如此恶劣，或几经朘削中饱，而始成此具文耳。食米及菜有余，慷慨者或即以给号军。而此粗小盘碗，必携归以给儿童，名曰“考盘考碗”。谓儿童用之，能益智慧也。

场中一切，困苦极矣，然亦有以为乐者，仿孟子之文曰，考生有三乐，而中举人不与存焉。三场大号，九日晴天，一乐也；内不病于场，外不贴于墙，二乐也；得一省英材而聚谈之，三乐也。

入场之后，未封门之前，考生均可自由往来，或至他号访友，或在甬道中翔步。迨一封门，则有人周走而呼曰：“考相公归号了！”旋有人将号门之栅封锁，不能再出矣。（次日上午，启锁开门，有多人入内，查号、盖戳于其卷上。查毕而出，仍扃之。）晚餐后，大都灭烛而寝。至半夜，号军至各间呼曰：“相公起来，题目纸来了！”于是一齐起身，秉烛构思。

题目纸甚大，刊于木板而印刷之，其字亦甚大。八股文之时，首场，四子书题三，五言八韵之诗题一；二场，五经题各一，诗书易礼春秋也；三场，策题三。大率问政治之沿革得失，及各种源流本末等事。相传浙闱，四子书题例不用《大学》中之章句，谓用之必有火灾，此说不知信否也。改策论后，首场，论题五；二场策题五；三场，经义题三。论题多属历史之事，策题兼及外洋之事，经义题仍出于四书。盖当时以孔圣为宗，不欲士子之荒经而蔑古也。惟三场之中，均以首场为重。首场苟中选，二、三场但求无疵，即可通过。八股文时，虽亦有以二场经文之典丽古雅，三场策文之弘通淹博而中式者，然终罕见。

南宋以来，士子规定，五经之中专习一经。投考时，各报明其所习。而每经之取，各有定额，故同经同考之士子，往往有妒忌倾轧之事，沿至清代犹如此。同考官以经艺分校，而试帖诗题亦在第二场。当时于二场经文，固重视之也。自乾隆五十年以后，谓士子皆习五经。一场之中，五经之题悉备，而移试帖诗于第一场，于是房官无五经之名，而二场始不重矣。

二场文字，誊清完毕后，必须将首场第一篇第一行至第五行之文字，附录于尾，以便对勘，亦所以防弊也。故二场入场，必须将首场文稿携带入内，以便附录。忘附录者，贴出；文字不符者，虽佳亦不取。

科场文字，先求合程式。程式不合者，非贴出，即不取，故领乡荐者名曰中式。试卷每篇誊真完毕之后，必于其下右旁，细书曰：添注几字，涂改几字，不得以少报多，亦不得漏写。此为程式之一种。余于壬寅科二场，第一篇誊真完毕后，忘写此添注涂改字样，而接誊第二篇已数十字矣，忽忆及之。但第一篇之末，仅余七格，而添注几字涂改几字，至少须八格，而余添注涂改之处甚多，既不敢以多报少，尤不敢以有报无，防其贴出也。因思考而不中，于名誉无伤，若贴出而登蓝榜，必为人所嗤笑。因此于七格之中，任意填满数字，将次题及业已缮写之数十字，并入首篇之中，再于其下写添注涂改字样。逆料受卷官匆匆翻阅，决不至觉察及此。余无非为苟免计耳，翌日果不贴出，余计售矣。

余既将次篇题目及文字并于首篇之中，以下各篇，亦草草缮写三四百字以塞责，拚却绝望矣。在理，三场可不必再往，而余仍往参加者，以余之为此事，不欲使人知也，以为知之者仅阅卷之人耳。不料首场已中选，第三艺且发刻，因此事而被黜也。揭晓后，杭人获隽者，晋谒座师。大主考朱艾卿先生益藩，以余名询问，探听余之为人，具道所以，而深致惋惜。于是余之此事，乃人人知之，天下事有欲盖而弥彰者，此之谓也。

乡试落卷，可托门斗领出，以观阅卷者之评语，不必费钱也。余此次落卷，屡领不发，云已归入藩库。盖胥吏知余必欲得此落卷，因而要索居奇。居停樊介轩先生恭煦，以银四元，为余领出之。大主考批语，于失写添注涂改事，详列种种可以补救之法，而致惋惜。房师批语，则深加责备，有“足见事前之不静，临时之不定”等语。

明远楼上，夜间鸣角击鼓，以代更。相传其吹角时，兼有“有冤报冤，有仇报仇”之语。余数次入场，终夜不寐时多，未尝闻之。或此制已废止，或相隔太远，不入余之耳也。

入场后至第三日，始放牌出场，仍有头二三牌之名。放牌时，开锁启号门，已完竣者，将一切考具收拾净尽，携以出号，号门随即锁闭，不能复入矣。缴卷处，在至公堂，设有受卷处，随发照出签一支，长约四五尺，以竹为之，半染以红，凭此至门口缴纳而出场。余癸卯科缴卷时，受卷者睹余名，指而目之曰：“此去岁以疵被黜者也。”可见余去岁之事，传播广矣。至薄暮犹不缴卷，则有人来驱之，谓之扫场，盖次日考生又须进场，号舍须加以粪除，故有扫之名也，然届时不完卷者殆鲜。

头二场放牌，均在第三日，惟三场，则第二日之下午，即放一牌，以其日系中秋，俾早完卷者，可以归家过节也。

科场作弊，自昔有禁令，虽严密，不能绝也。作弊之法，除前所云用襻外，尚有三种：

一曰传递。先将题目传之于外，再将代替之文传之于内。其法，或谓用递信之鸽，但恐不易传到；或谓贿通场中办事之人，然层层贿通，费必甚巨，恐亦不易能。想别有其法耳。《二十年目睹之怪现状》载闱中有弋鸽之事，则用鸽传递者，固有之也。

二曰顶替。本人不到，而雇枪手代之入场。卷中虽填有年貌，然“身中，面白，无须”者，类之皆是，且人数既多，亦不暇一一细对也。

三曰龙门掉卷。本人入场，枪手亦入场，接卷后互相掉换，无人能知之。

作枪替之人，不过欲得钱耳。癸卯科，余闻枪手之价格，为前三后三；未进场之先，先付银三百元，谓之前三；榜发，如获中，则再付三千元，谓之后三。

每场坐位，皆有木戳印于卷上，曰某字第若干号，不得移乱，乱者有罚。但不知起于何时，三场乱号，竟成惯例。至壬寅科，二场在点名时，乱号者已纷纷。封门之后，无数考生，群集至公堂，口称坐号为人所占，乞监临示下。于是监临出示禁止，谓号戳不符者，不送内帘。其时胆怯者，均纷纷搬归本号，而胆大者，仍纠集多人，围住提调，口称必乱，势将用武。提调无法，允许不盖本号号戳，悉盖以查字戳。此信一传，而已归本号者，又复纷纷乱号，而不乱号之人，又群至至公堂责问监临。于是监临无法，允于乱号者盖查字戳，不乱号者仍盖本号戳。然而不乱号者，其号间已先为人占，因而只能改坐他号，届时将何从辨别？有以此责问监临者，且谓二场乱号，从来所无，今宗师作监临，对此不能禁止，未免材不胜任，将来何以对中丞云云。盖是科学使张亨嘉代理监临也，是时监临大窘，只能坚持不能乱号之说，而在旁有少数考生，大呼要乱要乱。监临大怒，喝令左右曰“拿！”于是如鸟兽散。拿住二人讯之，则极口抵赖，亦释之。于是已乱号者，又纷纷搬归本号，轮盘箱簏之声，辘辘震耳，往来不绝。时至亥正，犹闻各处有第几号号军接相公之呼声。但天明以后，闻各号门尽为考生所打开，仿佛监犯之反狱，想系有组织之行动，官府竟无之何，而此次亦不复查号盖戳。

考生之所以欲乱号者，无非因腹笥空虚，恐不能完卷耳。在昔八股文时，士子所熟读者，无非陈文墨卷；所研求者，无非高头讲章。所有历史事实，因文中禁用，故多不涉猎。郑板桥所谓不知汉祖唐宗是何朝的皇帝，当时士习之弇陋，或竟有之。二场考经文，童时所读，或尚能记忆，而能深明其义者已不多。三场对策，欲将其历史制度文物利弊得失渊流沿革一一详答，如何可能？势非各就教于宿学之友朋不可。三场乱号，殆因此也。此次二场亦系策题，或恐有问及西洋制度及世界大势等等者，则更非所知，或亦必须乱号之原因欤！杭府属点名在前，余尚得坐其本号，人亦莫余驱也。

考生盈万，其初入号时，既不能分派人员，预为稽督，至乱号之事实已成，则无办法矣。强欲整顿，则虑激成事变，于监临大有不利，所以只有隐忍，听之而已。闻林文忠公则徐，为某省监临时，知其士子夙有乱号恶习，思加整顿。一日进场，点名甫半，忽令暂停。谓里面有人在乱号，随拔令箭，令中军率多人入内，至某号某号，将乱号之人悉押以来。少顷，有多人押来，果乱号者也，严予惩办，其习始革。当时公在外点名，而能知场内某某号之乱号，群诧为神人。后始知盖坐号戳之时，公预将某号某号之号戳藏去，而届时又密令人侦报，有坐此等号者，其为乱无疑矣。

新闻三事

壬寅科二场既乱号，次年癸卯科二场，遂仍之而乱矣，癸卯科为科举最后之一科，余所见者有三事：

一曰拆魁星。明远楼上，供有魁星之塑像。楼门例不关锁，可以登眺。此次首场，考生竟将塑像之头拆下，抛掷为戏。虽曰破除迷信，然公共场所之物，究不应任意破坏。

二曰捉枪手。二场封门后，余将晚餐。忽闻甬道上喧噪，并万足蹴踏声。出视之，则群拥一人，向至公堂而去。有识之者，曰："此去岁中式之湖州人费某也，此次混入场中作枪手，为其怨家所知，号召多人，从号舍中曳之出，请监临法办也。"少顷，提调郭则沄出坐堂，费下跪俯首。郭问曰："汝系费某乎？"应曰："是。"郭曰："举首！"费仰首，郭拍案曰："费某我所识，汝非费某，而冒充费某，混入场中，实属可恶。着枷号大门外示众。"言毕即退堂，而费亦长枷驱出矣。闻郭此举，为保全费之性命起见。盖如果确认为费某，则应由监临恭请王命正法也。其后费某以革去举人了事。

三曰偷号灯。甬道两旁，每号门上，皆置有四方之玻璃灯一盏。长广均约尺余，夜间燃以烛，一望如列星，既便往来，亦甚美观。三场次日之晚，忽喧传所有之灯，均已不见。盖有组织有计划者之所为也。十六日放牌出场时，偷灯之考生，竟有公然手提以出者，亦有藏于考具中者。其时场中执事人，似已奉有监临之令，见携灯者即扶之，且搜其考具。于是有将所偷之灯随地抛弃者，有被扶后踉跄反奔者。其结果余不知，然而士子之无行一至于此，宜乎科举之必废矣。

放榜前后

三场既毕，远道考生大都归去。青云街之临时店铺，亦收歇，寂静如平时。惟时见有穿号衣者，手持经折，而问考生之住址者，则场中之号军也。盖号军在场时，于所伺候之各考生，皆详询其姓名住址，而以经折记之。其伺候极为殷勤，三场考毕，则按照各考生之住址，而至其家索酬。此为号军额外之一种收入也。多少无定价，倘使中式，更来索喜包。

放榜前一日，城中之考生，群奔走于门斗之门，名曰“看鸽绷”。场中填榜一名，外间即知之。是否用鸽传递，余不知也。癸卯科，余中式第四十一名，薄暮时已知之矣。然至六十名后，忽中断，闻闱中官吏加严其关防也。放榜日期，总在重阳前后。

闱中填榜，每填一名，必将其卷重行会同检阅一过，如发见有疵缪，则临时于堂备卷或荐卷中选一以代之。故往往有业已入选，而反被摈，本系不中而反入选者。堂备者，即备取之意。然颇闻此项易卷之法，多于荐卷中求之，不及堂备，故有堂备不如荐卷之说，不知何故。又填榜于第六名填起，最后乃填前五名，时已在中夜，燃无数红烛围绕之，名曰闹五魁。前五名俗称五经魁也，第一名曰解元，第二名曰亚元。相传第一名必须正主考取中，第二名必须副主考取中。第三名至第十八名，则十六房官必各占其一，谓之房元。如有一房官所荐之卷，无在十八名之内者，则由其他房官分一以与之。前人诗所谓“绿杨分作两家春”，即指此。

填榜既毕，陈于案上，监临主考等，必朝服向之三跪九叩首，始鸣炮启大门，卷此榜置彩亭，以鼓吹送之至巡抚署照墙上张挂之，所谓出榜也。所以必三跪九叩首者，盖取中名册，须贡之于皇帝。初时，先有册，后有榜，拜者，拜所贡之册，非拜榜上之门生也。其后册从缓写，所陈于案上者，但有榜，而此礼不废，遂讹传以为老师拜门生矣。

门斗得鸽绷信，即至所承办而中式之考生家报喜。至榜出后，更率领报子，至其家鸣钲报喜。并有一狭长之白纸报条，上书中式某某科乡试第几名举人浙江某某府县副贡生或优廪生增生附生之类、姓名籍贯名次等，皆以墨笔填写，此外皆木刻印就者。后又送一如短画之轴，下挂彩须，中书捷报贵府老爷某某中式某某科乡试第几名举人，会试联捷等语。其它至亲族人等处亦往报喜，与小试入泮同。

放榜日上午，即有沿街叫卖题名录者，全榜人名年龄籍贯等皆备，木刻小字，殆闱中人所刊，不然，无如此之敏速也。人争买之。

中式以后

中式之后，须拜客，与小试之入泮同，所用仍系白柬，答拜者缴还其柬，于柬腰红纸上写“敬缴大柬，恭贺苹喜”八字，取《诗经·鹿鸣》篇“食野之苹”之义。乡试中式，曰举于乡，例如周礼之宾兴，须歌《鹿鸣》之篇也。亲友致贺者，兼进赆仪，以次年须北上会试之故。

中式者，例有鹿鸣宴。宴设抚署中，即所谓宾兴之礼也。虽久不举行，然有伞扇之赠。伞如寻常之雨伞，而其柄特长，其色青，扇之形余忘之。名曰赠，例须酬以银，署中人生财之道也。然新举人拜客，轿前有令人持红伞前导者，余幼时曾见之，后乃不见，或外县人之习俗耳。外县举人，有立旗竿于其祠堂，或家门前者，杭人亦无之。然家中则上匾额，如解元亚元文魁等类。不特举人，即副贡优贡等亦有上匾者，皆所以示荣耀也。

中式后六十年，其人犹存，则有重宴鹿鸣之典礼。嘉庆时，杭州梁山舟同书，重宴鹿鸣，恩赏侍读。梁赋诗四章，为科名佳话，其他殊罕见。梁诗中有“怪他市上人如蚁，不看郎君看老夫”及“使者尽修前辈礼，阿婆又入少年行”之句。可见当时抚署中，必设鹿鸣宴，梁且与主考及新举人联翩乘舆而赴宴也。

拜客之外，又须拜座师，又须拜房师（即荐卷之房官也）。

拜座师，须以其未出贡院时为宜。因一出贡院，其应酬必繁，或即起程，不易见到矣。至于房师则不拘。是科正主考为广西唐景崇，即甲午战后，在台湾独立之唐景崧之弟也。副主考为齐忠甲，吉林省人。余偕同年多人晋谒，犹谈及去岁之事，且勖以多读书。房师张介禄，字受伯，山东人，榜下知县。余于其九曲巷寓所谒见之。定例，谒座师谒房师，均须备挚仪，余等相约每师各银八元。门生谒老师下拜，老师答揖，例不回拜。此三师者，余仅此一面，后均不复见。

更有一事，曰刻朱卷。先是闱中主考，已将中式之三场文字，择优发刻，印以朱色，而汇成一卷，名曰闱墨，亦曰朱卷，以聚奎堂为名。中式之举人，其文字无论聚奎堂闱墨中选与不选，必择取数篇，并主考房官之批语，刊印而分送于人。其卷之封面上，印以红色之“呈政”二字。每篇密加圈点，篇首之眉端，则以小字标之，曰圈点悉遵聚奎堂原刻。文字之前，备载履历，先为本人之姓名字号、籍贯、诞生之年月日，及副优廪增附监等出身。其后分上下两排，上排自始祖妣以至父母，为直系亲属，历详其经历及官爵。妣氏母氏则详载其父母兄弟之出身经历等等。祖父母俱存者，曰重庆下，不则举其存者。父母俱存者，曰具庆下。偏亲亦举其存者，曰严慈侍下。父母俱亡者，曰永感下。其后继以受业师、问业师、受知师，凡书院之山长、从前之学政以及前届本届乡试之监临提调等，均可列入之。下排则载旁支之族，自远房以至从堂嫡堂，及姑母兄弟姊妹、子侄妻党，皆详其经历等。末则附以“族繁不及备载”六字，皆所以侈张其阀阅也。有人将全榜朱卷汇集而印之，以售于各举人，名曰《同年齿录》。

此外有非秀才而可以应乡试者，曰监生。监生本为国子监之学生，但真正国子监生，来应试者甚少，大率以捐得之，亦有本系秀才而又捐监生者，以可以往北京应顺天府乡试也，俗谓之北场。北场举人名额无限制，中式较易。

清代初年，浙省士子，反抗最烈，清帝屡停止其乡试，以示惩罚，后经某巡抚奏请，谓士子已知悔过，乃始恢复。其初中额不多，至同治时，正榜尚止九十九名，后乃广为一百七名，副榜十八名。

乡试之事，至此毕矣，举人亦定矣，然尚有二事：

一曰磨勘。中式之卷，例须送至礼部，加以磨勘。倘发现犯规触讳等等，有停止其会试之罚，甚者主试官亦受处分。故填榜之时，仍须将中式之卷检阅一过者，以此也。

二曰覆试。次年进京，会试之前，尚有覆试一场。虽属具文，无关得失，然闻三次不参加者，举人削籍。

举人出路，自以得中进士为正途。会试屡屡不中，则尚有出路二：所谓头顶知县，脚踏教官是也。

脚踏教官者，俯而就之，可得府学教授之职。然府缺无多，且皆久任，得之亦不易。

头顶知县者，仰而企之，十二年之后，可以考知县，名曰大挑知县。

——录自《文史资料选辑》第 96 辑，钟毓龙著，中国文史出版社 1984 年

科场续记

闲云先生稿

余草《科场回忆录》竟，以仅至乡试而止，于科场之事尚缺而不全，特乞吾友孙厘才太史智敏，续会试、殿试等情形，以成完璧。太史盖以壬寅科乡试获隽，次年癸卯连捷入词林者。然太史不自记述，而转乞其同年闲云先生作此篇续记，再加以注语而归之余焉。戊戌元旦，钟毓龙再识。

会试

礼部试者，俗所谓会试也。应试者曰公车，亦曰计偕。但后世之会试者，只假用其名，实则舟车膳食，皆须自费。

应试而得中，则为进士。但此亦俗称，其实会试得中，只能称为贡士，必经殿试后，赐进士出身，或赐同进士出身，始称进士。

会试向在北京贡院，光绪庚子年，兵燹，贡院遭毁。癸卯、甲辰两次会试，皆借河南开封之贡院，取其地点适中，道里平均，且院址宏敞，足以集事也。

会试之先，廷派知贡举大臣二人，大总裁四人，同考官十八人，分房襄校，皆先期赴开封。以河南巡抚会同礼部尚书监督其事，如乡试之有监临也。

公车赴试者，就各省知府衙门，领取公文上道，到开封投文报到。如系新科举人，先就贡院覆试一次，然后正场开始。试之日，齐集贡院前之棚台，点名领卷，以次进院。大门前点名一次，二门前点名一次，鱼贯入场，就号舍。送考者至大门止，由材官翎顶短衣者，接负而入。点名时间，自午前巳刻起，逮暮而毕，秩序肃然。

考试日期，在三月初八日进场，初十日出；十一日进场，十三日出；十四日进场，十六日出。首场论题五，二场策题五，三场经义题三。一切情形，均与乡试同。试毕，即各自旋里，听候发榜矣。先是，京中各文具店，皆来开封，汇集成市，至此亦皆归去。

癸卯年会试时，京汉铁路尚只筑至信阳，时张文襄公之洞督两湖，于信阳行台，改青云栈，以便赴试者安顿。以汉黄德道朱曼伯总其事。下设车马委员，以便照雇车辆上道，直抵开封。第二次甲辰会试，火车尚筑至确山也。

会试榜发后，获选者谓之贡士。即于夏间，由乡里启程赴京，在太和殿覆试。试毕，具衣冠谒见房师、座师。有同乡京官随时指点照料，习写殿折卷，预备朝殿试，送卷头于师座。

按昔时殿试，惟重楷法，而文字次之。其卷自首至尾，共七开半，每开十二行，每行除留二格备抬头地位外，余皆廿二格。但卷中，仅朱丝直格，而无横格，必另用比格，比而写之。此种比格，以铜为之，其长与卷等。京中文具店皆有售卖，专为写殿试卷之用者也。定制，所以不用横格者，因对策系尽量发挥其所欲言，不以字数限之，今限以廿二格，不知起于何时，此一种困难也。其二，卷中七开半，必须行行写满，不但不可留一空行，并不可留一空格，即遇有须抬头之处，其前一行亦必须写满，不能半途即行抬头。此等处极费斟酌。七开半行行写满，字数扣准，亦极不易。总之，刁难人而已。策中有说及皇帝之上代，如

"祖训""先帝"等字者，须三抬头，则出格写之。其三，卷中不得添注涂改，但其卷纸极厚，似系以多层之薄纸裱拓而成，如有讹字，则有文具店售卖之薄刀，刮去而重改写之，巧妙者可使一无痕迹。然取向日中一照，仍必显露。闻同治间，有人因此而失去状元也。（以上三种，均指欲得状元鼎甲入翰林者而言，若不能合以上三种之条例，亦不至不取，不过置于三甲之末耳。）殿试卷之字，以黑方光为主，京师文具店，有制成之现成墨盒，其色极黑，不渗不滞，凡参加殿试者，必购用之。若方若光，则非平日练习不可。殿试卷，京师文具店制之出售，士子欲得鼎甲者，多购之以资练习。然黑方光之字体，实甚俗，书法家所不取。

殿　试

殿试之日，晨起，集于内城听点名。文具等项，由苏拉负携入内，至保和殿殿门前。（苏拉者，满洲语，谓执役之人，清代内廷有苏拉隶于太监。）由王大臣危坐点名，以次进殿。诸贡士皆衣冠济楚，按次坐毕。其居中有宝座，皇帝之位也。诸贡士皆于座下左右，就地毯上安设考具。案几藤凳，皆自行携带，于琉璃厂中文具店购买，曰箱曰案曰凳，合为一套。可收可放，取携轻便。监场者王大臣御史，皆于殿之四周站立监视。气象严肃，惟准考生脱帽结跌。有顷，御制策题颁下，分给就绪，即皆据案起草，展卷缮写。策首，写"臣对臣闻，伏读制策"云云，凡四条，逐条对毕。策尾，写"臣末学新进，罔识忌讳，干冒宸严，不胜陨越战栗之至，臣谨对"。凡臣字皆打偏写，"宸严"二字抬头写，此为一定不移之格式，千篇一律者也。写毕，携卷附草稿，就殿陛上王大臣黄案上缴纳。王大臣核视毕，于卷尾

“臣谨对”三字之下画押，即出殿。是日巳牌进内，酉牌已蒇事。殿门外，房师、同乡京官，皆迎接慰问，然后回寓安息。

越日，有知会，赴西苑门听传胪唱名，至十名而止。内定于十名内选取鼎甲，余俱退出。房师及同乡京官，皆于殿门外迎接慰问如前，各自散去。

钦点名次定后，由礼部通知放榜日期。届时齐集天安门，恭听宣读，先用满文音，后用汉文音。读毕，将榜折成卷子，外系彩线，由丹凤（想系纸彩扎成者）自城楼高处雉堞间，衔吐，徐徐垂下，承接于预先安设之黄绫围桌上玉盘中。礼毕，执事员退，众皆退。其中一甲三名，即进内引见谢恩，开正阳门送归第。

又越日朝考，一甲、二甲、三甲皆赴试于殿内，题目例为一论一表，或一论一疏。

朝考卷用白折，每折六开、每开十二行，每行除空二格备抬头外，净十六字，须写到底，亦不得有空白。此项白折，以后散馆考试及翰林考差等皆用之。

又越日放榜，为三等，分等授职。一甲一名为状元，授职修撰；二名为榜眼；三名为探花。二甲一名为传胪，皆授职编修，皆须散馆考试，与庶常一例。此外为翰林庶吉士、各部学习主事、内阁中书、知县，皆见上谕，是为钦点。

按传胪者，以其名入胪唱也。二甲、三甲第一名皆当有传胪之称。明代定制，始专以二甲第一名为传胪。庶常即庶吉士，《书经》有“庶常吉士”之句，故互称之。清代设庶常馆，三年一试，谓之散馆。得知县者，分发某省，谓之榜下知县，得缺有优先权，俗称老虎班。

一甲赐进士及第，二甲赐进士出身，三甲赐同进士出身。礼部先期知会习礼，至期，进内引见谢恩。由礼部派司官，于殿门外排班演礼三次，肃候进内，分为数班，每班十人，首尾皆有礼部司官押班，以次进内，于殿陛下脱帽，跪称“臣某某某某省某某县人年若干岁叩谢天恩”，三叩首，戴帽退出。

又定期分谒朝殿读卷阅卷各大臣，座师、房师及同署之前辈。投帖具红毡晋谒，谓之大拜。大拜者，作宰相之词，取美名也。

科场考试，以得状元为登峰造极。相传夺状元有秘诀：贡士至京后，与当路有亲故交谊者，预知某某王大臣得奏派本届读卷，遂事前借口拜谒，呈请平日习字试策字样，指示合格与否，实则使其认识字迹，与通关节无异。迨应试时，又觑全殿人数对毕退出，至名在十名以内，始行缴卷。如是则先缴者积下，后缴者居上。如有钦派王大臣甲乙丙等十人，策卷共有百本，每人分十本，则以其上十本分给甲阅读，以次十本分给乙阅读，再以次数十本分给丙丁等阅读。十人每就分得十本中拟定一二三四五至十等次。由乙丙至壬癸，九人将阅读试策汇交于甲。甲乃将自己原拟第一置为元，再将乙所拟第一置为第二，丙所拟第一置为第三，丁所拟第一置为第四，以次递推。要以钦命王大臣之先后，定拟取试策之次第，可知第六至第十王大臣手中，虽有压卷，亦不能越居前五名，而前五名必出自钦派前五名王大臣手中。且状元必出自钦派第一名大臣之十本中，因进呈御览，殊少更动也。此说当清季科举将停时，始由世家大族，师弟至契传出，想必有其事也。

有恩荣宴，凡新进士皆得与席；有琼林宴，惟入翰林者始得参与。六十年后，其人犹在，则有重宴琼林典礼，较重宴鹿鸣，尤难得也。翰林院庶吉士，入庶常馆教习。三年之后，有散馆考试。再分三等：一等授编修检讨，留馆为翰林；二等分发各部主事；三等为知县。光绪之末，庶吉士改为进士馆，学习三年，毕业考试，分级授职，给俸起资。

附一：书院考试

书院虽非科场，然为练习科场考试而设，故附记之。

杭州省垣，书院有六：一曰诂经精舍，为阮文达公元所创，地在西湖孤山，专研求经义。二曰学海堂，专课孝廉，地在孤山苏公祠。三曰敷文书院，地在万松岭，明代为万松书院，清初改名。同治间，以其地荒僻，别于城内葵巷，辟一院，谓之敷文讲庐。四曰崇文书院，在西湖岳坟。五曰紫阳书院，在太庙巷。六曰东城讲舍，在菜市桥河下。敷文、崇文、紫阳，连称之曰三书院，以其性质相类之故。

此种书院中，各有官厅延聘之师，以教肄业之士子，名曰山长。又有监院二人，以理院事。远近士子，皆可负笈而来，住宿其中，不必杭人也。

定例，每月朔望，命题课士。朔课由官厅命题，并阅卷，抚藩臬运使等官轮值主之。东城讲舍，由杭府主之。三书院及东城讲舍，定每月初二日，诂经精舍、学海堂为初六日，均限一日缴卷。望课由山长命题阅卷，定期均在每月十六，限两日缴卷。

诂经系专门之学，不尚八股。同治后，经学大师俞曲园先生为山长三十余年，然肄业者不多。学海堂专考孝廉，应者亦少。最盛者为三书院，不仅考秀才，兼考童生，优者亦一律有膏火也。东城讲舍亦较少。

考试每年仅有十个月，正月十二月均停，以远道生，均须归家度岁也。每年二月朔课，为甄别考试。此次得取，以后每月始得与试。其初，三书院之甄别考试，集中学院之试场而并试之，每人给发点心票一纸。后以事烦费多，改为散卷。自散卷后，有人于一昼夜中，作十数卷者，盖集多数钞手，检成文而使之钞，或东割西袭，率尔为之，以期侥幸。所以如此者，以甄别不取之人，需求有卷，可以售与之也。姓名可以任意捏造，惟学海堂必须用孝廉之名，因有册可稽，不似全省秀才之多，不胜核也。

考试名次，分超、特、壹三等。超特两等皆有奖金，名曰膏火，多寡以名次而分。所以孜孜于考试者，为此也。壹等则无之。朔课归官厅主持，超等前数名，更有加奖，为官厅所给，非固定者也。有时官厅以事，将两月朔课并于一次考试，名曰夹课，则加奖更多，寒士于此，不无小补。

此种书院考试之报名纳卷，及其后题目卷纸之分送，皆由门斗承办。逢年节酬以值，故门斗实与科场考试相终始。

附二：乡试黄莺儿曲二十首

清乾、嘉间，杭人缪莲仙艮，著《文章游戏》一书，中有《乡试黄莺儿曲二十首》，描写当时情形，附录于下：

> 免得轿儿攀，看进帘，心已安，亲朋考盒街头担。鱼儿一餐，肉儿一餐，清心降火冲鸡蛋。最可笑，急来佛脚，还把讲章看。
>
> 马挂与毡条，考篮儿，紧缚牢，笋干香蕈和汤料。火腿一包，虾米一包，茶烟蜡烛般般要。套提篮，老婆儿女，忙做一团糟。

此言入场前之预备。

> 半夜竟无眠，听更锣，四鼓天，未曾吃饭先涂面。轿歇门前，妻送堂前，家堂祖宗香烟点。进贡院，先悬考袋，再去挂门帘。

此言入场时之情形，当时尚有搜检，故点名进场特早。

身曲枕儿歪，明远楼，画角哀。五更题目传来快，心思苦哉，精神惫哉，可怜急屁今安在。八韵诗，抬头斟酌，又是五言来。

此言在场时作诗文之情形。

早起复吟哦，诗与文，细揣摩，誊清题目须防错。添注几何，涂改几何，手持考笔呼开锁。一归家，吃谈洗面，明日再奔波。

此言第三日出场之情形。

精力未曾疲，听点名，篮自提，龙门前后寻知己。你赞我的，我赞你的，大家自己皆得意。归号内，遍寻老宿，明日讲经题。

此言第二场入场时之情形。

细看五经题，记不清，书易诗，春秋礼记皆忘矣。此也迷离，彼也狐疑，看来止好胡涂写。遵新例，头场文稿，带在考篮里。

此言经书题目之难做，极言当时秀才之荒陋也。

经艺不须提，叫掌管，肚里饥，可怜考食皆完矣。收拾快些，缴卷快些，天开文运挨挨挤。轿儿抬，忙忙归去，先要吃东西。

此言二场出场之情形。

今日是三场，怀挟多，心内慌，点名搜检真惆怅。条目不详，打尽空腔，了完故事心儿放。细思量，抄誊字句，难以见妻房。

五经为幼时所熟读者，尚且迷离狐疑。三场之策，须源本历史，平日更未尝问津，止有打空腔而已。

今夕月儿圆，喜三更，五策完，黎明收拾争交卷。腰儿缩弯，腿儿立瘦，号军讨笔纷纷乱。出头门，舆人仆从，望得眼儿穿。

此言第三场出场时之情形。

十六早归家，换衣裳，先吃茶，调停酒饭忙厨下。门首喧哗，堂上喧哗，儿童考碗争相打。剃个头，高眠一觉，今夜弄琵琶。

此言考毕后之情形。

彼此互论文，造谣言，没假真，求签测字多高兴。梦儿有灵，命儿有凭，家人父子安排等。拿不稳，老兄佳作，箱里听虫吟。

此言考后望中之情形。

到处是监军，卸蓝包，到处寻，手持经折街头问。头场几人，二场几人，本城相公全无分。真倒运，三场坐号，尽是处台温。

处台温考生，考毕即归，号军无从索酬谢，故曰倒运也。

真正好懊恼，有玉桥，名已标，自己埋怨多颠倒。昨日枉劳，今日枉跑，无颜难见江东老。最伤心，三更床上，冷语话蹊跷。

此言贴出者，即妻子亦奚落之也。

自己不留心，戴长枷，在大门，至亲骨肉难相问。恨杀运丁，暗骂监临，别人夹带偏蒙混。惟有我，未曾检点，弄出臭名声。

想见当时搜检之严，不知此制何时废去。

揭晓起潮头，约登山，上酒楼，无多一刻黄昏后。举人渐休，秀才仍旧，垂头丧气街前走。早知道，这般结局，何苦把名求。

此出榜前一日之情形，想见其时已有鸽绷。

街上卖题名，急开门，买一文，许多亲友全无分。钱塘几人，仁和几人，忽然一个先评论。乱嚼舌，房官主考，俱是得金银。

此出榜日之情形。

意马与心猿，见斋夫，也赧然，布政司里寻朱卷。通篇看完，未见一圈，伤心钳字胡涂缮。没来由，自家命薄，何必骂帘官。

此言领出落卷后之情形。

兴味已萧然，见相知，各道冤，批评现在新朱卷。起讲一段，中股一段，更兼与我同一段。说不尽，冲天腐气，万世坐寒毡。

此形容不中后牢骚之情形。

我也几曾经，得亦欣，失亦欣，从无有此酸毛病。命不如人，运不如人，何须与彼来争论。到不如，高歌一曲，随处好安身。

——录自《文史资料选辑》第96辑，闲云先生稿，中国文史出版社1984年

知堂回想录

周作人　著

十九　县考

县考是件小事，似乎没有什么值得讲的，这在清朝还举行科举的时代，每年在各县都有一次，并不是希罕的事情。但是它的意义却很是重大。这是知识阶级，那时候称作士人或读书人的，出身唯一的正路，很容易而又极其艰难的道路。这有如彩票，人只要有几毛钱就可以去买，也有人居然得中了头二彩，顷刻发了大财，但有人而且这是大多数，连末尾也没有份。这样可以一年年的考下去，到得须发皓白了，还是提了考篮做“考相公”，外号被不客气的称作“场楦”，言其长在考场里混过日子，正如鞋匠用以楦大鞋子的“鞋楦”相似。这考试的本钱是什么呢？买彩票还得要几个银角子，这却更是省事，只要会诌几句半通不通的烂时文就成了。说起时文来，现在的人大半要不懂得了，或者要误会是对时髦文章上去也说不定吧。换句话说，时文便是八股文章，《四书》读熟会得背诵了，学做“破题”以及“起讲”，一直加到“后股”，共成八股，算是“完篇”了，这便有进考场的资格，够得上“文童”或童生的称号。这时文里的奥妙没有穷尽，我们这里只能姑就“破题”一件事，略为谈谈吧。八股文是题目都是出在《四书》上面，所以说这是“代圣人立言”，是非常可尊贵的。破题是开头的两句话，须将题目的意思讲说清楚，这便叫作“破”。俗语说初次遇着的事情，是破题儿第一回，也就是借用这个意思。因为八股文里出来的尽是圣贤，所以破题上也有一个规则，便是“破”孔子时务必称“圣人”，孟子等人则称大贤或先贤，此外无名之辈一律号为“时人”。我现在引用一个故事，来说明破题是怎么一回事，这虽然是用诙谐的说法，当不得真，但是它把题意破得极妙，可以说是无以复加的了。题目是“三十而立”，这是孔子说的一句话，所以“破题”说道：

圣人两当十五之年，虽有板凳椅子而不敢坐焉。

此外还有一个正经的例，是八股名家章日价所作“父母惟其疾之忧”的文中的两股，发挥尽致，并且音韵铿锵，读起来兼有音乐之美。其文曰：

罔极之深恩未报，而又徒遗留不肖之肢体，贻父母以半生莫殚之忧。

百年之岁月几何，而忍吾亲以有限之精神，更消磨于生我劬劳之后。

不过光是这么样子，还没有多少意思。据说有一个名流的儿子不思上进，流留荒亡，父亲将这上半股的文章，写在儿子的书房墙壁上，儿子看见了无话可说。可是那个做父亲的也不大规矩，有一天宿妓回来，给他儿子知道了，于是乃高吟下半股，这里边的意义字字针锋相对，尤为妙绝人工，我想那父亲听了更是说不出话，只有苦笑了吧。

文章居然“完篇”了，凑足有三四百字，试帖诗也勉强可以做成六韵，这样便可去“观场”了，这是一句“术语”，也是说得颇为谦虚的。天下的文风未必真是在“敝邑”，但是应考的人却实在不少，在当时山阴、会稽还未合并为绍兴县的时候，会稽一县的考生总有五百余人，当时出榜以五十人为一图，写成一个圆图的样子，共有十图左右，若在邻县诸暨恐怕还要多些，而每“进学”就是考取秀才的定额只有四十名，所以如考在第十图里，即使每年不增加来考的人，只就这些人中拔取，待到自己进学，也已在十多年以后了。这些被淘汰下来的人，那么哪里去了呢？他们如不是改变计划，别寻出路，便将“场楦”进而为“街楦”，——在街上游荡的人，落到孔乙己的地位里去了。

二〇　再是县考

上边所说是关于县考的一般情形，底下却要讲自己所经历的事了。考试既然是士人出身的正路，那么我们那时没有不是从这条路走的，等得有点走不下去了，这才去找另外的道路，那自然都是后话，如今且表过不提。日记里记戊戌年（一八九八）十一月初六日，我同大哥往应县试，但是以后便不再记，而且也于廿四日回南京去，等我的第二册日记于戊戌年十一月廿六日重写开头，县考的“招覆”悉已过去，均不及记，但于廿九日项下，记有往看“大案”一事而已。“大案”云者，县考初试及四次覆试之后，再将总应考的人数计算一遍，出一总榜，只要榜上有名的人，便可以去应府试，再经过院试，就决定名额，算是合格的秀才了。当时大案的情形如下：

“会稽凡十一图，案首为马福田，予在十图三十四，豫才兄三图三十七，仲翔叔头图廿四，伯文叔四图十九。”

这里须得说明，马福田即是浙江的名流马一浮，仲翔、伯文乃是我们的族叔，不过已经很疏远，只是和我们同太高祖，即是同五世祖而已。这里鲁迅着实考的不坏，只是考了一次，也不曾去覆试，还是巴在三图里，所以一同去考的叔辈竭力耸恿母亲，府试的时候找一个人，去枪替一下子，明年可以去院试，这很有希望。因为请人当“枪手”，是要花钱的，其实也只两三块钱吧，所以母亲不愿意；后来撺掇再三，这才答应了，便请仲翔的妻弟莫与京去，这我还记得很清楚，是十二月初二日府试，四更进场，会稽“已冠”的题目，首题是“孔子尝为委吏矣曰会计”，次题是“未有义而后其君者也”，诗题“赋得‘既雨晴亦佳’，得晴字”。“未冠”的首题是“有事弟子”，次题是“能竭其力”，诗题同已冠。当时童生分已冠、未冠两种，二十岁以上的人称作已冠，以下的则为未冠，题目略分难易，但是这未冠的也是“截搭题”，便是文句没有完全，只截取一半，搭在上面，原文是“有事弟子服其劳”，这里却把“服其劳”半句截去了，实在并不好做，但是比那已冠的好一点罢了。初七日去看榜，我在六图廿七名，那位枪手先生却不知在哪里，不曾记得，总之是没有考掉。廿四日大案出来，我在四图四十七，大哥八图三十，伯文叔二图廿二，仲翔叔二图第四。

次年己亥（一八九九）十月初五日院试，周姓三人前去应考，鲁迅不曾回来，因为那时他已经考进了矿路学堂，总办是讲维新的俞明震，空气比较开明，他就安定下来了。考试的首题是“四海之内”，注明是“皆举首而望之”的上边的，次题则是“则不如无书”，诗题“赋得‘诗中定合爱陶潜’，得潜字”。初八日出榜，结果是仲翔以“周开山”的官名，考取了四十名即末名的秀才，也是清朝以八股文取士的最后一次考试了。庚子年后废止八股，改用策论，不过那也是换汤不换药的办法，假如前者是土八股，那么这后者也无非是洋八股罢了。

前清时代士人所走的道路，除了科举是正路之外，还有几路权路可以走得。其一是做塾师，其二是做医师，可以号称儒医，比普通的医生要阔气些。其三是学幕，即做幕友，给地方官“佐治”，称作“师爷”，是绍兴人的一种专业。其四则是学生意，但也就是钱业和典当两种职业，此外便不是穿长衫的人所当做的了。另外是进学堂，实在此乃是歪路，只有必不得已，才往这条路走，可是“跛者不忘履”，内心还是不免有连恋的。在庚子年的除夕，我们作“祭书神长恩文”，结末还是说，“他年芹茂而樨香兮”，可以想见这魔力之着实不小了。

二一　县考的杂碎

关于县考已经写了两节，要说的话都已说过了，但是有些零碎的事情，至今还是记得，似乎已值得顺便记了下来。第一是“下考场”的情形。我们住在府城里的人，比起乡下或是外县的住民来，实在要方便的很多。他们前来应试，须得坐船进城，在船里过些日子，或者是到试院左近人家暂时租住，我们却只是走了去便成了。从我们所住的东昌坊口向西北走去，大约有十里以上的路，就是“大街”，也就是试院所在的地方。东昌坊口是个十字路，向北拐弯一直走过长庆寺和马梧桥，到大坊口再往西走，经过开元寺，到清道桥再北折，这就是“大街”，直到小江桥为止。不过往“新试前”（这即是试院的名称）去，不必走得那么远，过了水澄桥往西，不久就到了。或者在大街入口的清风里口就转了湾，走那仓桥直街，过了仓桥，在路北的就是。民国以前，在科举既废之后，试院就改作了绍兴府中学堂，到了民国改称浙江第五中学校，我在那里教过英文有四五年，这条路几乎每天要走，也走熟了。大街上毂击肩摩，拥挤得不大好行走，所以那条后街倒还清爽的，不过是在那考试时候却也无所谓，因为那时是在后半夜，行人本来是稀少的了。这条路平常走起来，共总要花一个钟头的样子，但是夜间却可以减少三分之一的时间吧。只须步行这三刻钟的时侯，就可以省去寄寓的麻烦，那岂不是很便宜的事情吗?

县考大抵在阴历十一月初，府试则在十二月中旬，正是大寒的时节，考试的前一天在半夜里起床，洗脸吃过什么油炒饭之后，便准备出发了。将考篮托付给同去的工人，自己只提着一盏考灯，是四方的玻璃灯，中间点着一枝洋蜡烛，周身是一副“考相公”装束，棉袍棉马褂棉鞋，头上披着“风兜”，是一种呢制的风帽，普通多用红色呢，下连肩背，前面包住两颊下巴，仿佛古人踏雪寻梅的高士所戴的那样。沿路阒寂无人，只有塔子桥马梧桥等地方，设有冬防民团，才有几个人半醒半睡的坐着，在一个铜鼓的旁边。走近新试前的时候，人就多起来了，反正都是与考试有关的。不是院试，考场的关防是照例不严密的，所以人们都可以进去，找适宜的位置坐定，叫人代去点名接了卷子回来，一面安排考具。这是甬道两旁的东西两个大的厂子，里边又用短墙隔开，每一区域可以容得两三排长板桌，每排可以坐一二十个人吧，这在院试时节才有坐号，现在是不妨乱坐的。不久便封门了，是时天色也已是鱼肚白，快要天亮了，题目也就发下，这是写了贴在一块板上，由人佚擎着走的。题目有了便要开始作文，于是场中一时便静了下来，但闻咿唔之声随之而起，不过这与前回的很有不同，以前的喧嚣是热闹，现在则有点凄凉之感罢了。

九十点钟光景，听见外边有人传呼道：“盖戳!”此盖是一种监察制度，凡考生作文到一个段落，便须经“学老师”在卷子上文句完处，盖上一个戳记，这在县府考时是由考生自由去盖，所以往往延长至中午，若在院试时乃由学老师亲自光临，挨名盖去，有的只做得“破题”，也就盖上了；虽然一般的情形是要盖在“起讲”的末尾，这才算是合格的。盖戳以后，便任你自由安排，将两篇四书文，一首五言六韵诗做好誊正，就算完事了。

——选录自《知堂回想录》，周作人著，香港三育图书有限公司 1980 年

笔记、报刊文章类

梅花草堂笔谈

〔明〕张大复 著

论 文

作文无他法，只要深入题髓，跳出题外。深入题髓，观题之意；跳出题外，写题之情。观题之意，下语不疏；写题之情，运笔不滞。冯先生教人深处更深一步，直入针孔，然后尽从笔尖上拈出。近世文士，亦知深一步法，欲从笔尖上拈出，非大圆通，不可几也。

——选自《梅花草堂笔谈》卷三，张大复撰，岳麓书社1991年

邓文洁

邓文洁公为举子时，屏处山中，独与李某为友。李至，必出所构义相商质，遂命局其后。但命局耳，李讶之，公笑曰："会元文难就，更不易看。"辛未在场中，与王伯钦先生连舍，王颇自负，见邓卷愕然，出语人曰："未见邓时，妄意场中无如予者，既见邓，场中莫须尽如邓者。"

——选自《梅花草堂笔谈》卷四，张大复撰，岳麓书社1991年

文章独行

睡庵《两孙文序》云："时文者，攫时之物耳。髻之高下，眉之广纤，娼者之笑颦，贾者之贵贱，朝更夕易，而不能以自主，且人亦走其便秀易与者耳。迎世之心急，而独行之思寡，岂惟举业哉！嗟乎，夫子啬可谓独行于文矣。往岁求子啬文不可得，癸丑得之王元孚，以为非复人间世人也。"王驾部书云："此中如郭尔光孙子啬诸人，雅相慕尚，尊稿至辄便持去，此何解欤？岂亦不与于便秀易与者乎？眼中识字以来，灵异莫如孙郭，皆出睡庵门下，真最奇事。"周自淑尝言高玄圃先生其人，可方子啬，惜不见其作义，然亦汤先生门下士也。先生评两公卷，数言耳，令人无限洗发。录置几上，为独行者之助云：

今人举业，从坊刻入，从试录策论入，安得有佳？子往往独造，其入处居然先辈，无复嘉隆以后模子。孟义尤最，百年来惟归太仆先生差解此也。（子啬）

韶年耶？老宿耶？才子耶？学人耶？总之，其目中不曾留一书，留一人，空空如也云尔。吾是以惊就之。（尔光）

——选自《梅花草堂笔谈》卷五，张大复撰，岳麓书社1991年

陶周望与弟书

陶周望与弟君奭书："今人不晓作文，动言有奇平二辙，言奇言平，诖误后生。吾论文亦有二种，但以内外分好恶，不作奇平论也。凡自胸膈中陶写出者，是奇，是平，为好；从外剽贼沿

袭者，非奇，非平，是为劣。骨相奇者以面目，波涛奇者以江河，风恬波息，天水澄碧，人曰此奇景也。西子双目两耳，人曰此奇丽也。岂有二哉！”此古今跌扑不破之语，其意非造于陶，至陶始畅，真令人读之可尽而味无穷也。末又云：“弟曾见我终日翻讲章否？做五篇七篇，一岁至数百篇否？喜看古书亦有几段成诵否？”此又一味妙悟，惟周望能为之，惟君奭能听之，以语中下根人，则不可。王文肃公常言：“做人做到阁老乃妥，作文到阁笔乃佳。”如是方为识痒痛之语，周望犹未免资质用事也。良工苦心，此事难说。

——选自《梅花草堂笔谈》卷八，张大复撰，岳麓书社1991年

文

黄贞父白门九义，罗玄甫一言蔽之曰：“竟不曾做。”然斯难言之矣。昔有禅客欲指示人，门版墙壁，到处书一心字。一人曰：“我则不然，门上还他门字。”又一人曰：“我则不然，门上不必还他门字。”不还门字，恰是见得，然必有心字，斯有门字，有门字，斯有不还门字，此未易径造也。某读贞父灵鹫山房刻，便有不还门字之意，至于今乃得，竟不曾做，岂易而谈耶？孙子啬初读贞父义，疑是成、弘间物。贞父之为成、弘，何必子啬后知之？然谓文必成、弘，必嘉、隆，此言非也？某尝见嘉、隆初学人士，犹庶几椎鲁，无妒心浮气，则嘉隆盛矣，而子啬辈何必减嘉隆。每读成、弘间文字，古浑简练，成、弘盛矣。如贞父辈，又何必减成、弘哉！故夫人之不成、弘不嘉、隆，则必有为成、弘、嘉、隆者，夫文亦若此矣。其不然者，听其自趋自至，而斐然成章焉可也。

——选自《梅花草堂笔谈》卷九，张大复撰，岳麓书社1991年

孙氏学

程式以下无文，壬午以后无程，汉以后无书，此孙先生家学也。子啬既贵，犹复不看试录，盖奉其尊之教如此。先生楼居，子啬与弟读书楼下，既成诵，必登楼，为先生诵之，不错一字乃止。子啬之仲弟曰宝硕，湛思结志，与子啬同。子啬十九举于乡，两试不第。宝硕疑之，遂翻阅时义殆尽，然其文皆独造。子啬曰："吾故不阅一义亦售，宝硕改步亦不售。"然而宝硕之淹贯，即子啬自谓弗及之矣。汤睡庵曰："迎世之心急，而独行之思寡，不其然乎？吾每观载籍所记，独行之士，何止文艺，终不奄没，急急者何为耶？"虽然，必以不窥时艺为独行，斯则孙氏之学，非通行之路也。

——选自《梅花草堂笔谈》卷十，张大复撰，岳麓书社1991年

陈确集

〔明〕陈确 著

作八股之法

作八股之法，能熟知古文之妙境，而俯就时文之恒矩，和养心性，体认题旨，开万古之胸，抒一己之得，则自然不今而今，不古而古，非时文而时文，非先辈而先辈。若存一摹时文之心，即非时文；存一摹先辈之心，即非先辈。譬作诗家必欲句句是杜，定非真杜；譬临池家必欲笔笔是王，定非真王。何者？为梏于古而己之才性不出也。

吾观古之传文，有学人之文，有才人之文，有正人之文，有邪人之文。彼惟不自掩盖，故能各极其才之所至，而传世不衰。今使仲尼、子舆而为《战国策》，必不能倾动当世之诸侯王。又使苏秦、张仪而作《论语》《孟子》，亦何以折服千百代之文人学士哉！学者不能反求诸其心，而惟文之求，宜其为之而愈拙也。

——选自《陈确集》文集卷十八，陈确著，中华书局1979年

朱舜水集

〔明〕朱之瑜　著

中原阳九述略

明朝以制义举士，初时功令犹严，后来数十年间。大失祖宗设科本旨。主司以时文得官，典试以时文取士，竞标新艳，何取渊源。父之训子，师之教弟，猎采词华，埋头呫哔，其名亦曰文章，其功亦穷年皓首，惟以剽窃为工，掇取青紫为志，谁复知读书之义哉！既不知读书，则奔竞门开，廉耻道丧，官以钱得，政以贿成，岂复识忠君爱国，出治临民！坐沐猴于堂上，听赋租于吏胥；豪右之侵渔不闻，百姓之颠连无告。乡绅受赂，操有司狱讼之权；役隶为奸，广暮夜苞苴之路。朝廷蠲租之诏，不敌部科参罚之文；乍萌抚字之心，岂胜一世功名之想？是以习为残忍，仿效模糊。水旱灾荒，天时任其丰歉；租庸丝布，令长按册征收。影占虚悬，巨猾食无粮之土；收除飞洒，善柔赔无土之粮。敲骨剥肤，谁怜易子；羡余加派，岂顾医疮！金入长安，蟊贼腾循良之誉；容先曲木，屠伯叨卓异之旌。未闻黩货有勾罢之条，惟见催科注阳城之考。盗贼载途，惟工涂饰；虫蝗满路，孰验灾伤？夫如是，则守令安得不贪！由是而监司、而抚按尽可知也矣，而佐贰、而首领更可知也矣！此是任官害民之病也。

其居乡也，一登科第，志切馈遗；欲广侵渔，多收投靠。妻宗姻娅，四出行凶；子弟豪奴，专攻罗致。女子稔色，则多方委禽；田园遂心，则百计垂饵。缓急人所时有，事会因尔无穷，攘夺图谋，终期必济。钉田封屋，管业高标者，某府某衙；诉屈声冤，公事至偃者，何科何院。曲直挠乱，白黑苍黄；庇远亲为宦户，挤重役于贫民。事事贴赔，产已卖而役仍在；年年拖累，人已毙而名未除。官司比较未完，满堂欢喜；隶役牌勾欠户，阖室栖遑。士夫循习故常，糊心民瘼，被害胥谗，眲慝没齿。官邪鱼肉小民，侵牟万姓；闾左吞声而莫诉，上官心识矣谁何。饶财则白丁延誉，寒素则贾、董沉沦。荐剡猥多，贤路自塞。此乡官害民之病也。

凡属一榜科甲，命曰同年同门；由其决择取中，是曰门生座师；辗转亲临辖属，是曰通家故吏。又有文社甄拔之亲，东林西北之党，插足其中，丝纷胶结。其间岂遂无仁贤廉洁之士？总之，一壶之醪，不能味一河之水；一杯之水，不能熄车薪之火。而且恰壬机巧，竞赏圆通；持重端方，咸嗤古执。圆通者涂附，古执者群离。必使一气呵成，牢不可破，则小民安得不被其害？且幽、冀、兖、豫五省，苦于俵马驿马；俵马有孳生印烙之弊，驿马有恤马需索等弊。江南有白粮糙粮、粗布细布之弊。一经签役，立致倾家。总来官不得人，百弊丛集。

——选自《朱舜水集》卷一，朱之瑜著，中华书局 1981 年

答安东守约书三十首（三）

中国以制义取士，后来大失太祖高皇帝设科之意。以八股为文章，非文章也。志在利禄，不过借此干进。彼尚知仁义礼智为何物？不过钩深棘远，图中试官已耳，非真学问也。不佞父兄俱缘此得科甲，岂敢自鄙其业，但实见其弊如此。然科甲之中，时

或有人。先父乡试房师郑讳郛，四川□县人，为苏州府推官十一年，署府印者九年。殁于官，先君为之视其含殓。其匣笥所存，止银贰两七钱，其清节如此。家兄大座师宰相贺对扬先生讳逢圣者，湖广武昌人。事亲至孝，居乡平易。流贼焚掠武昌，杀戮最惨，藩王被屠，环贺相公之居里许，不容一人蹂躏。然此千百中得一，无救于败亡。缙绅贪戾，陵迟国祚，岂非学问心术之所坏哉？故其《四书》《五经》之所讲说者，非新奇不足骇俗，非割裂不足投时，均非圣贤正义。彼原无意于修身、齐家、治国、平天下也。至若注脚之解，已见别幅。即嘉、隆、万历年间，聚徒讲学，各创书院，名为道学，分开别户，各是其师。圣贤精一之旨未阐，而玄黄水火之战日烦。高者求胜于德性良知，下者徒袭夫峨冠广袖，优孟抵掌，世以为笑。是以中国问学真种子几乎绝息。况乎贵国素未知此种道理，而又在稂莠桀桀之时，独有嘉禾油然秀出于其畔，然亦甚可危矣。贤契慨然有志于此，真千古一人，此孔、孟、程、朱之灵之所钟，岂以华夷、近晚为限？幸惟极力精进，以卒斯业，万勿为时俗异端所挠也。至若以不佞为程、朱，不佞问学荒陋，文字粗疏，岂易当此？贤契求师之专，故以未似之有若为似也。愧极愧极！如文文山先生，不佞学不足以方之，而志节未敢少逊；但历履更难，劳悴更甚，而均一无成。惟高明能知之，奈何自比之画龙哉？丹心相炤，不佞亦具有明眼，独恨不得面布。

——选自《朱舜水集》卷七，朱之瑜著，中华书局 1981 年

答安东守约问八条

问：读书作文法。

答：作文以气骨格局为主。当以先秦、两汉为宗，不然则气

格不高，不贵，不古，不雅，参以陆宣公、韩、柳、欧、苏，则文章自然有骨气，有见解，有波澜，有跌宕，有神采。取其精华，去其糟粕，文之最上者也。虽然，此为寒俭者言耳。若夫渊富宏迈，其所取更进乎此矣。读书作文，以四书、六经为根本，佐之以《左》、《国》、子、史，而润色之以古文。然本更有本，如郦食其所云："知天之天者，王是也。"本之何在？则在乎心。若夫心不端灵，作文固是浮华，读书亦成理障。如王莽、王安石，周礼、周官，祸世不小。王莽不足惜，安石固绝世之资也。先贤谓《战国策》不可读，读之坏人心术。不佞谓此为初学及下愚言之耳。若真能学者，如明镜在悬，凡物之来，妍媸立辨，岂为彼物所移，何能坏我心术？不见夫海乎？河、汉、江、淮，无一不内，潢污行潦，并无去取，所以能为百谷王也。学问之道，贵在实行。颜子闻一知十，而列德行之首，可见矣。余谓君义臣忠，父慈子孝，夫和妇顺，兄友弟恭，而朋友敬信，此天下之至文也；而孝又为百行之源。孝则未有不忠，未有不恭、敬、信、诚者也。古人又曰："孝衰于妻子。"此世俗阅历之言，而非上哲之所虑也。程子又曰："未读《论语》时是这般人，读了后依旧是这般人，如未读《论语》一般。"孔子曰："有颜回者好学，不迁怒，不贰过。"岂非圣贤之学，俱在践履。若文字语言，则游、夏、赐、予远过颜子。

问：注解。

答：书理只在本文，涵泳深思，自然有会。注脚离他不得，靠他不得。如鱼之筌，兔之蹄；筌与蹄却不便是鱼兔，然欲得鱼得兔，亦须稍借筌蹄。（阙）太繁太多，到究竟处，止在至约之地，所谓"博学而详说之，将以反诸约"也。若义理融会贯通，真有"活泼泼地"之妙，此时《六经》皆我注脚，又何注脚之有？程子云："学者于《论语》《孟子》熟读精思，则六经不待读而自明矣。”六经岂有不读自明之理？此等议论极好，甚须寻味。盖天下文字千头万绪，道理只是一个。若能明得此理，引而伸之，触类而长之，无往非是，若执何书以为鹄的，犹非绝顶议论。

问：大明讲书，讲及注否？

答：大明讲书，后来竞出新奇，以苟功名；即传注久已高阁，举业家久已不知集注为何物，虽先辈宗主传注，亦不以入讲，但读本文可也，惟取集注为依傍耳。旧时主意，惟蒙引及江陵《直解》、王观涛《翼注》为不背传注，惟详之。

——选自《朱舜水集》卷一〇，朱之瑜著，中华书局1981年

答林春信问七条

问：崇祯年中，巨儒鸿士，为世所推者几人？愿录示其姓名。

答：明朝中叶，以时文取士。时文者，制举义也。此物既为尘饭土羹，而讲道学者，又迂腐不近人情。如邹元标、高攀龙、刘念台等，讲正心诚意，大资非笑。于是分门标榜，遂成水火，而国家被其祸，未闻所谓巨儒鸿士也。巨儒鸿士者，经邦弘化，康济艰难者也。

——选自《朱舜水集》卷一一，朱之瑜著，中华书局1981年

答野节问三十一条

大明之党有二：一为道学诸先生，而文章之士之黠者附之，

其实蹈两船，占望风色，而为进身之地耳。一为科目诸公，本无实学，一旦登第，厌忌群公高谈性命。一居当路，遂多方排斥道学，而文章之士亦附之。仆平日曰：明朝之失，非鞑虏能取之也，诸进士驱之也。进士之能举天下而倾之者，八股害之也。

——选自《朱舜水集》卷一一，朱之瑜著，中华书局 1981 年

尺牍新钞

〔清〕周亮工　辑

答黄商侯论保举书

徐世溥（巨源，新建人。有《榆溪集》）

往年于行卷中得读兄文，嗣与贵郡诸公游，则益习兄为人；近从李大司马左右，不啻闻之稔而服之素矣。心虽仰止，草野之性，常不欲无因自达。兄乃俨然先教，又申贶之，开缄一行，即及先人。仁者之言，幽明俱感，读未竟，已心铭矣。

今天下纷纷多事，圣明日下，旁求之诏，诚欲获如兄者，庶足建显烈以慰延伫。顾弟何人，亦附后车哉！少本驽劣，长而惰游，承先人之庇，衣食才足，随俗学文，所传于师者，不过比偶八股、讲章数部而已。于世态人情，十不知一；于古今成败，百不知一；于当世之务，救时之略，无一知者。大中丞过听虚声，谬以入告，与兄同称，非其伦也。昨接大司马书，骤闻此事，惊悸欲绝，人亦孰不愿报主，诚自知其不能也。

方今天下之患，不在于求贤之途狭，而患养民之道微；不在于百为之不振，而患振刷之未得其方。夫小臣救过不暇，势必媚大臣以求宽，故操切而权愈下移。权在下，则拙者憎者易于求疵，巧者爱者可以高枕，故综核而功罪仍不当其实。如是，则事何以立？事不立，患亦多，不免日求足用，以为集事之计。赋日重，民日贫，四方盗贼安得而不多？蠲免无受赐之实，加派有不返之势，言者有不测之恐，优容复有意外之量，是故威失其所以为威，而惠失其所以为惠。譬如有人百节皆病，不思致疾之由，休养焉以审药饵，乃顾日求不知谁何之医于四方，将使新进之医持未达之药，治不谙之病，而责旦夕之效，愚未见其可也。

当万历之世，宴安优游，如人醉饱无事，耽卧湿处，以致经络痿靡，而不觉痛，兵事之始发难也，直犹恶疮发于臂膊而已。当事者不知就毒攻毒，内固元气，外施针石，而遽骚动天下以奉一隅，师未出而气先夺。此如疽方赤肿，庸医遽曰：是不可起之疾也。主人惊惧不顾而骤服峻剂，剂未必达疽，而脏腑先受伤。迄今十七八年，浸淫亏损，以至疥癣疡痈，噎胀消渴，走气刺痛遍作矣。于此之时，旧任疗者，习其病苦，不劝以休养元气，缓审所宜，而欲求骤进之医，各持一针，各砭一穴，各丸一艾，各灸一方。假令今者中丞之荐，万不获辞，则兄将为之灼艾乎？针穴乎？立方乎？此弟所谓不可也。

科目之来久矣，当开国草昧之时，而曰荐辟不如科目，是谓谬愚，至于今三百年功名之路既一，其格日以益尊，举天下聪明才俊之士，竭力奔赴于中矣，岂复有舍是而趋万一或由之途者哉！敢问兄将以为荐辟他日能与科目并重耶？抑未可知也。今之科目，太医院之医也：由荐举出者，草泽之医也。太医院医位分定，格势成，寅寮各相为以为纪纲，苟不至于杀人，虽冠带褫而头项可存。草泽之医，固院中所挤也，乍进一方，今日服之，明日不效，旁进数语，而主人之怒，有不可测者矣。夫积习固不可变，而成格固不可移。顷者主上尝有志于重武矣，临陛而策之，金盔之赐，袍马之荣，隆于文榜。然垂今六年，镇总参游，不闻能自行一事，自建一言。其仰文臣也，奔走趋奉，无改曩时。夫非主上固欲扬之，诸公敢故抑之也，积威约之渐，所从来者久也。然则将来荐举之轻重，视武臣而已。天下眈眈，孰不苦心竭力，以营一第？随例而谒试，得隽为科甲，随例而听选，人人可以为翰林、太守、令尹。何者？例然，则莫之求多也。譬如行媒讲婚，随例纳彩，至期奠雁。但非男子，无不可为妇者。今日荐举，则越溪之购西施，汉殿之推王嫱也。苟非夷光明妃，其面立见。吾恐众方群起而笑之，此弟所以万不敢出也。中丞公不先见谕，使弟骤受惊忧，三日以来，不知所出。吾乡先达如刘子高，极邀眷注，杨文贞位登师保，皆贵郡往事，仁兄勉之矣。近见朱礼垣疏中，已以百里之说悬待孝廉，以广文待诸生被荐者矣。仁兄今冬北上，得捷甲榜，或特简清要，亦未可知。如弟不才，饩学宫已将十年，少加自爱，再十年旅进应考，侥幸不被宗师降黜，安往而不得广文哉！使旋，聊布腹心，仁兄以为何如？嘉贶，谨拜鸡笋荚豉，至机杼菁华，非孤子所敢服也。附谢不尽。

——选自《尺牍新钞》卷二，周亮工辑，清道光丁未刊本

柬李衷一

方应祥（孟旋，西安人）

当今道德文章，并推主盟，如先生所谓揭日月而行天，其间欣附气类，以跉踔乎一时者，犹之长庚启明，分末光以司一隅者耳。国家经义制科，经义于士，犹之矢也。制科以取士，犹之罗也。的有所不必中于矢，而后明制科之大；鸟有所不必入于罗，而后见经义之尊。夫日月之行，经天之中，不知其光彻六合之外，故非天所得尽也。

李先生不肯就一第，而士与取士者之重，乃两伸于天下，岂与夫长庚启明之嘒嘒昼夜，仅为司而无当于普照者哉！

——选自《尺牍新钞》卷九，周亮工辑，清道光丁未刊本

与友人

陈钟琠（石丈，晋江人。有《密庵初集》）

李卓老云：烂热百篇时文，入场学一誊录生缮写，此是也。老生愁苦经营，一字必求其合，半句必极其稳，刻画之过，转入险狭，则立收矣。是言也，骤闻之，恶其猥屑，然回念身在号舍中，檠火明灭，双瞳凝睇，思索未到，画角密移，不得不服其言之确也。

——选自《尺牍新钞》卷十，周亮工辑，清道光丁未刊本

与冒辟疆

王思任（季重，谑庵，山阴人。有《文饭小品》）

向辱翰贶，因冗极热极，不能应教。兹俱如命，勉为之以呈，第珠玉满前，自觉形秽，奈何？仁兄异才仙品，故是艺林中飞将，伫看横绝海宇。不佞近日不解时文，亦不敢看时文，言时文矣。每对时文，惟有口诵阿弥陀佛而已。仁兄得无同慨耶？

——选自《尺牍新钞》卷十，周亮工辑，清道光丁未刊本

与许伯伦论文

王思任

虱必车轮，蚁必牛斗，而后耳目之官，各极其用。曾以此看小题，一字之冷，通章热血，呼吸尽来，此真小题也。如仅以小儿之颖，挖空生语；头巾之学，饾货杂张；不则霸王叱咤，豪叫一番；苏秦纵横，演敷数带；虽玄黄炙毂，纸动戈飞，吾无

赏焉。

——选自《尺牍新钞》卷十，周亮工辑，清道光丁未刊本

再寄方八公书

叶甲（白生，莆田人。有《师石堂集》）

甲顿首。向接手书，自秋至今，已垂冬矣。橙橘将悬，寒梅若发，光景日鲜丽，自叹贫贱人，易凋易老耳。半夜闻鸡，不知何志，天泥界分，亦不知此中果有何物主持其侧否？不得已再申旧好，建立旗鼓，以雪前冤。非欲表异殊尤，私翔杰秀，以号召于众，闭门造车，聊观合辙。不比一切少年作无用之浪名，以播弄里耳辈。恬不知耻，已属有量，况又从而表著名声，吾八公以为果何等也？近日床头，何所选述，要当托根深细，净息微渺，然后进而求于古人，自必不远。顷者学士家口称弓矢，号曰习射。依古制统有二义：一以观德，一以著威。今儒者读数首滥时文，必无德可观，此一也。流人聚哨，以巨亿万计，武臣将帅，无可如何，乃欲以文士猥儒，持一矢以退敌，虽三尺童子，亦知其可笑也，此二也。近见一二盛其衣服，辄称破的，而大贤圣人云云，便安置舛谬，真汉儒所云，无廉耻之大也。未知有识之士，亦见到此否？令兄章哉及林子将，近况何似？灯影酒席之下，恋恋有故人之思，何日共乘车过我乎？寒风凄恻，日夜相怀，明河在天，增我愁气。

——选自《尺牍新钞》卷十一，周亮工辑，清道光丁未刊本

池北偶谈

〔清〕王士禛　著

时文诗古文

予尝见一布衣有诗名者，其诗多有格格不达，以问汪钝翁编修，云：“此君坐未尝解为时文故耳。”时文虽无与诗古文，然不解八股，即理路终不分明。近见王恽《玉堂嘉话》一条：“鹿庵先生曰：作文字当从科举中来。不然，而汗漫披猖，是出入不由户也。”亦与此意同。

——选自《池北偶谈》卷十三，王士禛著，中华书局1982年

论文杂说

〔清〕吴兰陔　著

是编为及门课本，随其质之利钝、学之浅深以授之。初集惟取机圆局紧，半出发蒙存真，益以旧时房、行考卷，俱系家弦户诵之文。二集汇诸名家稿，博观而约取之。或取沉深，或取开拓，或取冲远，较初集更上一层矣。文如初集，可以立；文至二集，可以权。

文有形貌彪炳，而神理虚枵，按之实无所有者，此等文读之最为害事。又或有思路颇能刻入，而机调艰涩，不能圆转自如，亦非应试利器。是编务在神理切实，而机调仍复朗畅，学者由是而之焉，上可造于名家，次亦便于科目，所谓中道而立，能者从之。

文库声价，日久论定。惟其人已往，而其文卓然可传，斯足贵焉。若生前互相刊刻，似涉标榜之嫌。巳山先生选《国朝所见集》不拘科目，而别存亡。盖仿先辈在闲定待之例也。是编亦照此例，凡现在诸公，概不收入。

是集旁批，大半采取诸家选本，间亦窃附己意，补所未备。因念文章为天下公器，若一一注明谁某，反嫌琐碎，固非如郭象之盗白秀也。

国初名家林立，然纯粹以精者亦只数篇。其全稿瑕瑜互见，读者当别其得失，勿仅震于其名。大约温柔敦厚，当以张京江为最。至如熊次侯浑古，时而或失之疏，刘雅川或失之霸，戚价人矜铼胜，而病在涩。王言远幽峭胜，而病在寒。可入读本者，文寥无几。此外若袁亦文、于云石、张誉并缪慧远，苍莽有余而温醇不足，揆诸理法，辄多缪矣之处。又若马竟民、尹蓂阶，风骨卑弱，直等诸自桧以下可矣。

王伊人、周宿来之学陈、夏，帅兰皋、周力堂之学章、罗，各得其乡先辈真正衣钵。但恐不善临摹，适流滋弊。反覆思之，宁从割爱。

蔡氏芳三选《本朝三十家》，采摭略备。然吾浙徐笠山、陈勾山，西江李政堂、周力堂、冯夔飏诸公，曾未之及。无乃侈江左而博他省乎？窃谓博采兼收，则名家何止三十。若从名家中决所宗仰，则老成典型，未易数观也。如方望溪之文曰厚，方朴山之文曰锐，张晓楼之文曰坚。此三家者，如华狱三峰，一览众山小矣。

晓楼稿初、二、三集，文境与年俱进。初集穷力追深，学章、罗而得其精粹。二集沉浸浓郁，醇而益肆。三集尤苍坚典确，子朱子自谓某注字，字从戥子上等过来也。庆元邓令君，亦南城人，言晓楼家未刻稿有三千余篇。盖其天分卓越，而致力于此事者至深且久，宜共冠绝文坛也。

读本贵精贵熟不贵多。明文、今文精选数十篇，多则百篇，朝夕熟诵，每一篇引作触类，便可悟出无数法门，此左右逢源之候也。若爱博不专，旋得旋失，虽至千万篇，何曾得一篇受用来。

东坡示友人某诗："旧书不厌百回读，熟读深思子自知"，指示学者最为亲切，且即以时文而论，果能熟读深思，得其用意之所在，读者之精神与作者之精神䜣合无间，执笔时自汩汩乎来矣。

客有自天童归者，言舍利状，或金色，或红色，或青、黄、白、黑及方、圆、大、小，言人人殊，更有礼拜终日而无睹者。夫文章一道，亦若是焉已矣。同读此文，上者悟其神理，中者玩其机局，下者摹其声调，最下者仅猎其词采。亦有终年占毕，一无所得者。根器既殊，见解自别。读文须高着眼孔，勿似矮人观场。

读文要拆开读。逐股逐段，逐句逐字，都要体贴作者如何用心，如何运笔，不可囫囵滑过。

读文要合拢读。如堪舆相地，某处来龙，某处过峡。其处结穴，有顺龙顺局，有逆龙逆局，有顺龙逆局，有逆龙顺局。

读文要识得作者精神聚会处。如胡作“父母”在节，“菽水”“梦寐”二比，“衣冠”“雨雪”一联，此精神聚会处也。入手“江皋”“河濒”二比，只是顿挫法。后路“简书”“学问”二比，只是敷衍法。总之文章有虚方有实，有浅方有深，其虚处浅处亦煞费惨淡苦心得来。

读文要识得作者落想之先后，凡篇法、股法落想之时，先有第一层，而后有第二层、第三层者，其常也。亦或先有中间一层，再装头脚者；更或先有结末一层，倒追上去，装头装腹者，须逐处代为作者设想，寻觅他针线所在。元遗山云：“鸳鸯绣出从君看，不把金针度与人。”仆为作一转语：“金针线脚分明在，自绣鸳鸯也不难。”

刻本时文未必尽佳，尽有柱义浮泛，绝无骨子者；或略有柱义，而描词笼统，彼此可以互换者，皆非佳构。凡名家之文，无论长股、短联，定然有两个意思。（王巳山先生论文云：塾师教子弟合掌之病不除，而欲求其通，是犹航绝流断港而欲至于海也。其言可谓深切著明矣。）

——录自《八铭堂塾钞》二集，吴兰陔编次，清乾隆壬寅刊本

文章游戏二编序

〔清〕缪莲仙　著

今之所谓文章者，凡以博功名也。文章不博功名，直谓之游戏耳矣。

夫天地一戏场也，古今一戏局也。人生百年与过客之羁游焉无以异。由少而壮，壮而老，穷年矻矻，终日营营，何莫非逢场作戏乎！

矧今以帖括为文章，本古人之话言，摹古人之语气。俄而写圣贤经济，俄而写奸佞机谋。甚至杂学异端，诙谐讽谕，竭情尽致，如戏场之生、旦、净、丑者然，俱属优孟衣冠，初非本来面目。师友之所讲解，有司之所取裁，幸而弋获功名，诩诩然夸于人曰："此有用之文章也。"原其摇笔之际，要未尝不从游戏来也。自世人以成败论英雄，斯不谓为文章游戏耳。

予不敏，未尝学问。年始弱冠，学为文章，仅赋子衿。屡困场屋，功名不得，何有文章？然结习难除，东涂西抹，偶有所述，未敢自谓文章也，曰此文章游戏也。于是见人之文章，有不必以功名显者，亦曰此文章游戏也。故初编不已，继以二编；二编不已，又继以三编。虽无用之文章，而有似乎游戏者，则固谓之文章游戏也。有不尽似乎游戏者，则亦谓之文章游戏也。惟鸿文巨制，斐然成章之作，概不拦入，盖欲与能文章而不博功名者共相游戏焉而已，更欲与能文章而已博功名者共晓为无非游戏焉而已。

戊寅秋日，莲仙缪艮自序于绥江官舍。

——录自《文章游戏》二编卷一，缪莲仙编撰，清嘉庆丙子刊本

眉庐丛话

况周颐　著

仿制艺体劝做八股文

光绪朝，有诏厘正文体，无名氏仿制艺体，书其后云：

圣朝崇正学。国本不摇矣。夫文体，固与国体攸关者也。厘而正之，不綦要欤？且夫八股之学，创自有宋，盛于有明，至本朝而斐然可观，灿然大备，固文章之极轨，郅治之鸿规也。乃自喜事之徒，鄙为无用；趋时之士，弃焉如遗。圣人有忧之，光复典章，厘正文体，煌煌朱谕，炳日星焉。君子曰：是之谓女中尧舜。夫人皆知废八股、复八股之说之是非矣，曾亦知八股之文体，固何在乎。八股为孔教之真传，待后守先，直延尧舜禹汤之一脉。点窜典谟之字，出入风雅之辞，语贵不离宗。愿志士名流，唐宋以来书勿读。八股为圣朝之定制，震今铄古，直合学问经济为一家，局则拟行世之文，调则效登科之稿，言之如有物，恐矜奇好异。朝廷从此法难宽，可勿正哉。论坐言起行之理，儒士精神虚耗，八股诚足以误人，似也，而不然也。彼则谓大而能通天人之奥，小亦足包格致之精，苟能养到功深，儒将名臣，由此其选，所谓学有本原者视此也。彼习非所用之言，老成者早鄙为惑世之妄谈矣。挽既倒狂澜，不几赖彤廷之厘别乎。

论拘文牵义之为，学子固执鲜通，八股或足以病国，似也，而不然也。彼则谓出虽无济世之良才，处可为安贫之愿士。苟能读书守分，人心风俗，即有所裨，所谓学无浮慕者视此也。观“民可使由”之语，有国者早奉为驭才之妙术矣。作中流砥柱，不仰借深宫之订正乎，士习之衰之不可回也。声光化电，甘师巧艺之为；西地爱皮，竞效横行之字；棼棼泯泯，谬夸有用材焉，恨不能令读八股耳。今得圣母当阳矣，讲求正学，纶綍频宣，语好新奇，功令有所必黜。吾知培阊左之佳子弟，蔚朝右之贤公卿，在此一举也。列祖列宗，在天之灵，实式凭之已。圣治之隆之万不替也。金陈章罗，颁为程式，谭林杨宋，在所诛锄，穆穆皇皇，群上无疆颂焉，何莫非重视八股哉。今又懿旨下降矣，诰诫试官，禀承有自，鉴衡偶舛，磨勘之咎难辞。吾知保四千年中国之文明，壮四千万士林之元气，恃此一策也。周公孔子，斯文未丧，保佑命之已，猗欤盛矣哉。文明以正，有道万年，他邦人士，拭目俟之矣。

此文寓谐于庄，声调气机，铃圆磬澈，允推墨裁上乘。

——录自《眉庐丛话》，况周颐著，刊《东方杂志》第11卷第12号

别号舍文

清时以科举取士，往往文人遣兴，棘闱游戏之作，或诗词散曲，虽备极形容，太半俚词滑调，不足登大雅之堂。偶阅《柳南随笔》，载陈亦韩《别号舍文》，吐属雅近名隽，风趣亦复乃尔，其辞曰：

试士之区，围之以棘。矮屋鳞次，百间一式。其名曰

号，两廊翼翼。有神尸之，敢告余臆。余入此舍，凡二十四。偏袒徒跣，担囊贮备。闻呼唱喏，受卷就位。方是之时，或喜或戚。其喜维何，爽垲正直。坐肱可横，立颈不侧。名曰老号，人失我得。如宦善地，欣动颜色。其戚维何，厥途孔多。一曰底号，粪溷之窝。过犹唾之，寝处则那。呕泄昏忳，是为大瘥。谁能逐臭，摇笔而哦。一曰小号，广不容席。檐齐于眉，墙逼于跖。庶为僬侥，不局不脊。一曰席号，上雨旁风。架构绵络，藩篱其中。不戒于火，延烧一空。凡此三号，魑魅所守。余在举场，十遇八九。黑发为白，韶颜变丑。逝将去汝，湖山左右。抗手告别，毋制余肘。

陈作是文之年，丁雍正癸卯，是科受知北平黄昆圃少宰，联捷礼部试，偶病足未与廷对而归。益读书讲学，肆力古文辞云。（按：陈亦韩，名祖范，曾读书寒碧斋，慕庐宗伯高弟也。）

——录自《眉庐丛话》，况周颐著，刊《东方杂志》第12卷第6号

同治朝科举磨勘綦严

徐景春既因磨勘褫革，内帘各官降革有差，是科各直省试卷磨勘綦严。于是江南则革去举人杨楫，以其《春秋》题，集经为文，语欠联贯，谓为文理荒谬。而江西全榜中式墨卷，其第二开，首行之首，末行之末，皆各涂改一字。若人之名号拆开者然，谓是笔误，何以每卷皆同；以文理论，则又必无误书此二字之理，情弊显然，无可徇隐，因请旨暂行斥革。一面行文确查，实则士子与誊录生为识别，嘱其加意精写，唯恐目迷五色故也。然此事颇难斡旋，兼值功令森严，几无复保全之策。嗣监临抚臣

覆称："该省试卷纸质最薄，其红格两面一式，而印卷官关防在卷后幅，士子入闱，匆遽之中，往往反写，故领卷后，即各于第二开写此二字，以别正反。历届相沿，亦不自本科始，实属无关弊窦。"云云。奏入，事乃得解。是由抚署司章奏者善于措词，否则一榜皆占泽火之象矣。

——录自《眉庐丛话》，况周颐著，刊《东方杂志》第 12 卷第 11 号

康居笔记汇函

徐珂　著

八股文源于宋代试策

四子文曰八股，以破、承、起、讲、领题之下，必有八大排或六大排，故曰八股。宋之试策，已有两大排者，欧阳修国学试策即有之。其问目起为"《诗》删《风雅》，有一国四方之殊；《书》载《典谟》，实二帝三王之道"四句。策有两大排，今录如下："夫述四始之要，明五际之变，始之以《风》，终之以《颂》，以厚风俗，以察盛衰，此《诗》之所以作也。而变风变雅，有六义之殊焉。《关雎》，王化之基，三百五篇推其首，而《周南》之作，亦系其列者，盖姬旦分陕而居，天子与之共治，故其政化之美，得系于王者之风也。述百篇为历代之宝，断之自唐，迄之以周，以陈典谟，以为约束，此书之所以设也。作诰作誓，皆三王之事焉。成汤有罪己之言，五十九篇，载其义，而秦侯之誓，亦参其末者，盖穆公伐晋之辞，夫子善之于改过，故其诫令之说，亦附训诰之余。"

——录自《康居笔记汇函》，徐珂著，山西古籍出版社1997年

世载堂杂忆

刘成禺　著

清代之科举

《周礼·保氏》："教国子先以六书。"《汉律》："学童十七以上始试，讽籀九千字，乃得为吏。故六书谓之小学。小学者，固童蒙所宜用心也。"科举肇兴，小学制废，抱高头讲章之学者，皆瞶然不识字之人。迁流至于今日，几以《文字蒙求》列为大学之课本。科举时代，唯求科名，不重根源，实阶之厉也。爰举当时自蒙学至于出考情况程序，条分缕列，治吾国社会学史者所宜参考也。

旧时教儿童，注重发蒙。儿童五六岁以上，家中延师，具衣冠酒食，封红包贽敬，列朱笔，请先生点破童蒙。先生即以朱笔点读子曰："学而时习之，不亦悦乎？""四书"《论语》首句。先生读，学生随读。读毕，全家谢先生，是为读书儿童一生发轫之始。按：中国社会最重蒙师，尤重发蒙之师。此种风气，宋代最甚。考宋人轶事，某门下中书还乡，必具衣冠拜于启蒙师床下。

家塾蒙馆，一曰停馆。富厚之家，延专师以教儿童，师称主人曰居停，主人称师曰西席。所授往往为《三字经》《千字文》《百家姓》，再授"四书"白文。又有所谓朋馆，亦名村塾、义塾，市井乡村贫穷儿童往读之。其师开馆授徒，儿童之家，纳学钱往读，所教为《千字文》及四言杂字之类。父兄所求者，不过能识日用字，写柴米油盐账而已，所谓“天地玄黄叫一年”也。杜工部诗：“小儿学问只《论语》，大儿结束随商旅。”蒙馆风气，唐时已然。

蒙学所授，不过识字，能写能读，便于工商应用而已，略似今之初级小学。等而上之，儿童有志应考，长乃读习举业，教师多延请秀才任之，而蒙馆教师则多屡考不得秀才之人也。其教法分男女，女则教《女儿经》，读幼学，讲故事；男则读《论语》《孟子》《大学》《中庸》，读毕，更读《诗经》《书经》《礼记》《春秋》《左传》，诗则授《唐诗三百首》，字则习楷帖，古文则习《古文观止》，旁及《纲鉴易知录》。八股举业，先习破题两句，次作承题、起讲，次加作颔下两股，亦曰两比，加习四股。再加作两股，合为六股，于是合破、承、起讲六比文，是为举业完篇。时文原用八股，后多减用六股，皆合考场程式。诗习试帖，先习一韵，加至六韵，即为合格。因童生及秀才科、岁考，皆用六韵，科场则用八韵也。学生完篇，其父母延宴先生，送礼敬，曰完篇酒，谓从此我家子弟可出考矣。

至言进习举业之课本，论八股，以《小题正鹄》为正宗，书为陕西盩厔路德在关中课士之本（《小题正鹄》为湖南李元度编——编者），所列皆童考应科、岁考合程式之各种格局完篇与未完篇者，以三八两日为作文课期。试帖则以七家诗为定本（七家诗为路德、陈沆、杨庚等七家之作），学生每日作对一联，调和平仄，为考场试帖诗之运用。以八股试帖为正课，其余诗赋文辞为杂作。

当时中国社会，读书风气各别，非如今之学校，无论贫富雅俗，小学课本，教法一致也。曰书香世家，曰崛起，曰俗学。童蒙教法不同，成人所学亦异。所同者，欲取科名，习八股试帖，同一程式耳。世家所教，儿童入学，识字由《说文》入手，长而读书为文，不拘泥于八股试帖，所习者多经史百家之学，童而习之，长而博通，所谓不在高头讲章中求生活。崛起则学无渊源，俗学则钻研时艺。春秋所以重世家，六朝所以重门弟，唐、宋以来，重家学、家训，不仅教其读书，实教其为人。此洒扫应对进退之外，而教以六艺之遗意也。

通例：凡应考者皆称童生，入学则称秀才。秀才科、岁试及其他考试，皆出大题。大题者，于“四书”文中，两章三章，或一节一句为题目，不得割裂。应童生府、县、院或其他考试，则用小题。小题者，于“四书”文中，任择一句为题。咸、同以来，小题以路德之《小题正鹄》为正宗，凡小题之格式皆备。其中有所谓截搭题者，就原文上句与下句，各截取数字，几于不成句亦不成文，至为可哂，当时却习为风尚。相传德清俞曲园樾任河南学政时，考试童生正场，所出截搭题，竟成游戏文章。其题如“王速出令反”（此题截取《孟子》“王速出令，反其旄倪”上下两句），“君夫人阳货欲”（此题截搭《论语·季氏章》末句“邦人称之，亦曰君夫人”，紧接下章首句“阳货欲见孔子”）。事经御史奏参，拟加重处罪，后经其主师曾国藩奏呈俞某患心疾，宜革职回原籍，永不叙用，乃得免于严谴。此亦科举史中之一趣话也。

童生欲取秀才，须历应县、府、学院三种考试。县考凡五场，以本籍知县为主试人。第一场试《论语》、《学》、《庸》、时文一篇，《孟子》文一篇，试帖诗一首。头场发榜，第一名曰案首，前十名为前列，不取者不得入第二场。第二场试时文一篇，五经文一篇，试帖诗一首，不取者不得入第三场。第三场考八股文一篇，史论一篇，试帖（诗）一首，不取者不得入第四场。

第四场试杂作，律赋一篇，古近体诗数首，有加时文一篇者，然以时文为主。第四场榜发，案首与前列十名皆定，再考第五场，名曰吃终场饭。县官或备饭，或点心，给考童。终场亦作时文起讲，或作两大比时文不等，并不再编甲乙，照第四场全案，或稍易前后一二位置。照例，学使临试，案首必入学，前列或有所去取，为数亦少。

府考由知府将所属各县童生集中考试，其规程一如县考。五场毕发榜，府有府案首。县府皆取前十名者，曰双前列。

院考规模较大，学使每任三年，考取秀才两次，第一次曰岁试，第二次曰科试。学使驻府城主试。各县童生或有未赴府县试者，亦照例可直接报名应院试。按：县、府、院试，童生报名应考，须由该县廪生担保其身家清白，盖印承认，曰认保。又由县学学官派其他廪生，查看属实，曰派保。考试入场时，学使居中点名，廪保排立两行，仪式相当隆重。

院考之试题为《论语》《学》《庸》题目八股文一，《孟子》题目八股文一，五言六韵试帖诗一首。鸡鸣入场，交卷时不准上灯。衡文得取录者，先挂水牌，名额则多于该县应取之学额一倍。翌日复试，或作起讲，或作八股文两大比，限香一寸，并默写正场起讲。试毕，出正榜，开正门，放三炮，奏乐，吹打送榜，榜贴于考院照墙。榜发后，如被人告发，谓某生系枪替者，则单独再召试，果文理不适，则革去秀才。发榜后有一最困难事，即每县教官必与新进学秀才谈判印结费多少。印结费定，教官乃盖印，翌日方能来学院簪花。簪花者，学使坐大堂，向新进秀才训话，当时亦视为大典礼也。入学簪花，年少富有者皆着襕衫，载飞绒帽，金雀顶。俗例：如已订婚或结婚者，应由岳家赠贺。此童生入学最得意之一幕也。

古者取士之法，莫备于成周，而得人之盛，亦以成周为最。

自唐以后，废选举而用科目，历代相沿。明代则专以“四书”及《易》《书》《诗》《春秋》《礼记》五经命题试士，谓之制义。清沿明制，二百余年。有以他途进者，终不得与科第出身者相比。故康、乾时以宏博授翰林者，皆以野翰林呼之。光绪末造，科举废，科第始告终。科举发轫，始于秀才。明代最重秀才，清雍正以还，始详定取秀才科目，制度咸备。其秀才生活状况，与读书进取程序，亦有足述者。

清代学政科、岁两考试，童生录取入学者，谓之附学生员（即秀才）。额满见遗者，曰佾生；佾生可再考秀才。秀才之制，曰廪膳生，曰增广生，曰附生。三年举优者，曰优廪生，曰优增生，曰优附生。得优贡者，属优廪生。附生为普通秀才。岁、科试考列一等，而补廪无缺出者，得补增生，府、县学增生有定额。岁、科试考列一等最前名。得补廪膳生，食廪饩，府、县学廪生亦有定额。每年由廪生满二十年者，出岁贡一人。但廪生中举人、副榜、优、拔贡者，出廪缺依次递补。故不满二十年者，亦得出岁贡。

由学政取为附学生员者，通称秀才，俗谓之进学。能入学宫读书，隶于学宫，亦名入泮。学宫大成门外，有泮池，故入学满六十年者，曰重游泮水。管理秀才者为府、县学宫。府学教授，最初例选进士出身者为之，曰东斋，居府学宫之东。府学训导，例以贡生为之，曰西斋，居府学宫之西。县学则教谕居县学宫之东，亦曰东斋，常以举人为之。训导居县学宫之西，亦曰西斋，以廪、贡、增生为之。但府、县训导，可由廪、贡、增生加捐纳；而教授、教谕，不能捐纳也。

府县学之差遣，曰门斗。门斗月送差斗米于廪生，故名。廪生者，食仓廪之俸粟也。门斗非贱役，须身家清白。府、县学官见督、抚、学政，皆长揖，不跪拜。秀才见学官，行跪拜之仪，奉之为师，所以督饬其学行也。清初沿明制，行学师教秀才之制，而学师所奉以处治秀才者，曰卧碑。卧碑刻石于明伦堂，秀才有犯卧碑条例者，学宫得惩罚之，重则革去秀才。明伦堂者，学宫大成殿前，秀才遵奉国家条教，敦率一府一县纲纪风化聚集之所，而崇奉孔训。故明季以来，国有大故，秀才皆集明伦堂议事。降及晚清，奉行故事。学官无教学之举，秀才视学官如无物，学官似为秀才之登录人耳。又秀才犯法，州县捕获，不能用刑，必移文学官，革去顶戴，方能法办。然有当场扑责手心者。受责后，亦必移文学官，所以重国家律例、养士类廉耻也。

清室定例：各省由钦命简放学政，三年一任；大省恒放四品以上大员，较小省份则放翰林院编修。学政莅省之始，先颁布观风题目于各府县，“四书”文一，其他经解、史学、词章、掌故、时务、算学等，无虑数十艺，以作成若干艺为完卷。学政莅考所属，先期由学官呈阅（童生亦得应观风试），期限或数月、半年不等，视莅考道路之远近，定交卷之先后。号称观风，所以别于正试也。

学政抵各属试士，先考经古场，亦分经学、史学、词章、掌故、地理、时事、算学各门，而无八股时艺。经古场后，始考正场。正场考时文两篇，试帖诗一首。其先以八股为时文，八股废则改“四书”义，诗亦废矣。三年两考：第一次为岁考，谚云：“秀才怕岁考。”秀才之应考者，取录一等为最优，二等为合格，三等已不佳；考列四等，重则斥革，轻则申诫。科考大致与岁考相仿，其分别在岁考为考核秀才之成绩，科考则为录送乡试之准备。故科考列三等者，已不得参与乡试。（此对于秀才而言。童生应入学考试，亦于岁考或科考时并行之，但与秀才不同场。）

秀才应乡试，规律綦严，其引为大戒者，有以下各条。（一）匿丧。丁父母忧不报而应试者，虽榜发获中，亦必遭斥革。（童生匿丧应考，同受处治。）李莼客作王某墓志，曾执此以加讥评。（二）冒籍。非本县籍童生而冒籍进学或应乡试者，均斥革。张季直曾以此遭某学政之严究，后设法由如皋县学生转籍通州，为州学生员，始得免。（三）大不敬。对孔圣或清代帝王有失敬之行为者，称大不敬，在专制政体之下，谴罚更重。

秀才以应乡试、中举人为正途；其中不中举人，由五贡出身者，亦归正途铨选，得入仕路。五贡之制：一曰恩贡，二曰拔贡，三曰副贡，四曰岁贡，五曰优贡。兹依次略述之。

秀才补廪生后，如应出岁贡之年，恰值恩科大典，则以廪生而举贡，称恩贡生。可分发各省，以州判用，或以教谕、训导用，班次提前，遇缺先补。

拔贡每十二年举拔一次，学政于全省每府学中所属秀才加以考试，取成绩最佳、学问最优者，拔取一人为拔贡生，贡入北京，再经朝考，分等第录用。取一等，以七品小京官用；二、三等，以知县用，分发各省，或以本省教谕用。

乡试中副榜，世称半个举人者，如下次不欲再参与乡试，可往礼部铨叙，分发各省，以州判等职用。

府、县学秀才补廪生后，轮次应于某岁出贡者，曰岁贡生，在外省以州判用，在本省以训导用。

学政三年期满，取全省生员之品学兼优而考试成绩亦特佳者，大省取六人，中省以下四人，曰优贡，优贡考试，须由本省总督、巡抚、学政三院会考。发榜后，中式者依次递补，入京朝考。一等用知县，二等用教官。此五贡出身之大略也。

前清以科目取士，承明制，其先用八股文，后取四子书及《易》《书》《诗》《春秋》《礼记》五经命题，谓之义。三年大比，试诸生于各省会，曰乡试，中式者为举人。次年春，试举人于京师，曰会试，中式者为进士。既中进士，乃得与于殿试。殿试取士，分一、二、三甲。一甲三人，曰状元、榜眼、探花，赐进士及第。二甲若干人，赐进士出身。三甲若干人，赐同进士出身。乡试第一曰解元，会试第一曰会元，二甲进士第一曰传胪，仍沿明代旧称。

清初乡试以子、午、卯、酉年，会试以辰、戌、丑、未年；乡试以八月，会试以二月，殿试以三月。后定乡试以大比之年，八月初八日入头场，八月十一日入二场，八月十四日入三场。会试定三月，殿试定四月，至废科举为止。

乡试考场曰贡院。头门前大牌楼书“辟门吁俊”，左牌楼书“明经取士”，右牌楼书“为国求贤”。贡院头门曰龙门，大堂曰至公堂。达大堂甬道中，建高楼，曰明远楼。大堂最后进曰衡鉴堂，主考与同考官居之。堂前墙门垂帘，奉调阅卷者曰内帘，不阅卷而在考试场中执事者曰外帘。阅卷官及其随从人员不得出帘外，执事官员人等不得入帘内。故同考官公馆门首，大书“调帘回避”。帘以内，内监试主之；帘以外，外监试主之，关防至为严密。

乡试每省例放正副主考各一人，官翰林院编修、检讨者，皆先期考差，候简放。内阁中书、各部主事，亦得与考。大省正主考皆二、三品，大员由礼部开单，进呈简放。主考放定出京，内廷颁赐礼物四色，曰送主考。大副主考，按驿站计日前行，于八月初抵省，沿途乘轿，轿贴封条。抵省后驻皇华馆一、二日，督抚迎之入闱。乡试以巡抚为监临，清初则以布政使为监临。监临之职，谓总监贡院内外事也。入闱例乘显轿，八人舁之，朝衣朝冠，无顶蓬，如赛会中之迎神。显轿只监临、正副主考坐之，余如监试、同考官，皆乘八人、四人轿，用全副仪仗开道。最妙为轿后随抬盒一具，载腰斩所用之铡，亦即清廷对主考犯科场大罪之刑具。此种刑具，闽省科场案，曾一用之。主试者被腰斩为两截，心未死，伏地以舌书三大“惨”字而毙。巡抚具奏，始罢此刑。然以后主考入场，仍用此具文。

乡试执事官员，以监临为主体，曰内监试，例以知府为之。曰同考官若干，阅文荐卷于主考，调知县充之。内监试管理内帘事务，另设外监试，管理帘以外事务。设提调官专司场屋杂务。帘内书籍食用所需，由场外输入者，均越矮墙运入，不得有门。

同考官荐卷未取者，曰出房；额满见遗者，曰堂备。正主考取单数，故解元必归正主考中；副主考取双数，故亚元必归副主考中。由此下推。发榜前，在衡鉴堂挑选中式诗文策问，曰闱墨；监临主考照试题自撰者，曰拟作。发榜之夕，均集大堂，主考、监临以下，试官大员，依次列坐，按卷拆弥封写榜。榜式横写，自第六名写起，留前五名空白。自正榜以至副榜俱写毕，乃填写榜首五名。榜发，各考官离贡院，曰出闱。士子中式者，称主考曰座师，称同考官曰房师，称其余考官曰受知师。各刻朱卷，纳贽行礼。

举人试卷，均解礼部。礼部派磨勘官磨勘中式卷有无犯规或关节嫌疑。大则治罪，牵涉主考官，如吴汉槎各案是也。次则革去举人，罚停三科或一科不准会试。

举人欲入仕者，三年一次，赴大挑，由王公大臣验看挑取。大挑一等，以知县用，分发各省；二等以教谕回本省补缺。其未挑取者，可考宗室、景山各官学教习，或国史、实录各馆誊录，得保举简放。

举人之捐纳郎中、主事、中书者，补缺无望；但一中进士，则按资提前补缺。李莼客门对“户部郎中补缺五千年”，谓以举人捐纳也。捐纳者中进士后，可不赴殿试、朝考，呈奏回原衙门，归班即补郎中缺。顺天乡试，监临以顺天府尹为之。正、副主考均二、三品大员。南北省秀才、贡生、监生皆得应试。解元例中北省人，第二名中南省人，曰南元。例如光绪乙酉科，盐山刘仲鲁若曾中解元，通州张季直謇中南元。

会试，监临以礼部侍郎任之，曰知贡举。提调以顺天府丞，监试以御史。衡文则特派大员四人，曰大总裁。该四人中论资格官阶，以最大者居首席。同考阅卷官，以翰林院编修、詹事府官充任之，亦有其他衙门职官。试场职守，与乡试略同。

会试放榜后，举行殿试，由清帝临轩授策，以朝臣进士出身者为读卷官，拟前十名进呈次第，由清帝将文卷定甲乙。一甲状元，授翰林院修撰，榜眼、探花授编修，二、三甲授庶吉士及主事、中书、知县、教授，归班有差。庶吉士在翰林院三年期满授编修者，曰留馆；否则散馆，授官主事、中书、知县不等。

清代之教学

前清对士人之教课，有属于官学而教课兼施者，有属于各省书院课士，课而不教者，流风所及，视为具文。

清代学校，向沿明制，京师设国学及八旗宗室官学，各省有府、州、县学。国子监设祭酒、司业、监丞、博士、助教、学士、学录、典籍、典簿诸官，设六堂为讲肄之所，曰率性、修道、诚心、正义、崇志、广业，一仍明制。广收生徒，恩荫官家勋旧、满洲贵族、八旗子弟，皆得入监。监分两班，内班有膏火，外班无之。其考到、考验、复班、保送、优等任用，载在清代国子监条例。其后存名废实，国子监成闲衙门，监生亦可由捐纳得之，不必入监读书矣。

按：有清一代，经史、词章、训诂、考订各种有用之学，名家蔚起，冠绝前朝，皆从事学问，而不事举业。凡得科名者未必有学问，而有学问者亦可得科名，或学优而仕，或仕优而学，学问不为举业所限制。论其原因：一、继承家学，如二钱、三惠、王氏父子（二钱：钱大昕、钱大昭兄弟。三惠：惠周惕，子惠士奇，孙惠栋。王氏父子：王念孙、王引之——编者）之例。二、各有师承，读《汉学师承记》《宋学渊源记》等书自知。自明季黄梨州、顾炎武、李二曲、王船山四大儒出，学术风尚，焕然大变。其后如徐健庵、王贻上、朱竹君、翁覃溪、阮芸台、曾涤生，皆能提进学者，建树学宗。虽咸丰以至光绪中叶，人崇墨卷，士不读书，而研究实学之风，仍遍于全国，科举不能限制学术，此明征也。

府、州、县学为各省教学之地，廪、增、附生员皆由教授、教谕、训导在儒学教导，如国子监例。此清初袭明制也，后亦仅成具文。

官学照功令，严饬品行，其所学科目，颁行有定书，不能普及经史百家一切有用之学。于是创立书院，为教养课业讲学之所。但书院学课，又分二大途。吾国古代无书院，书院自朱子白鹿洞以来，迄于元代，最重书院山长。所谓山长，皆国家隆重任命之儒官，明代继之。有私人讲学之地亦称书院者，如东林各书院之类。清代制：各省设书院，官、师分课。省有省书院，督抚聘请名师为山长，其资格为大儒或本省还籍一、二、三品之巨官，如张裕钊、吴挚甫等，其一例也。府有府书院，州、县有州、县书院。月分两课，上半月为官课，下半月为师课。省书院官课由督、抚、司、道轮流考之，师课每下半月由山长掌之。府、州、县则官、师每月分课。凡书院皆有号舍，住宿读书，曰住书院。除省书院专课诸生外，府、州、县书院则生员、童生分课。此清末各省书院之大略也。

自阮芸台总督两广，创建学海堂，课士人以经史百家之学，士人始知八股试帖之外，尚有朴学，非以时艺试帖取科名为学也。陈兰甫创菊坡精舍继之。浙江俞荫甫掌诂经书院。及南皮督学湖北，创经心书院；后督鄂，创两湖书院；督学四川，创尊经书院；督两广，创广雅书院。于是湖南有校经堂，江苏有南菁书院，苏州有学古堂，河北有问津书院等。皆研求朴学，陶铸学人之地。士人不复于举业中讨生活，皆力臻康、乾、嘉、道诸老之学，贱视烂墨卷如敝屣，光绪中叶以前之风气如此。

晚清朝士风尚

一、桐城派的盛行

有清中叶以还，士大夫竟趋训诂、考订之学，桐城派古文，蔚为文章泰斗。曾国藩服膺姚姬传（姚鼐，字姬传，号惜抱，安徽桐城人——编者），临文以桐城派为指归。更扩姬传之意，浸淫汉、魏。据国藩《日记》所述，其生平作文用功处，以桐城派为体裁骨格，以汉、魏以上文增益其声调奥衍。

当时桐城师承籍盛，在京朝官，彼如桂林朱伯韩（琦），桂林龙翰臣（启瑞），马平王少鹤（拯）及山右冯鲁山等。在外交通声气者，如鲁通父（一同）、吴子序等。奉为正宗大师者，为姚姬传大弟子上元梅伯言（曾亮）。周旋其间者，为桐城嫡派汉阳叶名琛弟叶志诜之子叶润臣（名澧）。名澧以虎坊桥西宅为集会之地，迎梅伯言入京瞻拜大师，在其《敦夙好斋集》中记载甚详。后梅伯言身在金陵，京师古文家太息伤感之文词甚夥。迨叶名琛事败，润臣亦出京，桐城古文家之帜遂倒。降及同、光，张裕钊、吴汝纶之流，尚承道、咸朝士遗风焉。

二、诗人荟集都下

当时诗坛，以名高位重之祁寯藻、陶澍、张祥河等为领袖，荟集都下，仍以叶氏桥西邸宅为集会之所。时京中如宗涤楼（稷辰）、孔绣山、蒋通伯等数十名流，皆桥西座上客也。最推重者，为扬州潘四梅（德辅），亦如梅伯言之例，迎来京师。观冯志沂“微尚斋”、叶名澧“敦夙好斋”及宗涤楼诸家集，本末具在。名琛获谴，诗坛亦寂然。

三、理学身体力行

当时倭仁（艮峰）提倡宋学于上，曾国藩涤生奉为表率，湘儒唐镜海（鉴）为理学名宦，得其拔识，待以殊礼。其乡人罗罗山等大讲理学于湘中，后湘军遂以治理学者为干城。国藩一生不能逃出理学窠臼。国藩于湖北汉阳刘传莹，推为理学正宗。传莹年少于国藩，国藩始终以师友礼之。常曰：“予交游中，传莹对于宋学，身体力行，光风霁月，毫无造作，真笃行君子也。惜天不予年，刻其遗书于集中。”同、光以还，治宋学之风气衰矣。

四、舆地史学崛起

当时诸贤，承乾、嘉学者训诂、考订、校勘之后，毅然别开门面，有志于辽、金、元三史及西北舆地之学。于是张石洲（穆）、何愿船、徐星伯蔚然崛起。观《朔方备乘》、《西北考略》、《和林金石考》、“宁古塔”诸志，皆足证注辽、金、元三史。李若农文田等，又研究西北金石，辅翼史料，私淑前人。后至同、光，流风未坠，皆以研究西北舆地为最趋时之学。洪文卿出使大臣，译《元史译文证补》，自命以俄人史料，足征蒙古朝之文献。总理衙门颁行，成为官书。自兹以降，新化邹代钧、顺德马季立、宜都杨守敬，联合日本史地学会坪井马九三之流，创为《读史舆图》，绍道、咸学风所尚而扩大之。山东王树枏（应为柯劭忞——编者）之《新元史》，沈曾植之西北著述，远祖道、咸，近开史派。王（“王”应为“柯”——编者）、沈云亡，治西北舆地史学，于焉告终。

道、咸间西北史地学盛时，魏默深源，别树一帜，为东南海疆成《海国图志》一书。故谈辽、金、元史地者，京师以张穆等为滥觞；论东南西南海史地者，以魏默深等为先河。其后海禁大开，魏默深之从者日众，观《小方壶斋舆地丛钞》，诸家著述俱在。盖默深著书，名曰舆地，以其援引秦汉史籍，博引证明，实兼海国、舆地、历史为一也，其体例颇合近代著史之法。

按：道、咸朝官，尚讲求学问文字，虽吏治窳败，军事废弛，因循苟且，民怨沸腾，特士大夫尚鲜奔竞卑鄙之风。故太平天国奄有东南，捻回起事西北，卒能削平大乱，自诩“中兴”者，大半皆当时朝官中笃行励学之士有以启之也。

五、学业功名分两派

自洪杨军兴以后，朝士出处，亦分为二派。一为出京从军，有志立功名之朝士；一为在京谈科名，负文学重望之朝士。而在京朝士之中，又分为两派：其一为讲求学问之朝官，其一为左右时政之朝官。前者演成同、光间南北两派清流之争，后者又形成朋党之祸。阅李莼客《越缦堂日记》，《张之洞全书》，王壬秋所著书，及李鸿藻、潘伯寅等著作，以至各家记载，可知当时之风气。

功业派之朝士，分为二类：在外者自咸、同军兴，曾国藩以大官重望，设湘军大营于石门，在籍翰林李鸿章等均出其幕府。后湘军、淮军中，朝官甚多，知名之士亦夥，人文荟萃，在外成一重镇，后又成为北洋、南洋幕中人物。流衍所及，光绪中叶，号称直督、鄂督幕府人物，可谓为朝士归宿之所。

在内者则有肃顺，主持军机，重用汉人，轻视满人；幕中如王闿运、李寿蓉、高心夔、黄锡焘等，号为“肃门五君子”。朝中大官，亦多依附。曾、左能成功于外，肃顺实左右之。居间为肃邸置驿以通曾国藩诸人者，王壬秋之力也。时京师朝士风气，以干与军国大事者为人物，以明通用人行政者为贤达，纵横捭阖，气大如虹。如李莼客之流，不过视为文学侍从之臣而已。未几，咸丰死于热河，肃、端治罪，党于肃顺之达官文士，或放或逃，朝中要人，以朋党为厉禁，京师风气，一变而为谈诗文、讲学业。故李莼客、赵㧑叔诸人，亦为滂喜老人（指潘祖荫——编者）所推重，造成诋毁相交，标榜相尚，举朝皆文人墨客矣。

至于科名派之朝士，则在同治初叶。张之洞入都，以癸亥中式会试，旋得探花，六年充浙江副考官，简放湖北学政。此数年间，京师朝士尚学之风，为之一变。虽以李莼客之愤然自称“额外郎中补缺五千年”，亦与张之洞为文字推重之交。当时潘伯寅位高望重，提创于上，张之洞等左右名流，接纳于下；李莼客等虽性情乖僻，亦为主持风雅者所拉拢。只有学问上之派别，而不相倾陷，亦因肃党消除以后，人怀疑惧。东南、西北初定，人皆埋头以取科名，朝士雍容进取之度，于此时见之。顾文人相轻，自古已然，及同、光间，而南北清流，又各树旗帜矣。

——录自《世载堂杂忆》，刘成禺著，刊上海《新闻报》副刊，1946 年 9 月

八股辩

佚　名

咸丰、同治间，其时已废束股不用，大抵短中股，长后股，俗称板八股。

光绪戊子（1888）科以后，风气又变，前从同，后尚异；前袭旧，后从新。中股渐长，后股渐短。忽用《说文》，忽集诸子，选体多半杜撰，大结直陈时事。奇奇怪怪，牛鬼蛇神，十年中格式无定，虽非板八股，亦不拘八股成法。

——录自重庆《中央日报》，1940 年 3 月 24 日

杂钞类

中式金针

〔清〕石成金 补辑

文场谨慎总括

士子进试，文固要佳，然场中卷字尤须慎重。予总括八句，佩记于心，自可免犯诸忌也。

试卷慎保全，场数字宜添。
怕污尤怕雨，防烛更防烟。
圣讳急须避，真草各相连。
章章恐揭白，涂注赘终篇。

文章中式秘诀

客有问于予曰："天下事之至难者，莫如中式矣。但不知中式亦有道乎？"予应之曰："有。中式之道可操券而得也。"盖从来中式之难，非难于论、表、判、策，惟难于经书七艺。亦非难于经书七艺，惟难于经书七艺之一律耳。一律者何？如清、奇、浓、淡各成一局，清则一于清，奇则一于奇之类是也。若清矣，而复杂以奇浓矣，而后杂以淡，则清者不成其为清，奇者不成其为奇，或浓或淡，一卷之文如出两手，其非一律已明矣。之非一律，安能中衡文者之式乎？夫衡文者譬如售人之货，作文者譬如求售其货。货若锦绣，可售也。货若布帛，亦可售也。惟一物而首尾较异，前后殊形，锦绣间以布帛，布帛间以锦绣，则视为锦绣而非锦绣，视为布帛而非布帛，以此求售，其获售乎？否乎？行文若是，欲中衡文者之式，不其难哉！抑知其所以难之之故，失于卑者少，失于高者多。失于过者多，失于不及者少，何也？今之士子，所恃以为揣摩者，大都蒙侥幸之念，怀捷得之心。当展卷时，多不屑依经体注，规规于理法，惟思何以怪异，如何深远，方能出人头地，不与众手雷同。于是高其文法，奇其格局，逞其才华，使其气势，欲字字不落寻常蹊径而后快。无论其文之未佳也，即佳矣，而错杂不齐，瑕瑜互见，或前艺颇精，中、后多为强弩之末；或后艺颇美，而前艺先多支离之病，以是而求中式，势必不能。所以夙昔知名之士，岁、科恒列优传，及入乡闱，每不入法。其考居三二等者，文只平平无奇，反能见售于王目，岂优等之文不如平等之文，而平等之文胜于优等之文哉？此无他，以其能七艺一律之易于中式也。

今欲中式者，不必探幽索隐，不必穷高探远，但期清、奇、浓、淡各成一局。自始篇以至终篇，首尾一辙，后先一例。无刺目一字，句无晦暗之语，辞无牢骚不平之气，无叫嚣激烈之情，工稳纯正之中，有养到机流之势，俾衡文者一见了，便心神俱爽，不必求中采式，而其中式也必矣。

予故曰：中式之道可操券而得也，以此也。此中式金针也。至于二场之表、判，三场之策对，则在辨字体之讹错，别抬头之高下，检点忌讳，详悉成规而已，无他难也。若夫先期之静默凝神，临时之逍遥，容与大开心地，万虑俱捐，置得失于不问，忘胜负以无心，此养局之法，凡入闱者，又不可不知。

——录自《传家宝》卷三，石成金补辑，清康熙刊本

进场须知

〔清〕石成金 补辑

进场备用物件

一、场中果食之类，悉从所好者备办，但物必干燥，制必精洁，庶免污卷之虞。

一、场中最不可少者，油布帘一块，四角钉带四根，便于缚在屋椽。虽遇雨不湿，倘或点名时有雨，亦可借此蔽身也。

一、油布卷袋一个，无论晴雨，领卷到手，即看明坐号，藏入袋中。晴固有功，雨更有益。

一、包卷蓝布一幅，预将清水洗净，庶无蓝色污卷。作文时先铺板上，然后展卷。凡研墨、吃粥、吃饭、点灯、剔煤时，以布覆折卷上，万无一失。

一、削坚竹钉数个，约长二三寸，以墨涂黑，中穿一孔，总缚一处，带入场屋，钉在两旁。凡供给卷袋、衣、帽等物，便于挂起。近来俱带铁钉。

一、将入场先几日，将场中应用物件，预为置备，点收一处，临时便用。今将应用物件开列于后：

好笔三四支（钻眼）。

时墨一锭（古墨不知研，亦不可带滞臭之墨）。

小砚（钻眼，墨亦钻眼，用青线穿连砚上）。

水注（须用瓷注，铜、锡犯忌）。

油布门帘（四角钉带）。

油布卷袋。

蜡烛袋。

包卷布（青蓝者要洗尽）。

旧布一块（可抹板并大解）。

铁钉（挂卷袋供给，毋涂黑，恐见者生疑）。

好真紫金锭（辟秽气，防泄泻，肚腹胀痛诸患）。

白梨（解渴）。

人参。

线络（装食物）。

青布袍（洗净，防青色污卷）。

蓝布衫（洗净，防蓝色污卷）。

蓝布单裤（单布腰，洗净）。

毡帽（钉带）。

毡袜（钉带，便于结挂。无烛袋者此可藏烛）。

毡衣（腰间钉长带，便于拴束，凉鞋二双：一双着进，一双带进换。俱钉带）。

油布号顶（四角钉绊，挂钉，防号屋雨漏）。

将进场事条

一、临场时要细看监临教条及科场条约，以便避忌。

一、进场时饭食须煮软熟，不可坚硬，免致积塞。饭食不可太饱，免致胀闷；少吃辣咸味，免致作渴；少饮茶汤，免致小便频数。

一、将进场先一日，将应用物件逐一搜捡明白，其卷袋、毡袜、笔管内尤须检点。于检点后即将诸物以油布帘总缚一包，贮之洁处。平日案头勿置零星字纸，恐有粘带之误。临进场时，再自己搜捡一番，以笔、墨、砚、水注自挂，其余着一精细人携之，俟将进栅栏时自携，则不费力。其右手乃写字之手，切不可携挂物件，恐写字时无力也。其凉鞋毡袜等物，俱当挂于右臂。

一、点名至提调前，高声答应，先领卷子、蜡烛（头场三枚，二场二枝，三场二枝）。领卷子看明卷上坐号，即装入油卷袋内。

一、进场内缓寻坐号，脚下常防高低阶、槛，恐或跌扑。

既进场事条

一、将进号屋时，再仔细看明坐号，即叫本号长官点火，将卷上坐号再对同墙上坐号无差，并看卷内无所污损，再装入卷袋。先于屋内两旁高处钉上竹钉，以食物、卷袋等件挂起。随将油布帘挂于屋前，然后展开笔砚，先将每场违式款例，详写坐号板上，方吹灯假寐，不得与他友聚谈，致乱文思。

一、做文时以布垫卷。砚水只倾半池，多则有误。研墨时以布覆卷，缓缓浓研。濡墨不可过饱，恐渗卷子。

一、凡吃粥，吃饭，吹灯，剔煤时，俱先以布覆卷。

一、凡研墨后，或饮食后，必须揩尽两手。

一、夜间誊写，蜡光荡漾，精神最易恍惚，须食人参数分，或粥饭二三口，凝神静虑，安息片时，自无此患。

一、倘遇风雨，卷子尤须加意防护。

——录自《传家宝》卷三，石成金补辑，清康熙刊本

文场总忌

〔清〕石成金　补辑

（内列各条，凡头、二、三场，以及大小考试俱当熟记）

一、文中谨避皇上御讳、皇太子讳，以及试官、监临名号，凡有碍目字眼，俱当检点。

一、题目须照题纸式样写。如题纸字眼模糊，须借邻号清楚者查对。

一、题目字样要数对，凡一点一画俱照题目纸上写，切不可错落，万一有错，必添改在旁，勿出格外。

一、经书不遵章旨及小注者违式。

一、语不明爽谓之蒙，语不醇正，及割裂穿凿者谓之疵。其字句可疑，文体不正，如意属杜撰，机用奥僻，以及剿袭场刻，时艺雷同者俱违式。

一、三场行文，用子书佛道二经与险怪字句者违式。

一、凡场中忌用愁苦、吁噫、嗟乎、悲夫之类。

一、头、二、三场草稿俱不写添注、涂抹，如写者违式。

一、文内字画，要依正韵已定字样，不可写古体及破体字及草字。如“體”字写“体”字，“禮”字写“礼”，“爾”字写“尔”字，“異”字写“异”字，“學”字写“学”字，“變”字写“变”字头之类。双连字眼，省写一字，用“〻”点者，俱违式。

一、凡三场文内忌用明王二字。

一、凡三场文内，如有二字倒写，须涂去一字，添入一字，不可用挑剔法。假如“天地”二字，倒写“地天”，须涂去上边“地”字，于“天”字侧，添一“地”字。若用“〳”，违式。

一、科场中草稿在前，翻过首幅及履历即写起，不可空白一二行及误写格外，稿后必留余地一二幅，以便弥封，不得真草相连。七篇草稿要全，若创腹稿，先誊真者，须全补七草，亦不可如窗下自加圈点及前后颠倒，涂抹太多，俱系违式。

一、卷子清完，即写添注、涂抹共几十字于七篇文字之后，不可即写文字之下，须于次行写之，只空下脚一二字，不可写得太高，更不得过五十字，以违式也。几十几字，不可写大壹、贰、叁、肆、伍等字。忌曳白，又名越幅，翻板时须以手指从中挑转。

一、打草稿时，先要谨慎节省，留三四幅白纸，以便弥封。如真草相连，不便弥封者违式。

一、凡三场以题纸无字处裁下，画为引格，字不参差，墨不渗透，又可免越幅之误，利益颇多。但清完时，切记取出，不然亦系违式。

一、卷子最要慎重，如墨污火烧，水湿油汤污，俱贴。

一、写题目字大，写文字字小者，违式。

一、誊真字大越格者，违式。

一、顶格或有添注字画，微出格外者，俱违式。

一、三场卷面空字处，第一场记填“壹”字，第二场记填“贰”字，第三场记填“叁”字，不可写一、二、三。

一、誊真要仔细将草稿验对相同，如真草不对，违式。

一、草稿内留有空行空字者违式。添注涂抹四字，失一字，差一字，倒一字俱违式。

一、誊清时以草稿从后输转至左首。

——录自《传家宝》卷三，石成金补辑，清康熙刊本

写作事例

〔清〕石成金　补辑

第一场事例

一、头场文字每篇限原只许五百五十字，今新例限六百五十字，多一字即违式。

一、头场七篇凡起、结字眼不可相同，如七“夫”、七“盖”、七“甚矣”、七“今夫”、七“尝谓”、七“且夫”等类，只将首篇一对，有相同者即改之便无此累，不必逐篇对去。

一、头场七篇俱做大结者违式。

第二场事例

一、论系顶格写，论题空二字写起。

一、凡题纸上论、表、判等字俱不写。

一、诏、诰不做，亦不写题。

一、场中题纸上拟字有空三字者，不可从，必以空二字为是。其表题依题目纸写下，要注年号。

一、伏以之后谓之冒头，须将全题包括在内。首联须抬一字，或顶抬头，不可平抬头。次联亦要抬头，三联便可接下。如干涉国家处亦须抬头，然首联、次联必须干涉国家方抬头合式。

若以平常字眼抬头，觉不端庄矣。

一、窃惟以下谓之述古，或十联，或十二联，须叙朝代之先后，不可紊乱。然述古之盛处宜多，述古之衰处宜少。

一、表内无未有如今日者也字样，违式。

一、表内皇帝陛下之后谓之颂圣，或三联，或四联。首联、次联俱一抬头，三联便可接下，须颂天子实事，不可闲说颂圣。如无排联，或排联不抬头，及抬头失款者俱违式。

一、遇皇帝陛下四字，或涂抹或污秽，或四字之下多写一字，虽改正亦违式。凡写此四字，尤须留心。如表题不系本朝者，不写皇帝陛下，止圈四圈。

一、颂圣之后即叙题，或十联，或十二联，勿遗失题面。

一、臣等以后谓之自谦，或三四联竟一直写，设有干涉，亦须抬头，然谦处亦不可失之委靡。

一、伏愿以后谓之勉圣，或三四联，须切题方妙。首联、次联须一抬头，三联便可接下。

一、贺表述古处是臣等诚欢诚忭，稽首顿首上言，窃惟后是臣等无任瞻　天仰　圣，踊跃欢欣之至，谨奉　表称　贺以　闻。

一、谢表诚惶诚恐，稽首顿首，臣等无任瞻　天仰　圣，激切屏营之至，谨奉　表称　谢以　闻。

一、进表供照谢表式，只后用谨奉表恭进以闻。

——录自《传家宝》卷三，石成金补辑，清康熙刊本

浙江乡试十事诗五言律

佚　名

青云街考市

小人多近市，举子竟如如。
遍贴三元字，新镌主考文。
居奇无乃伪，求价亦何勤。
一哄忘朝暮，人声隔巷闻。

秋元寓夜读

到处秋元寓，三年共此临。
居依闱院住，文选近科吟。
灯火分邻壁，书声别土音。
宁嫌抱佛脚，难撇是功名。

学台署录遗

未作登龙士，先舒绣虎才。
发端占小试，首选兆高魁。
讵有遗珠虑，宁同炫玉来。

珊瑚今尽网，桃李不虚栽。

棘院门听点

客寓初闻炮，心旌忽已悬。
疾行犹恐后，数武必争先。
姓氏高高唱，应声诺诺连。
龙门今得路，玉殿侍胪传。

举子屋构文

莫厌困场屋，今逢文运开。
风檐迟寸晷，矮屋展长才。
刻烛三条尽，研词五色裁。
抡元吾不让，君辈任争魁。

营帐房巡逻

功令严巡察，锣鸣户尽扃。
防奸支帐守，数漏隔墙听。
几处如相答，连宵未暂停。
羡他高尚士，一枕梦方醒。

明远楼掌号

招军传棘院，不为肃军情。
响自层楼发，声来满座惊。

几疑中五令，浑欲散千兵。
居上何妨后，聊随骥尾行。

至公堂呈卷

圣朝公选举，堂以至公传。
执卷同鱼贯，携签似蚁旋。
文能惊四座，学不负三年。
从此邀青睐，抡元讵有偏。

偶辱桥看贴

惊疑桥畔立，相与面墙观。
指点新功令，模糊旧字瘢。
空教知者惜，错受外人弹。
转胜无名辈，先标榜上看。

抚宪辕揭晓

延盼斜阳下，闱中报五更。
鹿从心头撞，蚁向热锅行。
片纸传消息，多人识姓名。
不须观榜发，已得听雷声。

——录自《文章游戏》二编卷一，缪莲仙编撰，清嘉庆丙子刊本

浙江乡闱诗七言排律

佚　名

闱屋磨人不自由，英雄便向彀中求。
一名科举三分幸，九日期场万种愁。
负凳提篮浑似丐，过堂唱号直如囚。
鞋穿帽破全身旧，襟解怀开遍体搜。
未遇难题先忐忑，频呼掌管敢迟留。
监军问姓亲标写，同号通名假应酬。
天只一条疑是线，地无三尺尚余沟。
文光未向阶前吐，臭气先从号底收。
高挂门帘墙对面，平悬卷袋壁横头。
尘封急欲寻苕帚，瓦漏还须盖网油。
敲紧竹钉排雁翅，浓熏艾把辟蜒蚰。
粉墙靠背衣裳白，脚板悬空露水稠。
梦扰不宁听鼻息，夜深假寐数更筹。
若逢久雨泥相拌，偶遇狂风烛易流。
时暖那堪添烦闷，阴寒何处觅衾裯。
传题静候鸡三唱，待旦还看月一钩。
瓦罐互争声扰扰，汤炉初沸响飕飕。
煤锅煮粥乌云聚，咸水煎茶绿晕浮。
毛竹削成双筋子，饭团结住燥咽喉。
分来鲞肉全无味，做到文章便有忧。

首艺经营思过半，后场辛苦虑常周。
吟哦错认蚊雷起，意绪纷如蚕茧抽。
诗就八联夸警句，策成五道诩嘉谋。
人逢识面频商酌，字带疑心细校雠。
高照墙边防见贴，至公堂上莫轻投。
捱牌渐启葳蕤锁，交卷齐穿明远楼。
温处秀才强且悍，嘉湖朋友缓而柔。
官生仆从凶如虎，教职衣冠老似牛。
东首接来皆坐轿，西边归去惯乘舟。
经文施舍堆常满，笔墨携回送不休。
面目顿怜消瘦也，胸襟从此展舒否。
至亲望考惟恭喜，相好衡文总赞优。
约伴登山逢九日，呼朋入肆补中秋。
染衣欣羡登科李，射策徒惭下第刘。
早莫矜张迟莫怨，得何欢喜失何尤。
诗书自古原无负，有志终教步十洲。

——录自《文章游戏》二编卷一，缪莲仙编撰，清嘉庆丙子刊本

闱试总论

佚　名

应试之文，太高不得，太低不得，中式固自有式也。太高则声希味淡，寥寂无欢；太低则蜂聚蚁同，肤庸可厌。要使内含韵味，外露精光，声情极合时趋，思力迥超流俗，斯为命中之技。

墨卷未尝不可读，但不可徒学其腔套，面目犹是，而神理迥非，最为行文下品。且抄用墨调，场中必有雷同习见之弊，适足取阅者之憎耳。

三场专重首场，首场尤重首篇。向时首场七艺，笔性迟钝者，颇忧局促。近科功令减七为三，穷一日一夜之力，研摩首艺，何患不工。至次三艺，只求机调圆匀，词气酣足，未一日可以猝办。切勿瞻徇后劲，反致潦草前茅。

主司命题，必有命意之处。作文之意，务与命题之意，契合无间，昔人所谓师生沆瀣一气者也。然命意无他，只在认题而已。三年心血，只争一刻眼光。

场中作文，先作首艺，便作第三艺，再作第二艺。何也，人之精神至三条烛尽，未有不委顿者。首艺用全副精神，到第二作便有兴到笔随之妙，三则竭矣。帘官挨次看去，每况愈下，索然无味，将二三篇一为移换，阅至三艺，兴致勃勃，毫无委顿之态，则售矣。

场屋文字，作得快，其妙有二人未及半，我已全篇，则可以细加改正，一也。二三艺与诗可以从容构撰，二也。完卷早，可以先誊送阅，三也。往往见人耸肩面壁，搓手攒眉，或伏案，或巡檐，人皆完卷，彼尚一艺未成。自以为苦心孤诣，与众不同，不知学问之浅深，毫不能强。做得快固不尽佳，做得迟亦不见好。果学问平常，虽构思三昼夜，恐亦不过如是。况风檐寸晷中，能让人慢慢构思耶？

中式文字有二种：离奇光怪，如凶神恶煞，人见必畏，畏则中矣。瑰姿玮态，如西子王嫱，人见必爱，爱则中矣。

场中文字，不在乎题解之创，立局之新，撰语之奇，只要气和音雅，出语丰润，自然如彀。

作当行文字，中者十之九；作偏锋文字，中者十不及一，何必于少处争胜！

场中作文，要有兴致，尤要做得谛当、快活。作得快活，则看得亦快活。若太苦心孤诣，俯首愁眉，抑郁无舒展气，阅者愈看愈闷，十数行后弃去矣。此是场中第一要诀。

场屋文字，粗不妨，气要豪；平不妨，调要高；浅不妨，词要湛；熟不妨，笔要新。

命中者，胆要壮，气要豪，手要勤，心要虚。

文章自古无凭据，此是最鄙陋语。盖无凭据者，不过俗眼从违，至于理之是非可否，乃古今一辙耳，乌得云无凭据哉！

售时者未必尽是先辈，读先辈者何尝不可以售时！

闱中阅文，与窗下不同，窗下只此一篇，即有同作此题者，十篇八篇而已。至于闱中，无论作法之是不是，总要避熟，譬如有一题应立之意，应用之书，原不曾错，主司见此一卷，却有接连三卷、五卷，已是厌烦，以后一望而眉皱矣。故须以新为贵，所谓中奇不中平也。然求奇求新，往往入于怪诞。如侧重，如专经，如硬分几股，别立一格者皆是，不知此皆非法也。能切题则新，能透题则奇。只是从题上找，不要求之题外。或从题之来脉去路上找，不要求之书外，人人同用之典，我应如何用法，人人同有之意，我应如何说法，全在自出手眼，方能夺主司之目。凡近科新出调法，有颇奇辟者，我爱之，人人爱之；我套之，人人套之，下科便是隔宿之菜，再下科则是尘羹土饭。

——录自《读书摘要》卷四，清光绪十一年刊本

图书在版编目(CIP)数据

八股文话/龚笃清,龚昊,乌媛编著. —长沙:岳麓书社,2020.12

ISBN 978-7-5538-1424-7

Ⅰ.①八… Ⅱ.①龚…②龚…③乌… Ⅲ.①八股文—研究

Ⅳ.①H152

中国版本图书馆 CIP 数据核字(2020)第 225214 号

BAGUWENHUA

八股文话

编　　著:龚笃清　龚　昊　乌　媛

责任编辑:李业鹏　许　静

责任校对:舒　舍

封面设计:山和水工作室

岳麓书社出版发行

地址:湖南省长沙市爱民路 47 号

直销电话:0731-88804152　0731-88885616

邮编:410006

版次:2020 年 12 月第 1 版

印次:2020 年 12 月第 1 次印刷

开本:890mm×1240mm　1/32

印张:106.25

字数:2570 千字

ISBN 978-7-5538-1424-7

(全六册)定价:780.00 元

承印:湖南省众鑫印务有限公司

如有印装质量问题,请与本社印务部联系

电话:0731-88884129